変容する都市のゆくえ

複眼の都市論

三浦倫平・武岡暢 編著

文遊社

序

本書は都市と街、風景の「変容」をテーマとしている。

いつも歩いている道沿いの建物がいつの間にか取り壊され新しく建て替えられていたり、空地になっていたりすると、以前そこに何が建っていたかを思い出せなくなってしまう。そして次第に新しい風景が当たり前のものとなり、日常生活のなかでは気に留めることもなくなる。そのような経験はないだろうか。

多くの人は都市の風景を常に意識しながら暮らしてはいない。名所、名勝に出かけたときのように風景を意識的に鑑賞するようなことは、日常的な都市生活においては稀である。むしろ何となく漫然と眺めたり、緩やかに雰囲気を肌で感じながら移動することの方が多いのではないだろうか。そこでは「風景」という言葉すらも、見る人の意図をあまりに明確なものとして前提にしてしまっている、と言えるかもしれない（若林 2010）。「風景」と意識されること自体が例外的なことかもしれないからだ。

また、違った視点から捉えると、モバイルメディアの登場と相まって、都市の風景は体系化された特定の物語を表現するようなものではなくなり、断片化した情報の集積として存在するようになってきた。都市の遊歩者からすれば、都市の風景はテレビのザッピングやネットサーフィンと同型のものとして漫然と眺められているのではないだろうか（北田 2002; 吉見 2005）。

このような都市の風景の存在感の「消失」は、現代の都市空間と人々の関わり方を表わしており、一様に、かつ規範的に、何らかの評価を加えることは難しい。どこにでもあるような街並みがそこかしこに出現していく趨勢に居心地の悪さを覚えながらも、どのような立場からどのような切り口でその違和感を語ればいいのか、その議論のための糸口が、ますます見えづらくなっている。そして街並みの「均質化」という今日の趨勢に対する素直な異議申し立ても、その裏をかこうとする現状追認も、硬直した対立図式のなかで繰り返されるだけでは新しい認識を生み出さないし、むしろ議論そのものに対する徒労感やシニシズムを呼び込みかねない。

たとえば、人がある風景なり都市空間なりを「変化した」と捉えるとき、その変化と対比される「変わらない」とはどういった状態だと考えられているのだろうか？　コンビニやショッピングモールなどの増殖によって街並みが「均質化」していくような都市空間の変化を指摘するとき、そういったものが出来る以前にあったような、昔ながらの個人商店や商店街が残っていれば、「あの街は変わらない」ということになるのかもしれない。しかし、「変わらない街」だと言われる街も、何も変化していないわけではない。それは変化を指摘する人にとっての「変わらない」街のイメージを反映した表現なのだ。また、それは、その人にとっての街との大事な関わり方を意味してもいる。つまり、都市／街／風景の変化について語ることは、「変わらない／変わるべきでない」と語り手が考えているものの内実について、示すことでもある。

であればこそむしろ目の前で起きる街並みの「変化」をめぐって読者の想像力を刺激するような複数の視点を提供することが、まずは私たちの態度の硬化を解除し、街並みに対して何らかの意味で能動的に関わるための基盤となるのではないか。これが本書の目論見である。

本書に何らかの規範的立場があるとするならば、それは、「人々が都市のあり方やその変化に対して無自覚・無関心であるという状態は、より良い都市を作り上げていく上では望ましくない」というものである。これはもちろん、人々の無自覚や無関心を糾弾しようという意図によるものではない。そうではなくむしろ、なぜ私たちは都市空間のあり方に無自覚になってしまう傾向があるのか、なぜもっと生き生きと都市の変化に関わっていけないのか、という問題についても考えていけるような素材を提供したい。

都市／街／風景のあり方や変化に対して人々が持っている視点や自覚的態度、関わり方には、複数の種類があるだろう。無関心という態度もあれば、景観の保護を訴える人もいるだろうし、経済的な効果を期待する人もいるかもしれない。編者らは「都市空間への態度や関わり方」には多様性があり、その対立、ズレといった様相それ自体も論ずべきものと考えている。

都市への関わり方を想像する／構想するうえで、本書は幾つかの素材を提供している。そのあり方や変化について、今一度読者とともに思い返し、ときには想像することもなかったような都市の現実や過去を掘り起こすような論考が本書には揃っている。これらの論考が、都市に対する感受性の幅を広げ、都市空間を疎遠な外部環境としてではなく、自らもその一プレイヤーである舞台として捉えていくような契機になれたらと編者は考えている。

執筆者の専門分野は人文地理学、建築史、社会学などから成り、編者らによる都市計画家へのインタビューのほかに三人の研究者（都市計画、美学芸術学、社会学）による鼎談も収録している。二名の編者はともに社会学を専門としているが、都市／街／風景の変容、というテーマで本を編むに当たって幅広い領域の専門家に参加してもらった。執筆された文章だけでなくインタビューや鼎談も含むという意味では、執筆者の専門分野だけでなくコンテンツの形式もまた多様な本になった。

執筆者の選定に当たっては「日本のある特定の場所について、『都市／街／風景の変容』というテーマで、事実を積み重ねた具体的な記述によって論じることが出来る」という基準を採用し、その上で可能な限り多様な専門分野からの参加を得られるように心がけた。目次を見れば分かるように、実は、必ずしも「都市」そのものを直接に取り上げている論考ばかりではない。たとえば祐成保志ほか「『村の記録』のなかの都市」は農村から都市を相対化する視点を提供しており、都市を見る私たちの想像力を大いに刺激してくれるだろう。そのほかにも本書全体を通じて、幅広い視点からの論文が集まったと思う。以下では各章を簡単に紹介してみよう。

加藤政洋「コザの無意識――基地都市における〈まちづくり〉の系譜――」は沖縄の、現在パークアベニューと呼ばれている街路沿いの計画史を繙き、基地のある街が見た「夢」とその挫折、そしてそれがふたたび回帰してくる様を描き出す。街の風景としては「地」の位置に置かれがちな道路が実は「図」としても重要であったのだ、という転換もまたタイトル通りに精神分析的で、応用性に富んでいる。

松田法子「さいたま――大地の『め』」は一読してそれと分かる、野心的な作品である。しかしながら地質学的な「歴史記述」と人文学的な「歴史記述」のあいだの溝を埋め、人間中心主義を一定程度相対化することでよりよい歴史記述や空間認識に到達しようとする意図に照らせば極めてストレートなスタイルであるとも言える。南方熊楠の神社合祀に関するいわゆる「南方二書」の面白さにも通ずるものがある、と編者は読んだ。

鼎談「『都市の変化』を論じるということ――社会学・美学・都市計画」では、本書の中心テーマをめぐって、鼎談「東京の現在を語る――均質化批判を超えて」では、東京の都市空間の現在をどのように捉えうるかについて、都市計画の中島直人、美学芸術学の天内大樹、社会学の田中大介に論じてもらった。三人の拠って立つディシプリンを代表して演説してもらうというのではなく、むしろ多様な対象に対する多様な取扱いの手つきを実演してもらう、という編者の意図は十分に達成された上で、それ以上のやり取りが実現したものと思う。渋谷の再開発など、本書出版時点ではまだまだ歴史の蓄積が浅い事例についても話題に上っているが、むしろこうした事例においてこそ学問分野ごとの態度の違いが興味深い。

武岡暢「歌舞伎町を歩くとはどのようなことか――歓楽街における看板の経験をめぐって――」は新宿・歌舞伎町における屋外広告物＝看板を取り巻く制度や人々による意味づけを、いくつかの主体に対する聞き取り調査から論じている。できるだけ現象学的に街並みを論じようとした、社会学者の試みである。

三浦倫平「公共空間をめぐる都市社会運動の可能性と課題——東京都世田谷区下北沢地域における紛争に焦点を当てて——」は、街のあり方について発言する権利をあらゆる人に開いていくことを目指した世田谷区下北沢地域の都市社会運動に着目し、多様な立場の人々のニーズを共存させることが可能になるような「公共空間」の生成に向けたオルタナティブな空間利用の可能性や課題について検討している。

金善美「振り返りながら、進んでいく——東京下町の現在——」は、東京スカイツリーの建設を中心とした大変化を経験した墨田区向島地区での住み込み調査を元にしている。タイトルがシンプルに表現している通り、過去の街並みを思い出し、ある意味で過去をその度に再創造=再想像していく営みが取り上げられる。そこに住む人々のそうした想起と構想を、物理的な街並みとの相互規定関係として捉える重要さを、ストレートに追究した論文である。

成瀬惠宏インタビュー「多摩ニュータウンの五十年を振り返る」は、多摩ニュータウンの建設に関わった都市計画家に対して社会学者の編者らが訪問して行ったインタビューの記録である。ともすれば都市計画のプロセスは非情な官僚制の貫徹として捉えられがちかもしれないが、内実は血の通った人間の合理と非合理のモザイクである。社会学者によるものを含む一群のニュータウン論にも、一定の新しい素材を提供する内容ではないかと思う。

祐成保志・舩戸修一・武田俊輔・加藤裕治「『村の記録』のなかの都市——テレビ・ドキュメンタリーに描かれた農村の変容——」は柳田国男の『都市と農村』から問題意識を引き継ぎ、それをNHKのドキュメンタリー映像『村の記録』を素材として論じている。都市と農村のあいだに横たわる、まなざしの非対称性とでも言うべき関係性を、具体的なメディア資料の手堅い記述から浮かび上がらせるのみならず、その通時的な変動の様相をも捉えることに成功している、骨太の作品である。それは言うなれば「農村のドラマトゥルギー」とでも呼べるような、都市論者の無意識に属する盲点をあぶり出している。

本書は都市の「変容」を様々な位相において論じることによって、「変わらない」こともまた実は自明ではないということも示している。「変わらない」とされているものが、その内実においては変化してしまっていることや、変わっているように見える事柄が別の視点からは不変である、というような見方について取り上げる章もある。

しかしこれは「変わっているとも言えるし、変わっていないとも言える」といった安易な相対主義とは異なる、ということも確認しておきたい。表面的な変容や不変(停滞?)にまどわされることなく、真に望ましい変化について構想する際にこそ、視点の柔軟性が活かされる。柔軟な視点は目的ではなく手段なのである。

とすれば、本書は多様な分野の執筆者による多様な視点を収めることで、都市と街、風景の変容／不変について考えるための、バラエティに富んだ道具箱としての性質を帯びることになる。各論者が取り上げている対象地域も沖縄、さいたま、多摩ニュータウン、東京駅、向島、下北沢、歌舞伎町など……と幅広いが、読者にはぜひ各論考（／インタビュー／鼎談）における分析や考察の方法にも注目し、望むらくはそれを別の地域にも応用してみてほしい。いずれの論考も、対象地域に関する手垢のついた見方からは遠く離れて、意外な角度から語るスタイルを例示しているはずだ。そうした意外さ、新鮮さの感覚を伴った堅実な論考の数々が、読者が何らかの形で都市に関わるきっかけになれば幸いである。

三浦倫平・武岡暢

参考文献

北田暁大、二〇〇二、『広告都市・東京――その誕生と死』廣済堂出版

若林幹夫、二〇一〇、『〈時と場〉の変容――「サイバー都市」は存在するか？』NTT出版

吉見俊哉、二〇〇五、「迷路と鳥瞰――デジタルな都市の想像力」吉見俊哉・若林幹夫編著『東京スタディーズ』紀伊國屋書店、二一七―四三

変容する都市のゆくえ　複眼の都市論　三浦倫平・武岡暢 編著　目次

コザの無意識——基地都市における〈まちづくり〉の系譜——

加藤政洋

その通りへ足を踏み入れた時、未来都市にでも迷い込んでしまったかのような錯覚に襲われた。通りの両側は白いドーム型のアーケード、映画に出てくる宇宙人の目玉のようによじれて車道に突き出ている街灯、ガラスをふんだんに使い白一色に統一された超モダンな各店舗

(『琉球新報』一九八五年四月二十六日「金口木舌」)

I　パークアベニューの風景

沖縄島の中部に位置する嘉手納基地(Kadena Air Base)は、総面積約二〇平方キロメートル、全長三七〇〇メートルにおよぶ滑走路二本を備えた、極東におけるアメリカ空軍最大の基地である。

一九四三年九月から旧日本陸軍航空本部によって建設された飛行場を、米軍が一九四五年の上陸後に接収して拡張・強化し、現在にいたる。

北谷町・嘉手納町・沖縄市の一市二町にまたがる嘉手納基地には、現在、ゲートが五カ所ある。このうち、もっとも交通量が多いのは南東部に位置する第二ゲートで、その門前には、かつて「コザKOZA」と呼ばれた市街地が形成されている。米軍の占領下で生まれた通称「コザ」は、旧越来村が市制を敷くに際してカタカナ表記のまま市名となり（一九五六年七月一日）、一九七四年四月一日に美里村と合併して沖縄市が誕生するまでのあいだ、正式な地名として存在した。しかしながら、コザはいまだに交差点名や学校名として残るほか、米軍統治下の基地都市を表象する俗称（あるいは愛称）として、人口に膾炙している。

この基地都市コザの代名詞として知られた街路がある。それは、「BC通り」や「センター大通り」などとも称された、もっぱら白人の米兵ばかりが利用する歓楽商店街「センター通り」にほかならない。現在、センター通りという街路名はなく、「中央パークアベニュー」に変わっている。パークアベニューといえばニューヨークのマンハッタンが有名であるが、一般名称として訳すならば「公園通り」であろうか。

一方通行のスラロームとヤシなどの街路樹によって自動車交通を抑制する、歩行者優先の緑こき建造環境――それが現在（二〇一八年八月）の中央パークアベニューである。だが、片側アーケードに並ぶ店舗は軒並みシャッターをおろしたままで、いっけんすると地方都市にありがちな衰退商店街の典型とも言えなくはない。米軍関係者の出入りする飲食店やタトゥー店も少なからずあるが、週末のみ営業する一九六九年創業のクラブ「メモリー」だけが、かつての米兵歓楽街の面影をかろうじて伝えている。

本稿の冒頭に引用した文章（「金口木舌」）は、商業近代化事業にともなう再開発によって、センター通りが中央パークアベニューに生まれ変わる際に記されたものだ。事業のコンセプトは、旭川市の「平和通買物公園」に範をとった「買い物公園」であった（後述）。未来都市と錯覚させるほどに斬新であった中央パークアベニューは、歳月を重ねるなかで脱商業化し、ただの公園にかえろうとしているかのように見えなくもない。

ところが、「一方通行となったことで…〔略〕…交通渋滞や客足に影響が出ているとして、地域住民や店主から元に戻すよう要望が挙が」り、二〇二〇年度中に相互通行に変更することが発表されたのである（『沖縄タイムス』二〇一六年三月二十三日）。歩行者優先の方針を放棄して、再び自動車交通のための空間に改変するというわけだ。

この決定を目にしたとき、わたしはある種の既視感を覚えた。なぜなら、中央パークアベニューの来し方をふりかえると、そこには振り子のように揺れる空間構想の系譜があらわになるからである。

本稿では、中央パークアベニュー（センター通り）と関わる空間構想の変遷を、基地建設の本格化する時期にまでさかのぼり、基地都市コザにおける〈まちづくり〉の系譜としてたどりなおしてみたい。

Ⅱ　都市計画としての「ビジネスセンター」構想

1―「米琉親善」の商業空間

中華人民共和国の建国された一九四九年十月一日、琉球列島を統治する米国軍政府の長官に、ジョセフ・ロバート・シーツ陸軍少将が就任した。恒久的な基地建設が具体化しはじめるなかで、軍政長官に着任したばかりのシーツは、やや意外な、けれども実に興味ぶかい構想を発表する。それは、米琉親善を謳い文句にした、「商業街《ビジネスセンター》」を建設する計画であった[1]。

地元紙の『沖縄タイムス』（十一月十五日）には、「コザ地区にビジネスセンター」という見出しのもとに、娯楽場・飲食店に限って米国人の出入りを認める「特殊地区」が設定されるとある。また同月十七日付けの『沖縄タイムス』と『うるま新報』においても、「米琉親和」や「沖縄人がドルをかせぐ」ことを目的とする開発計画として公表された。

地元側でこの構想の受け手となったのは、コザを域内に有する越来村の村長・城間盛善《しろませいぜん》（一九〇四―一九九五）である。一九四八年二月一日に初代公選村長として当選した城間は、一九五〇年九月の選挙で助役だった大工廻朝盛に敗れて落選するまで、越来村における都市化の初期局面の村政を担い、「ビジネス・センターの建設に大骨を折った城間盛善は、それ故にまた村長を落つこちたと自称している」というほどに（『沖縄タイムス』一九五一年三月十五日）、ビジネスセンターの建設に向けて全力を傾注した人物であった。

城間によれば、一九四九年十月、とある事件をきっかけに、軍政府の総務部長と保安部長の二人が役場にやって来た。その際、城間は次の三点を主張したという。すなわち、(1)「占領軍と沖縄住民の交際を禁止している『隔離政策』を廃止」し、「住民地区の中に軍人軍属も自由に入って来て親しく交わるようにして親善関係を結ぶべき」であること、(2)「衛生状況」を改善して「米兵が安心して買物や食事の出来る町を新しく作る」べきであること、そして(3)そのためには土地が必要となり、また「現在〔当時〕の住民地区とカデナ空軍基地との間にある地域が最適」であるとの考えから、「そこにあるモータープールと倉庫を撤去してこの地域を解放」すべきであること、の三点である。[2]

この構想には新任の軍政長官シーツ少将も乗り気になり、カデナ空軍司令官キンケード少将も共鳴してくれた。この町はドル獲得の中心になるので私はビジネスセンターと名づけた。新聞紙上でも報道されたので、忽ちこの構想は一般に知れ亘った。[3]

「ビジネスセンター」という名称も含め、商業地区の開発計画を発案したのは、村長の城間であった。この「ビジネスセンター」構想は、外貨を獲得するだけでなく、「米琉親善」を謳ったところにも、その特色がある。

1　詳細については、次の文献を参照されたい。加藤政洋「戦後沖縄の基地周辺における都市開発――コザ・ビジネスセンター構想と《八重島》をめぐって」『洛北史学』第一六号、二〇一四年、五〇―六九頁
2　城間盛善「コザBC通りの変遷 沖縄市に『買物公園』」『政経情報』第七六号、一九八五年、六四―六七頁。引用は六五頁。
3　前掲「コザBC通りの変遷 沖縄市に『買物公園』」、六六頁

２―「都市計画」としてのビジネスセンター構想

一九四九年十二月九日付けの『沖縄タイムス』に、同月七日、軍関係者と志喜屋孝信知事らが越来村を訪れて下検分したことが報じられている。そこには、「軍の提案」として「運動場、野球場、淡水プール、遊戯場、ボクシングリング、柔道場、射的場、芝居小屋、商店、理髪屋、靴屋、車輛サービス屋、レストラン、遊歩場、闘牛場、競馬場」といった諸施設が列挙されるとともに、「なる可《べ》く多くのドル貨を沖縄復興面に振向けさせ」るという、設置のねらいも記されていた。

その翌日には、「理想的な都市計画で」という見出しのもとに「沖縄初のビジネスセンターとしてこの程ぐん〔軍〕より認可された越来村」という続報があり、城間自身の構想も開示される。少し長くなるが、引用しておきたい。

> ビジネスセンターは沖縄経済面の新分野を開拓し、これによつ〔て〕獲得されることになるドル貨〔は〕貿易資金となるばかりでなく〔、〕米琉親善にも大きな役割を果すものである、設置され〔る〕場所はコザ中央病院西方数万坪の舊胡屋ぶ落で初めからオンリミツの下に理想的に都市計画を行い〔、〕舗道を街路樹で美しく衛生的〔な〕近代的都市を建設し、商店街には郷土特産品を豊富に揃えた御土産品店や花屋〔、〕或はサービス業に時計屋〔、〕靴屋〔、〕パーマ〔、〕床屋〔、〕或は村婦人会にクリーニングを経営せしめ〔、〕未亡人のじゆ〔授〕産補導を図り〔、〕美術館や博物館を設置〔、〕又娯楽機関としてきつ〔喫〕茶店、キヤバレー〔、〕ナイトクラブを設ける一方〔、〕村営の闘牛場〔、〕競技場〔、〕劇場或は闘犬、闘鶏場〔、〕拳闘場の設置その他〔、〕そう

〔総〕合的遊戯場所を設置するが〔、〕米人の欲しがる物は何でも売らす積りであるが〔、〕ぐん〔軍〕より酒と淫売は絶対に禁止され〔、〕真に明るいビジネスセンターの試験的設置である〔。〕専門家に諮り都市計画が決定すれば街路着手と共に建築に着手し全企業は民営を主眼とする〔。〕

（『うるま新報』一九四九年十二月十日）

「理想的な都市計画」というごとく、この計画は、たんに中心的な商店街を建設するというよりは、さまざまな施設の配置をも目論んだ、ひろい意味での「都市計画」であった。この記事のほかに、城間は「コザ・ビジネスセンターの構想」と題する論考を発表しているので、そこに示された論点も参照しながら、計画の内容をもう少し具体的に整理しておこう。[4]

ビジネスセンターにあって、「基本をなす施設は軍人軍属の最も必要とする娯楽と慰安の機関」でなければならない、というのが彼の信念めいた考え方である。諸種の商店に関しては、「娯楽慰安施設の周辺と軍道路の辺に配置」するというように、中心にはあくまで娯楽・慰安施設を、そしてその周辺に一般の商店を置くという、二段構えの用途制であった。商業地区の外縁には、「花園」（花卉栽培を中心とした農園であろうか）や名産の「竹細工」の工場も設置されることになっている。

業種別では、雑貨店（一二八）、ランドリー（五八）、洋裁店（五六）、土産品店（五四）、飲食店（二五）、遊戯場（二三）、カフエー（一三）、ダンスホール（八）、劇場（五）、農園・花園（一八）、花屋（一九）、そ

4　城間盛善「コザ・ビジネスセンターの構想」『月刊タイムス』第一六号、一九五〇年五月、一二一―一二三頁

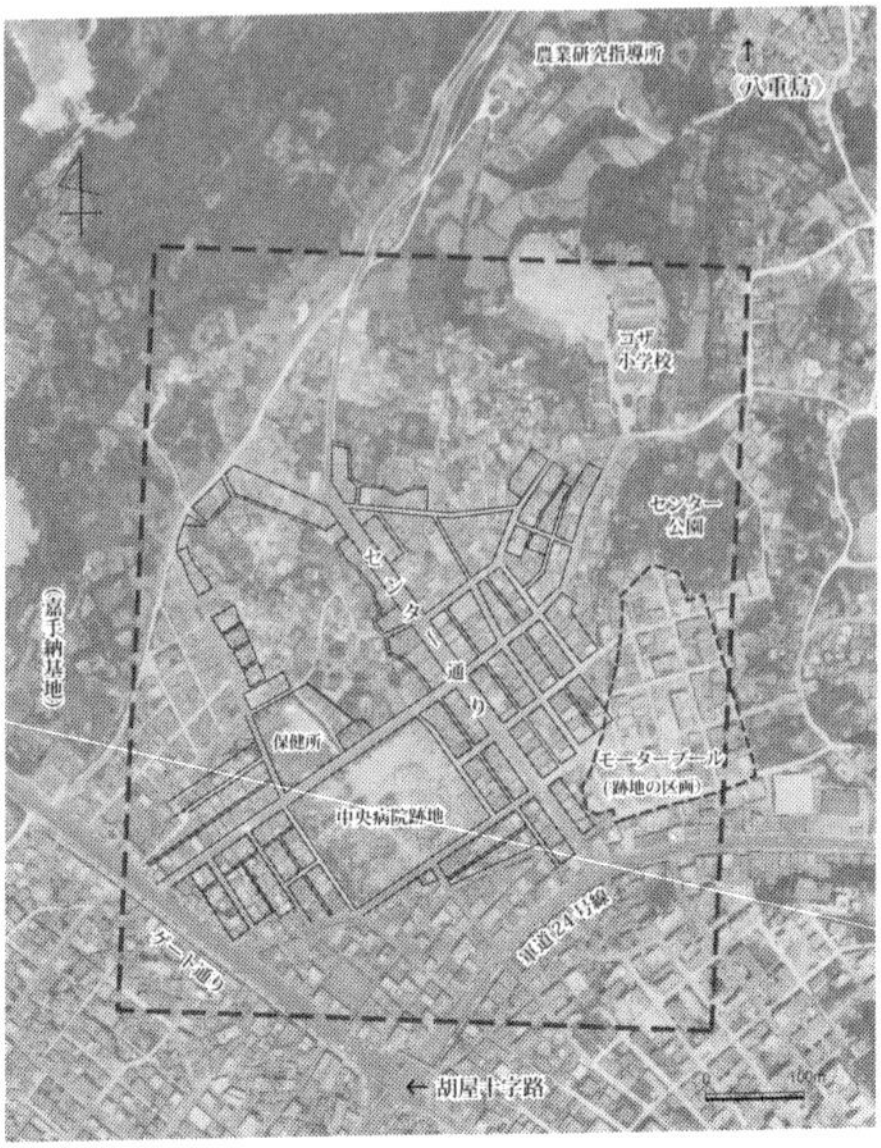

図1　「センター都市計画図」の範囲
（出典：前掲「戦後沖縄の基地周辺における都市開発」）

の他（五六）と、総計で四〇〇件を大きく上回る大規模な商業地として計画されていた（『沖縄タイムス』一九五〇年一月八日）。遊戯場・カフエー・ダンスホール・劇場が、核となる娯楽・慰安施設なのだろう。

これと同じ紙面で、越来村の婦人会が「ビジネスセンターにランドリー（洗濯屋）を設置し仕事がなく生活に困っている寡婦たちを救済する」ことを申し合わせたと報じられており、この都市計画には、そうした女性の視点を取り入れていたこともわかる。なお、商店は住宅を兼ねることも想定されていたが、業種によっては従業員数が多くなるため、城間はビジネスセンターに近接する住宅地の開発についても言及していた。

現在、沖縄市役所総務部総務課市史編集担当には、「センター都市計画図」と題された青焼きの図面（二幅）が所蔵されている。作成に関わる情報がまったく書き込まれていないため詳細は不明なものの、おそらくこれは、民政府工務交通部建築課技官の花城直政が設計したものと考えられる。花城直政は、都市プランナー石川栄耀の弟子として知られる人物であった。彼はこの計画図を制作した後、ビジネスセンターの着工を待つことなく、都市計画が動きはじめた那覇市へと転じ、以後、那覇市の都市計画課で活躍することとなる。[5]

「センター都市計画図」それ自体はいたってシンプルで、方位記号と縮尺（一二〇〇分の一）のほかに凡例などは一切なく、実線と破線の区画（道路）から構成されている。実線の区画の多くには、A・B・Cいずれかのアルファベットに数字を組み合わせた番号が、同じく破線の区画には地番が記されている。つまり、実線の区画がビジネスセンター構想における開発区域ということになる。

「センター都市計画図」の範域と実線部分を一九七〇年琉球政府撮影の空中写真に重ねて示したのが、図1である。これによって、計画区域の位置と拡がりがはっきりとわかるだろう。センター通り（現・中央パークアベニュー）を中央の軸とし、（ゲート通り側から）それに直交する比較的幅員のひろい街路が配されている。「コザ・ビジネスセンターの構想」において城間は、中央に八間の高速車道、その両側にそれぞれ三間ずつの車道、さらにその外側に二間ずつの歩道を備えた一八間（約三二メートル）という幅の、おそらく当時としては高規格の道路開発を想定しており（桜の街路樹も計画）、それが後のセンター通りを指していたことは間違いあるまい。ただし、実際の路幅は一八メートルにとどまった。

3 計画空間と欠落する理念

軍道二四号線（現・国道三三〇号）とゲート通りが交差する胡屋十字路「北側」（城間は「東側」としている）

5 広瀬盛行「那覇市の都市計画と石川栄耀」『都市計画』第一八二号、一九九三年、一〇五―一一〇頁

の一画には（図1）、警察署・裁判所・郵便局・村役場などからなる「官庁街」が計画されていたものの、この地図では範囲外である。また、競技場ならびに闘牛場・闘犬／闘鶏場・競馬場なども含まれていたが、「センター都市計画図」にそれらしき区画を見いだすことはできない。

競技場は総合グラウンドと呼ぶべき規模で、四〇〇メートルのトラックを中心に、三万人収容可能なスタンドを備えた本格的な建築であった。敷地は、やはり区域外の米軍モータープール跡地約八〇〇〇坪が予定されていた（『沖縄タイムス』一九五〇年一月二十四日）。モータープールの開放が遅れたためか、一体的に開発されることはなかったものの、現在の総合運動公園を先取りするかのような空間構想は、その先駆性において注目されてよい。ただし、美術館・博物館などの文化事業に関わっては、その立地も含め、詳細は不明である。

すでに述べたように、この計画で「基本をなす」のは、ダンスホール、キャバレー、遊戯場、競技場、競馬場、闘牛場をはじめとする娯楽・慰安施設であった。城間はつづけて、次のように述べる。

> 是等の施設は面積を広く取り〔、〕それぞれ駐車場を設け、快的な散歩場たる公園を中心に配置して明朗快活に米人も沖縄人も共に楽しむ米琉親善の楽園としたい。幸にライカム及び空軍両方からアスファルトの舗装道路を散歩がてら歩いて来られる距離にあるので、慰安と娯楽の施設には絶好の位置にあり、地形も平たん地あり、丘あり、岩が聳え立ち、此等自然の形象を生かすことによつて独特の雰囲気を作り得る条件を具えている。[6]

さらに、「ダンスホール、キャバレー、レストラン、遊戯場等」を「特に主要な施設」と重ねて位置づけることで、娯楽・慰安施設の意義を再主張するのだが、注目すべきは文中に傍点を付して強調しておいた「快的《ママ》な散歩場たる公園を中心に配置して明朗快活に米人も沖縄人も共に楽しむ米琉親善の楽園としたい」というくだりである。「駐車場」を設置するという方針とは矛盾しているように思われるのだが、「ライカム」（＝屋宜原に立地した軍司令部）や「空軍」（＝嘉手納基地）から徒歩で来街する米兵たちが、地元住民と交わって快適に過ごす空間――「米琉親善の楽園」――たるべく、ビジネスセンターは公園を中心に据えた空間として構想されていたわけだ。

広場を中心に計画された、歩いて愉しむ商業地区ということになると、石川栄耀の名がすぐに想起されるだろう。[7] 花城直政はその弟子である。だが、「快適な散歩場たる公園」を「センター都市計画図」のなかに確認することはできない。石川の弟子によって引かれた図面からは、肝心要の理念が欠落しているように見受けられる。

4―センター通りの歓楽街化

ビジネスセンター街　越来村では最初に解放になった地で村では米琉親善の街を建設すべく都計を樹立、その歩を進めたが〔、〕今や基地中部を代表する繁華街としてその名をなしたが〔、〕

6 前掲「コザ・ビジネスセンターの構想」、二二一―二二三頁

7 山田朋子「石川栄耀――人びとの生活と都市計画」、加藤政洋・大城直樹編『都市空間の地理学』ミネルヴァ書房、二〇〇六年、三〇―四二頁。とくに三六頁の図3―2を参照されたい。

表1 センター通りにおける業種別の事業所数

業種	内訳	件数		
		西	東	計
飲食店	クラブ・バー	29	29	58
	レストラン	4	3	7
	サロン	0	2	2
	その他	1	1	2
	小計	34	35	69
時計・質店	時計	7	8	15
	質	1	4	5
	カメラ	2	2	4
	その他	0	1	1
	小計	10	15	25
衣料品店	仕立・小売	9	3	12
	刺繍	0	6	6
	(製) 靴	2	1	3
	小計	11	10	21
おみやげ品店		5	6	11
理容・美容店	理容	1	3	4
	美容	1	0	1
	小計	2	3	5
その他		6	6	12
不明		4	2	6
合計		72	77	149

「事業所基本調査」より作成。

村の中央に在し〔、〕文字通りセンター街として繁盛を極めている〔。〕街路は延々鈴蘭燈がつらなり〔、〕タクシーのラッシュアワーで賑わい〔、〕お土産品店をはじめ各種商店が軒をつらねている〔。〕センター街には沖縄中央病院、コザ保健所等の施設があり〔、〕こゝは沖縄の新名所でもある。[8]

一九五四年発行の『越来村村勢要覧』には、はやくもひとつの名所として「ビジネスセンター街」が掲載された。「米琉親善の楽園」という理念と、すでにみた「都市計画図」にもとづく開発とによって誕生したセンター通りは、わずか数年にして「繁華街」へと成長していたのである。だが、これによって城間盛善の理想が実現されたわけではなかった。センター通りは「米琉親善の楽園」となることはなく、クラブを中心とする風俗営業が集積して、白人兵専用の夜の歓楽街と化していた。なかでも、ヴェトナム戦争期の繁栄ぶりはすさまじく、伝説的なエピソードをいくつも残している。

表1は一九七〇年のセンター通りにおける事業所数を業種別にまとめたものである。クラブ・バーが圧倒的に多く、風俗営業系飲食店を中心とする歓楽街であったことがわかる。[9] 白人兵ばかりを顧客とする店舗の集積強度は、当初の理念を忘却させ、城間の理想を抑圧するには十分であった。センター通りは、米琉親善の楽園となることはなく、基地都市コザの代名詞となった。

Ⅲ　空間構想としての「買い物公園」

1―イメージ・チェンジ――脱「基地経済」の取り組み

本土復帰後のセンター通りは、不況やヴェトナム戦争の終結にともなう客（米兵）離れに拍車がかかり、いやおうなしに業態の転換を迫られる。地元から発せられる振興策のキーワード、それは一貫してイメージ・チェンジであった。復帰後初の大イヴェントとなる海洋博の開催をひかえるなかで、

8　総務課編『越来村村勢要覧』越来村役所、一九五四年

9　加藤政洋「基地都市コザにおける歓楽街『センター通り』の商業環境」『立命館大学』第六四九号、二〇一七年、一三四―一六一頁

外国（米兵）人相手ではなく、観光客の誘致に舵を切ったのである。

具体的には、「観光客歓迎」ないし「日本人歓迎」といった看板を立てたり、米兵の出入りが許可されていることを示す「Aサイン」を返上するなどしたほか、ネオンサインの英語を日本語へと変更（たとえばCherry→桜）、あるいはジュークボックスの選曲を洋楽から琉球民謡や歌謡曲に変えるなど、関連業者は文字通りのイメージ・チェンジに躍起となった。それは、まさに「基地経済からの脱却」をはかる取り組みそのものであったと言ってよい。

一九七五年に開催された海洋博で期待通りの経済効果が得られないなか、沖縄商工会議所（沖縄市）は、中小企業庁の求める商業近代化に応じて、「基地経済からの脱却と中部の中核都市として地域の特性を生かすことを主柱として、商業近代化の面から開発課題に取り組む」方針を固めている（『琉球新報』一九七六年四月二日）。この方針を具体化させたマスタープランが完成するのは、翌一九七七年末のことであった。

興味ぶかいことに、そのなかには旭川市をモデルとした「センター通りの買い物公園計画」が含まれていた（『沖縄タイムス』一九七七年十二月二日）。

2　旭川モデル

旭川市の「平和通買物公園」とは、自動車交通をほぼ全面的に排して（自動車道路との交差点が複数ある）、一九七二年六月一日にオープンした商店街である。この商店街の特色は、北の軍都旭川にあって旧第七師団へ通ずる道路（師団道路ないし師団通と呼ばれた）を改称したその名も平和通を、商店に挟まれた公園として再開発した点にある。自動車の往来激しい道路を、そのまま公園にするという、斬新かつ大胆な構想が実現したのだ。

駅前から南北約一キロメートルにわたる遊歩道を兼ねた長い公園には、さまざまなモニュメントや植栽が配置され、催事に適した空間も随所に確保されている。消費者は公園を行き来しながら買い物を楽しむ、あるいは買い物をしてから気軽に憩うというわけだ。ヨーロッパ都市における「広場」の思想と、アメリカ都市における「モール」の機能を掛け合わせて構想されたのだという。[10] 中心市街地の自動車道路を公園化した再開発事業は、日本ではこれが最初であった。

旭川市の「買物公園」は各地の商業地区に影響を及ぼし、類似する事業も数多く実施されることになる。沖縄県内でこの事業に最初に注目したのは、実のところ沖縄市ではなく、名護市であった。一九七四年に名護市は、「通りから車を締め出し、花壇や噴水などをつくりあるいはベンチを備え、楽しみながら安心して買い物のできる通りにしよう」という「買物公園」計画を公表している（『琉球新報』一九七四年五月一日）。旭川市に次いで全国で二番目というふれこみであった。翌一九七五年には、中小企業庁の委託事業を受けた商業近代化那覇地域部会が、那覇市の目抜き通りである国際通りの歩道を拡幅して「買い物公園」にする提言をまとめた。[11]

つまり、いささか唐突にみえた「センター通りの買い物公園計画」は、名護市や那覇市の後追いで

10　山崎雄二「旭川平和通買物公園・計画概要」、日本店舗設計家協会編『現代日本の商業空間デザイン』商店建築社、一九七五年、二六―二七頁

11　商業近代化那覇地域部会編『那覇地域商業近代化地域計画報告書』商業近代化那覇地域部会、一九七五年

あったと考えれば腑に落ちる。当初は旭川モデルにならって幅員一八メートルの通りを全面的に交通規制（自動車通行を禁止）し、公園化することで、基地依存型から観光客・地元消費者向けの商店街に転向することが目指された（『琉球新報』一九七八年八月二十三日）。

この事業の受け皿となるべく、沖縄市センター商店街振興組合が一九七八年九月に結成される。もちろん、「基地の街として外人兵を相手に商売をやってきたが、円高ドル安で需要が激減、軒並み経営不振に陥ってい」たことも、その背景にあったのだが、理事長となった宮城寛松は、ここでもイメージ・チェンジという言葉をもちいて創立の意義を強調していた（『琉球新報』一九七八年九月三十日）。センター通りの目指すイメージ・チェンジの理想にかなうのが、旭川モデルであったとみてよい。

この年の十月、沖縄市役所は再開発計画の事業化に備えて経済部長らを旭川市に派遣している。コザの戦後史にも造詣の深い市職員の津野武雄は、「自動車の専用物と思い込んでいた道路から車をしめだし、人間に開放した『平和通買物公園』は旭川市ならでは」であるとし、「道路の公園化は、まさに人間尊重の理念を都市計画に具体化したものである」、と高く評価した（『沖縄タイムス』一九七八年十二月十六日）。

3—理想の青写真

一九七九年二月、沖縄商工会議所は「基地経済からの脱却」を企図した商業近代化実施計画を策定する。この計画の特色は、市域全体の「まちづくり」の一環として「商店街づくり」を位置づけた点にあり、当然そこにはセンター通りの買い物公園化事業も含まれた（『沖縄タイムス』一九七九年二月十六日）。

買い物公園とは文字通り買い物をする商店街と人々が憩いの場となる空間（公園広場）を組み合わせた近代的な商店街のことで北海道と旭川市などが特定事業として国の補助を受けスタートしている。

センター買い物公園の青写真によると国道３３０号のセンター通り入り口から八重島に抜ける現在の商店、バー街のある長さ四百五十㍍、幅十八㍍の県道をしゃ断し、この一帯を買い物公園にする計画。道路の中央には、幅二㍍の人工の小川を約四百㍍にわたって環流させ、道の両側はアーケード商店街として店舗が続く。通りの一画には商店街を改造した共同店舗をつくり魅力あるショッピングを楽しんでもらおうというもの。通りの中央には「子供あずかり所」公園などの遊び場があり、遊歩道にはいろいろなオブジェの遊具を設置する。買い物公園からは、五十五年度に完成予定の沖縄市民会館―八重島公園へと体系的に機能を結びつけ、ショッピングと憩いの場とが一体となる設計である。（『琉球新報』一九七九年五月十八日）

注目しておきたいのは、この段階では、モデルとする旭川と同様、車両の乗り入れを全面的に禁じる方針をとっていたことである（『琉球新報』一九七九年九月八日）。「商店街＋公園広場＝買い物公園」という位置づけも明確だ。子どもの「遊び場」（公園）も計画されるなど、たしかにこれが実現すれば、米兵ばかりが集う夜の街からのイメージ・チェンジは確実に達成されたに違いない。

図2は、一九八二年に公表された買い物公園の完成予想図である。赤瓦と赤レンガのアーケード。

図２　「センター商店街・買物公園予想図」
（出典：沖縄商工会議所中小企業相談所『小規模企業ニュース』第1号、1982年、表紙）

支柱の上にはシーサーが載せられている（正面手前の台上にも）。ドア一枚しかないクラブとはうってかわり、全面的に設えられたショーウィンドーも印象的だ。

道路にはヤシ科の植栽が並木をなしている。センター通りを象徴したダイオウヤシの後継なのだろう。随所に置かれたテーブルとイスには、休憩する買い物客の姿が描かれている。子どもの数も多い。「道路の中央」に計画された人工河川は見当たらないものの、まさに公園と呼ぶにふさわしい空間構成である。

少なくともこの段階までは、旭川市の「平和通買物公園」が理想的なモデルとして確実に存在していた。

４―計画空間と欠落する理念

商業近代化事業は一九八二年にはじまり、まずは店舗の改築が個別に実施された。計画では、五六件

図３　「センター買物公園完成予想図」
（出典：沖縄商工会議所中小企業相談所『小規模企業ニュース』第4号、1985年、表紙）

の改築が予定されている。街区全体の再開発に関する基本設計は、一九八三年に公募された。つまり、再開発とはいっても、地区全体のスクラップ・アンド・ビルドを前提していたわけではなく、店舗の新築・改築を個別に進めつつ、道路を公園化する事業が組み合わされていたのである。

沖縄市は、この再開発を「『人間交流の街づくり』の一環として市街地に交流の広場を確保」する整備事業として位置づけた上で基本設計を公募した。だが、そこには驚くべきことに、「一方通行」が条件のひとつとなっていたのである。いかなる理由で変更されたかはさだかでないものの、自動車の乗り入れを禁ずる方針が大きく転換されていたことになる。

入選した作品は、「道幅十八メートルのうち十四メートルが県道で占め車道はわずか四メートルで一方通行にし、人間優先にした、ゆったりとした買い物公園も兼ねた通り」（『琉球新報』一九八三年九月二十二日）と紹介されるように、車道を設定しながらもあくまで「買い物公園」として位置づけられた。図3は、新しい完成予想図である。

図2との違いは、一目瞭然であろう。まず、最初の計画で赤を基調とした街のカラーは、白一色に統一されている。アーケードも、赤いレンガと瓦ではない。シーサーの姿も見えない。センター通りを象徴した同じヤシ科の植栽も、ホルトノキに置き換えられている。電柱・電線はない一方、街灯が登場した。

そして、なによりも大きな違いは、一方通行ながらも自動車道が確保され、「公園」が真っ二つに分断されていることだ。どれだけ「人間優先」を謳っても、これではアーケード付きの歩道にしか見えない。そもそもこれを「公園」と呼ぶことなどできるのだろうか。図の描き込みも、シンプルというよりは雑で、最初の予想図にあるようなにぎわいはまったく感じられない。楽しげに遊ぶ子どもの姿も消えてしまった。

もういちど図3を眺めてみよう。仮にこの図だけを目にしたとき、どこの街並みか言い当てることはできるだろうか？　おそらく、誰もできまい。どこにでもありそうな街景なのだ。人文主義地理学者であるエドワード・レルフの言葉を借りるならば、没場所的なのである。

他方、図2に立ち返ってみるならば、具体的にどこまでは言えずとも、少なくとも沖縄であることだけはわかる。シーサーに赤瓦、ヤシの並木など、この段階ではヴァナキュラーな（つまりその土地固有の）景観が志向されていた。

沖縄市における「買い物公園」像は、事業化を目前にひかえ、一新された――みごとなまでのイメージ・チェンジ。

5 中央パークアベニューの誕生

商業近代化事業の最終年度となった一九八四年六月には、「白塗りのスマートな建物、窓を大きくとった明るい建物が目を引き、沖縄市センター通りの景観が徐々に変わってきた」と報じられている（『沖縄タイムス』一九八四年六月三十日）。店内を見通すことのできないクラブから、物販やその他のサーヴィス業への改築が急ピッチで進められていた。[12]

一九八四年度中にほぼすべての工事が完了し、全長四五〇メートルにわたるドーム式アーケード、白を基調として改築・新築された店舗、幅員一八メートルのうち車道を三・五メートルに限定する一方、一四・五メートルを歩道と植栽にあてた「コミュニティ広場」からなる一体的な建造環境「買い物公園」が誕生する。

街路名もセンター通りから「中央パークアベニュー」に変更されたことで、基地の街コザの代名詞であるセンター通りは、名実ともに「買い物公園」として生まれ変わったのだった。[13] それは、基地経済からの脱却を象徴する空間でもあった。

12 路面店一一四件のうち、七〇件が新築・改築して装いを新たにすることとなっていた。また『琉球新報』（一九八四年八月十八日）には新築店舗七件が完成、一九件が工事中とある一方で、『琉球新報』（一九八四年八月二十六日）には一九八五年三月までに計八五件が新築の予定とある。

13 ただし、「フィリピン人ダンサーによるヌードショー」も行なわれるなど、「かつてのAサインバーの名残をとどめる店」もまだ一三件営業していた（『琉球新報』一九八五年四月二十五日）。

四月二十八日のオープンに際しては、「沖縄市センター通りが、『中央パークアベニュー』に生まれ変わり、すっかりイメージチェンジした」と報じられている（『沖縄タイムス』一九八五年四月二十九日）。復帰後十年以上の歳月を経て、繰り返し語られてきたイメージ・チェンジは、ここに完結したかにみえる。

Ⅳ　基地都市の無意識

以上、基地都市コザを象徴する商業空間であったセンター通りの来し方を、城間盛善村政下の一九四九年にまでさかのぼり、たどりなおしてきた。この空間性をめぐっておりなされた一連の過程における各局面は、振り子のように揺れ動く〈まちづくり〉の系譜として定位することができそうである。まず、センター通りの成立は、城間の構想した米琉親善の商業空間「ビジネスセンター」に端を発する。この構想自体は当時としては実に大規模な「都市計画」を含むものであったが、事業化されたのは土地区画の整理にすぎない。店舗構成もこと細かに計画されていたものの、立地誘導や用途規制が実施された形跡はなく、自由主義を地でゆくような〈まちづくり〉であった。

重要なのは、城間の思い描いたビジネスセンターは、「快適な散歩場たる公園を中心に配置して明朗快活に米人も沖縄人も共に楽しむ米琉親善の楽園」であったということだ。すでに明らかなとおり、後の「買い物公園」の思想を先取りしている。だが、ひとりのテクノクラートの手にかかる「センター都市計画図」に、「快適な散歩場たる公園」が描き込まれることはなかった。そして、ビジネスセンターの軸線として設計されたセンター通りが「明朗快活に米人も沖縄人も共に楽しむ米琉親善の楽園」となることもなく、白人の米兵ばかりが出入りする夜の歓楽街と化したのである。

こうして城間の理念は、二重に抑圧された。構想の核心にあった「買い物公園」という理念は忘却され、センター通りの生みの親という事績だけが語り継がれる。ところが、この忘却された理念は、奇妙なかたちで回帰してくる。「基地経済からの脱却」を掲げて、米兵のみを相手とする商売から、地元消費者や観光客への切り替えを模索する過程、すなわち〈まちづくり〉の新たな局面で、城間の理念そのものはいっさい振り返られることもないまま、旭川に範をとった「買い物公園」構想が浮上するのだ。抑圧・忘却されて無意識の領域に押し込まれた理念が、それと気づかれぬまま回帰してくるさまは、ジークムント・フロイトの精神分析概念を想起させるものがある。

しかしながら、この新たな「買い物公園」構想においても、核となる理念は抑圧された。津野武雄が「道路の公園化は、まさに人間尊重の理念を都市計画に具体化したもの」と述べるとき、彼がもっとも驚き、そして評価していたのは、道路から自動車を完全に排除し、人間のための空間として開放した事実にほかならない。図2と図3をあらためて見比べてみるならば、基本設計として採用された後者は、ただの片側商店街であって、公園ではない。車道の幅員を制限することで「パティオ」（中庭）のような空間が生まれ、いこいの場となることが期待されていたものの、実際に機能することはなかった。旭川市の「平和通買物公園」とは似ても似つかない空間となって、すでに公園の体をなしていないにもかかわらず、「買い物公園」と呼ばれつづけたことも不思議な話である。

図2、3を空間表象としてみた場合、前項で図式的に整理しておいた、ヴァナキュラーな景観と没

場所的な景観との理念対立を見て取ることもできる。図2にみられる赤瓦やシーサーといった沖縄的な要素、あるいはセンター通りの象徴であったダイオウヤシと同じヤシ科の植栽を徹底的に排除することで成立するのが、図3の空間表象なのだ。

ところで、建設省（当時）が一九八六年に「地域活動によって地域の魅力や個性を生み出している良質な社会資本とそれに関わった団体」を表彰する制度として創設した「手づくり郷土賞《ふるさと》」を、中央パークアベニューは一九八七年に「いきいきとした楽しい街並み三十選」部門で受賞した。このことは、今からみれば二重の意味で皮肉な結果となった。

ひとつは、「ふれあいの並木道」部門で同時に受賞した久米島の「フクギ並木と道路」が、「島民の手により保存され、防風、防火、防潮の目的で屋敷林として古くから利用」され、「赤瓦の民家と調和のとれた景観を創出」していると評価されており、ヴァナキュラーな景観資源としての位置づけが明確であったことである。中央パークアベニューはといえば、街の履歴書を黒塗りするかのような、没場所的〈まちづくり〉の成果であった。にもかかわらず、事後的にではあれ国土交通省の資料には、『スポットアメリカ』的ムードをつくり出している」と紹介されている点が、もうひとつの皮肉である[14]。脱基地経済を謳ってつくりあげた街にあってなお、アメリカ的なるものがつねに／すでに回帰している。

この点と関わって想起されるエピソードがひとつある。それは、一九八四年にアーケードを設置する際、「景観を損ねる電柱」とともに「撤去」されることが決まった、約一〇〇本のダイオウヤシである。当初は移植されることになっていたものの（『琉球新報』一九八三年七月二十三日）、実際に事業がはじまってみると、一九八四年十月五日から六日にかけて、「切り倒し除去作業」が行なわれた。「クレーン車で木の上部を引っ張る形で根元を電動ノコで切り、切り終えたら、そのまままつり上げて大型トラックに積み込み、ゴミ捨て場に直行した」（『琉球新報』一九八三年十月八日）――あまりに無残……。後に語られた除去理由はこうだ――「アメリカ時代を払しょくするためヤシを切り倒した」（『沖縄タイムス』一九九七年五月十三日）。

ヤシにかわって一一五カ所の植栽マスに植えられたのは、ホルトノキにくわえて、ガジュマル、クバ、ハイビスカスなどの一〇種であったという。なお、現在はヤシもみられるのだが……。

V おわりに

中央パークアベニュー振興組合の理事長の口から「最近ようやく昔の米軍時代のイメージを払しょくできた」という言葉がもれたのは、一九九七年のことであった（『沖縄タイムス』一九九七年五月十三日）。復帰後、「イメージ・チェンジ」を追求して、すでに四半世紀の歳月が流れている。

当時はいまほど客離れが進んでいたわけではないけれども、「郊外型の大型店舗の進出と住居移転

14 「手づくり郷土賞」国土交通省事業総括調整官室 http://www.mlit.go.jp/sogoseisaku/region/tedukuri/index.html［二〇一七年五月十一日最終閲覧］

に伴い、客数も次第に減り閉店する店が相次い」でいたという（『琉球新報』一九九八年三月一日）。衰退傾向は二〇〇〇年代を通じて大きく変わることなく、現在へといたる。そこに持ち上がったのが、中央パークアベニューの相互通行計画である。繰り返しになるが、その背景には「一方通行となったことで……交通渋滞や客足に影響が出ているとして、地域住民や店主から元に戻すよう要望が挙がっていた」ことがある（『沖縄タイムス』二〇一六年三月二十三日）。

だが、そもそもの出発点には、自動車道路の機能を廃止して公園化するという、（再度、津野武雄の言葉を借りれば）「人間尊重の理念」があったはずだ。一方通行どころか、車の通行を全面的に不可能とする建造環境を構築することで、集客可能な魅力ある空間の創出を目指したのである。この発想自体は、初代村長の城間まで部分的にさかのぼることができるだろう。相互通行計画では、センター通りの誕生譚どころか、中央パークアベニューそのものの来歴が忘却されている。

基地都市において、理想と現実のあいだで揺れ動きつづけた〈まちづくり〉は、今後どこに向かうのだろうか。自動車優先の〈まちづくり〉が成功した例を筆者は寡聞にして知らない。この先、はたして抑圧された無意識が高次に回帰することはあるのだろうか。

［付記］
本稿をまとめるにあたり、沖縄市役所総務部総務課市史編集担当の皆さまには、たいへんお世話になりました。また図２・３の転載にあたっては、沖縄市センター商店街振興組合の許可をいただいております。記して謝意を表します。本研究はＪＳＰＳ科研費 17K03264 の助成を受けたものです。

さいたま――大地の「め」

松田法子

〈わたし〉

わたしには小さな思い出がある。西暦でいうと、それは一九六〇年頃のことだ。白い優美な鳥たちが、わたしの樹々をねぐらにしていた。それは、数軒の農家の屋敷林からなる森だった。人が住むために有用な群落になるよう、人為的に樹種が選ばれ植えられて育ったその屋敷林は、毎夕、鳥たちの宿りによって大きな白い花を咲かせ

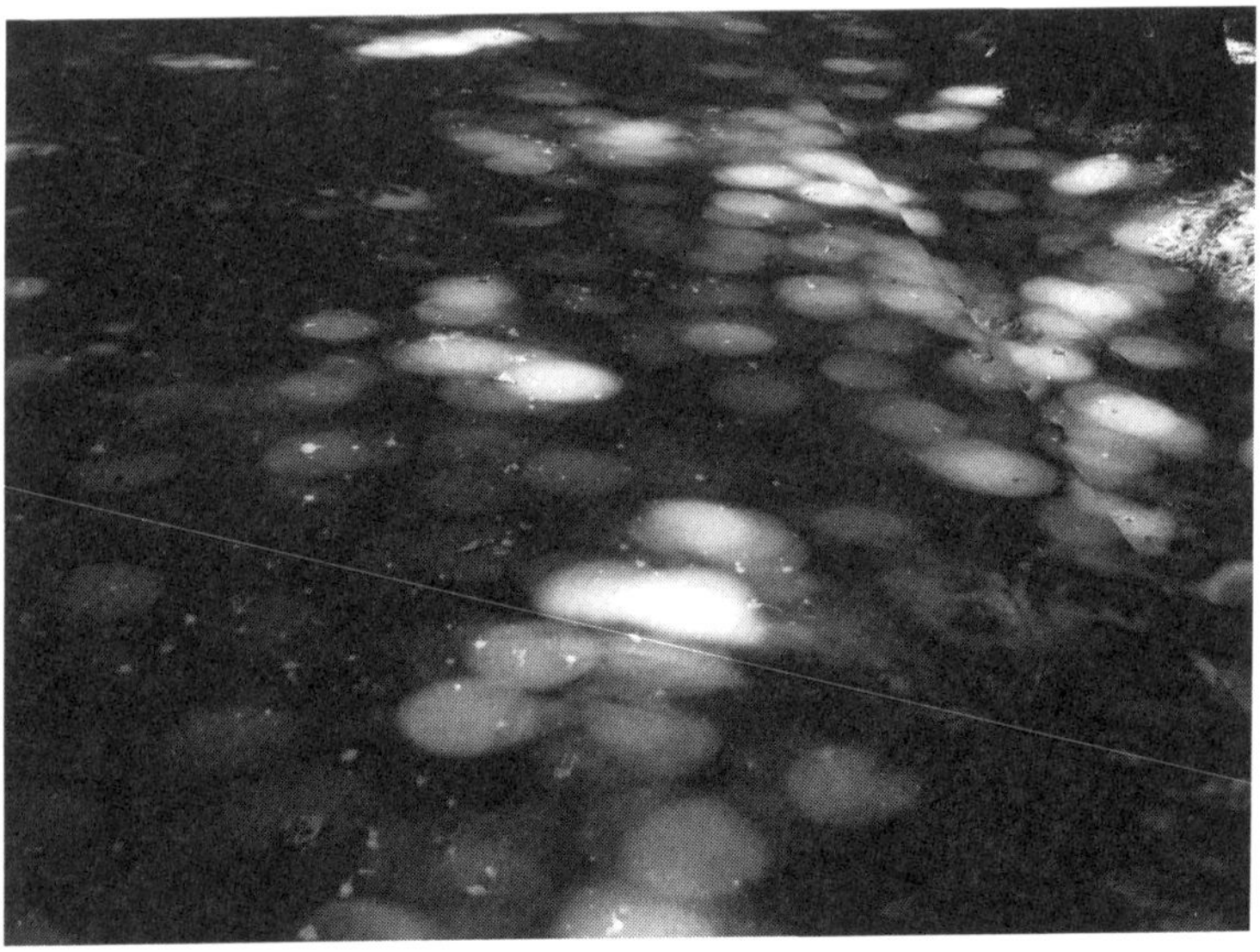

さいたまの木漏れ日

るようだった。わたしのからだにある時期だけ出現した、真新しい生態系。鷺の森の思い出だ。その森は片柳という土地にあった。細長い高台が、湿った低地へちょうど鳥の嘴のように延びたところだ。

　わたしについて、少しずつ話そう。まずはわたしへの名付けから語るのがよいだろうか。地名。それはまず、わたしと人との関わりの始まりを思い起こす数々の呼び声になるだろう。それは、わたしのあちこちが人の棲みかとなり、人がわたしの色々な地点の性格を読みとって、信仰や生産の地に変えてきたことを示す名だ。わたしのからだのある大きな範囲や微細な襞に何かの意味が見出され、地形や、水、岩、原が、それぞれに名指される。彼らはわたしの肌目が切り替わる界面を見付けては、そこにカミ（神）を祀った。それはいつも、わたし――大地が、人が関わることで人に意識的に見出された領域である「土地」に変化を遂げるときの、人からの最初の働きかけの瞬間だった。

わたしは無限にひろがっている。地球、として。けれどこの語りの中では、今「さいたま（さいたま市）」と呼ばれている範囲だけを、〈わたし〉だと言おう。

わたし＝大地が土地になる歴史段階と、その単位

〈わたし〉は、こんな層からなっている。

今の地表からだいたい一九〇メートルよりも深いところは、更新世と呼ばれる時代につくられた。今より一万年くらい前までのことだ。最終氷期と呼ばれる時代に、地

旧土呂村の神明社

球の極地を中心に海水が凍結した。そのため地球上では海水面が低下して、地面の範囲が拡大した。この頃の海面は今よりも実に一二〇メートルほども低かった。その上に載っているのが、関東ローム層と呼ばれる地層だ。日本列島の古富士や古箱根、赤城や榛名の火山から吐き出された、鉄分の多い灰。それらが、赤っぽくみえる土の層になった。この地層の上には、沖積層と呼ばれる地層がひろがっている。これは約一万年前の後氷期のあとから、現代までの間に堆積した。わたしの中ではシルトや砂の層として、折り重なっている。

わたしの中の高いところはそれぞれ、大宮台地、岩槻台地、慈恩寺台地、安行台地などと呼ばれている。これらの台地の上層は、さきに関東ローム層と言った火山灰由来の地層に覆われている。この層は水の浸食を受けやすいから、複雑に削られて浸食谷ができた。わたしの上にはかつて、「古東京川」と呼ばれる大きな河が、幾度も流路を変えながら流れ下っていた。この河が関東ローム層を下刻し、幅が広く深いV字型の谷を削りだした。その時に残った部分が、これら四つの台地なのだ。そのあとこのV字谷には、砂やシルトが堆積して厚い沖積層をつくった。古代の人びとはこのような台地の端に住み、水が溜まった台地際の低地へ谷地田をつくっていった。岩

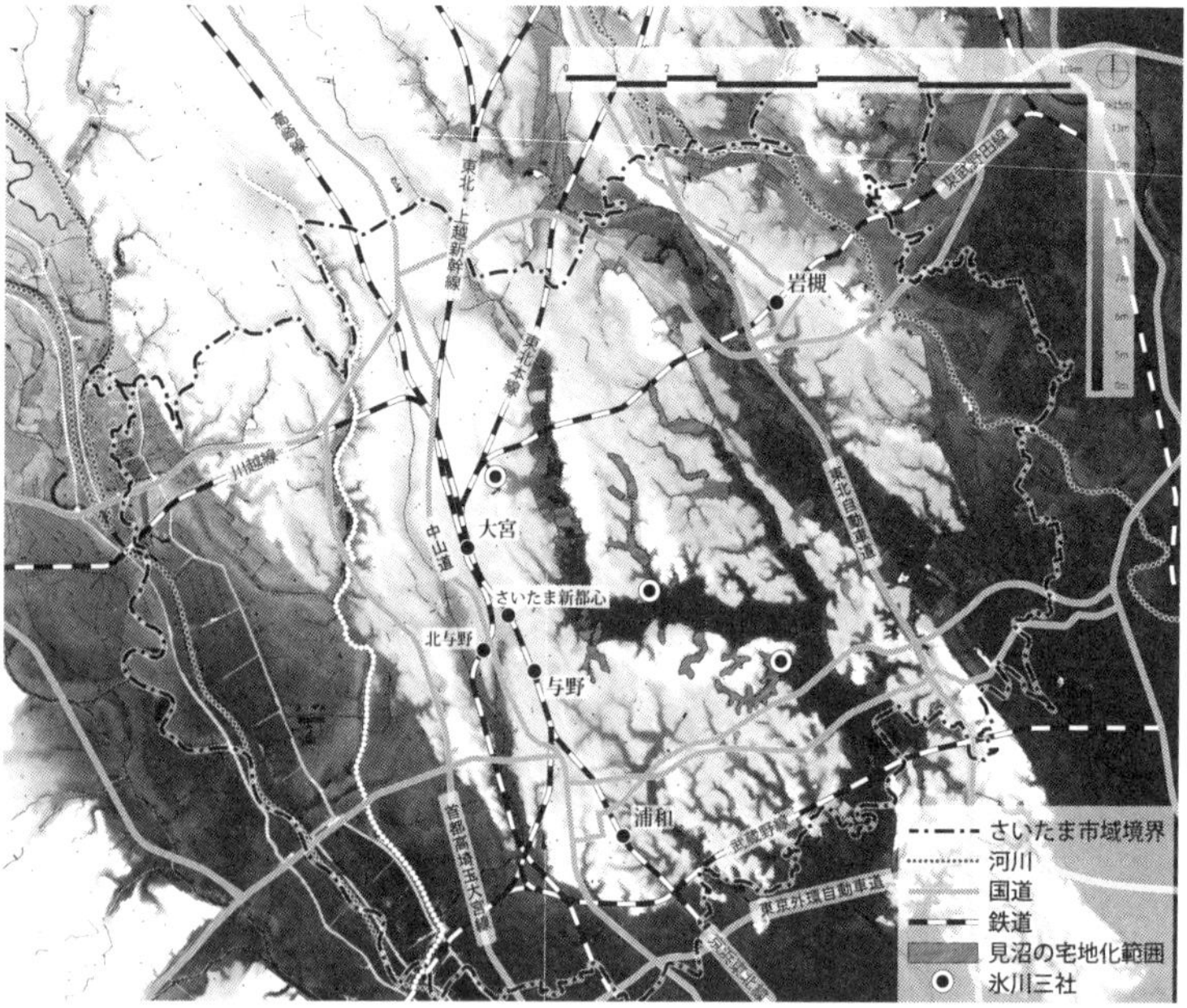

本稿におけるさいたまの基本図
（国土地理院の基盤地図情報をもとに、QGIS及び専用開発プログラムにより作成した地形段彩図上に主な要素を凡例のとおり追記した。作図：京谷友也・和田優人・松田法子）

槻台地と大宮台地の間を流れる水流は、アヤセ（綾瀬）川と呼ばれるようになる。この川沿いには低湿地が拡がっていて、かなり遅くまで複数の沼地が点在していた。深作、横根、膝子沼などと名付けられた水域だ。そして岩槻台地と慈恩寺台地の間には、元荒川と呼ばれる、より太い水流がある。これは荒川のかつての本流筋で、大きく蛇行しながら流れ下っていた。うねる水流が残した水は、川のまわりに三日月状の河跡湖や湿地を残していった。もとのこの「荒川」筋は、江戸という時代のはじめ、より西側にある「入間川」の流路へ付け替えられた。江戸という巨大都市を「水害」から守るためだった。ところで水害とはすべて人工的なものだ。自然に流れ下る水の通り道に人が進出してきたときにしか、水害は起こらない。洪水はわたしにとって当たり前で不可欠な現象だからだ。付け替えられた荒川の下流は、隅田川という。こうして江戸の人びとに深い関わりをもつ水流の筋が決まった。

そして大事なことを話そう。〈わたし〉の中心には、かつて大きな水面が存在していた。上流が二叉に分かれた形の沼。

見沼、だ。

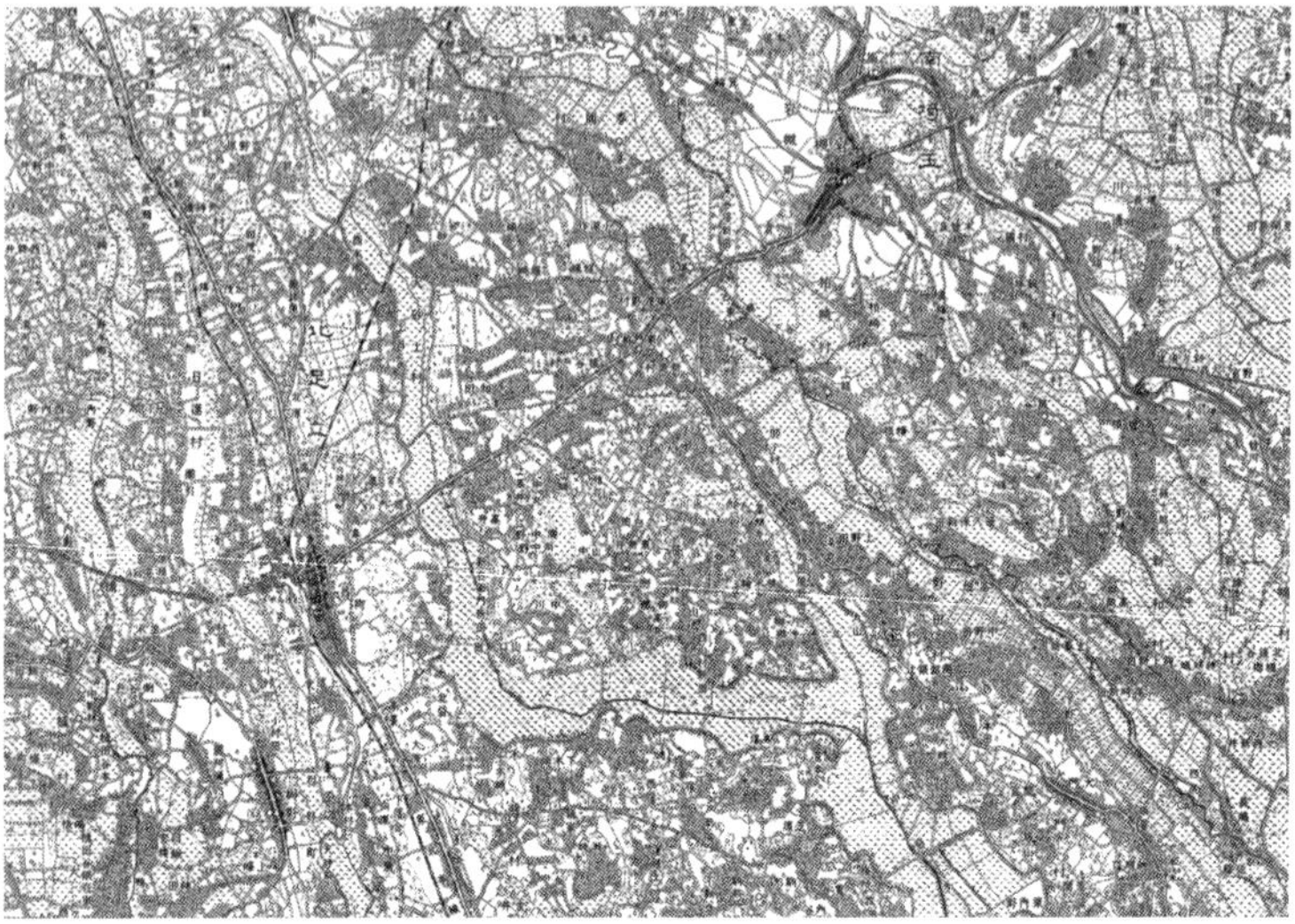

明治期の地形図にみる見沼の跡
（明治39年測図「大宮」5万分1地形図、「今昔マップ on the web」より。）

こんなふうなひろがりと起伏と深さをもち、水を湛え、連なっていたわたしは、どんなふうに〈わたし〉＝さいたまへと、人によって枠取られ分節されてきたのだろうか？

そのことを振り返ってみると、人がわたしの上に住み継ぐにあたって、わたしと折り合いをつけてきたその方法と時間、空間のありさまがはっきりしてくる。それは主に、わたしの上を流れる水との調整のためのものだった。水に対応するための社会と空間の単位は、「領」と呼ばれ

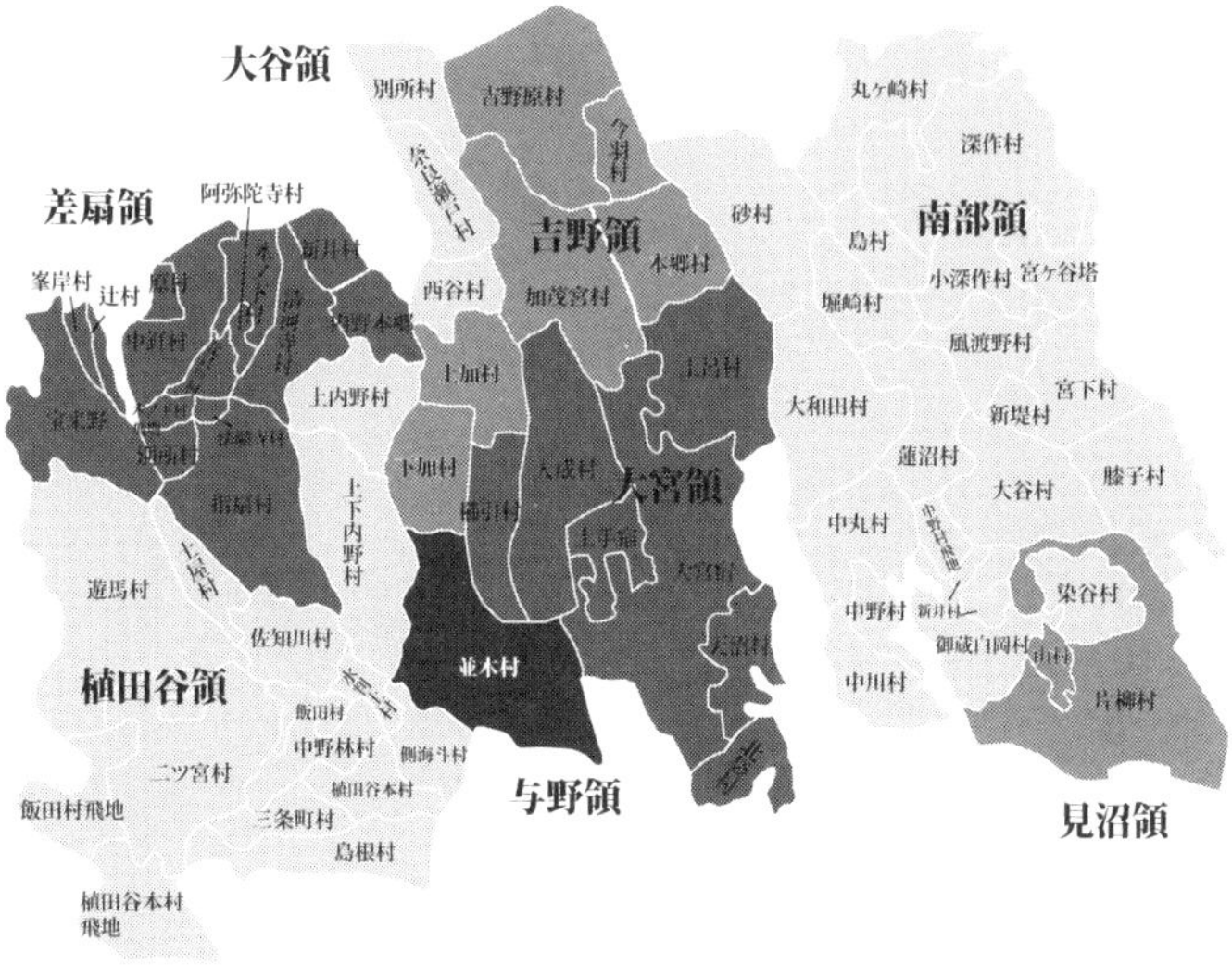

旧大宮市域の領と村
（『大宮市史』及び『新編武蔵風土記稿』所収情報をもとに作成。作図：和田優人）

ていた。領の名は、その範囲にある城館や領主の名前、または地形や土地の名に由来していた。領は武士たちのテリトリーの単位でもあったが、水流や水路を管理する属地的な共同体でもあった。領は、用排水施設の維持管理や水防、河川の修築のための共同体なのだ。自然堤防や後背湿地、池沼の利害関係も共有している。江戸時代には三七の領があって、関係する村落は実に一〇六八カ村。一つの領は平均二九カ村で、最大だった忍《おし》領は一三一カ村からなる。見沼よりも東側はおおむね南部領で、見沼のY字型の分岐点に面する台地の突端は見沼領。見沼の西北は吉野領、西南は大宮領。その西にそれぞれ大谷領と与野領が接していて、そこから荒川までの一帯は差扇領と植田谷領だ。領の複合体が実はもとの大宮市や浦和市の範囲で、それが今のさいたま市の大宮区や浦和区になっている。南部領と見沼領を併せた範囲が見沼区で、吉野・大谷領と大宮領の一部を併せた範囲が北区。大宮領の大半と与野領を併せた範囲が大宮区、差扇領と植田谷領を併せた範囲が西区なのだ。水流や水路の管理に住民が直接関わることはもうほとんどないが、わたしのからだの仕組みに基づいた地域区分は、今もそういう形をもとにしている。地域の単位にはいつも、何かしらの意味がある。

各時代の〈わたし〉＝さいたま

日本の人の世の、縄文時代。海面は、今よりずっと高かった。今の内陸のずっと奥

馬場小室山遺跡の環状盛土

まで、水面が入り込んでいた。

そもそもわたしの地表のせり上がっている部分、たとえば大宮台地と呼ばれる地面は、奥東京湾の水面に浮かぶ島のようなものだった。それから、縄文時代の中期以降には、海が遠ざかっていった。

この頃のことを、見沼と、馬場小室山という微高地のことから思い出してみたい。人びとは舟を使って、遠く東京湾との間を頻繁に行き来した。馬場小室山の集落は見沼中流域の交流拠点で、大宮の氷川神社あたりは上流域の交流拠点だった。見沼のまわりではこの頃から二千五百年にわたって、赤と黒の漆を塗った道具が使われる。漆を塗った土器、木を使った漆器、飾り弓、櫛。その縄文時代中期頃、馬場小室山には地域の拠点的集落ができる。この集落は二千年ほども住み継がれることになった。それまでに集落は拡張と解体、生成を繰り返していたが、縄文時代の後晩年期になると縮小しはじめ、その立地も固定され同じ場所で維持されるようになったのだ。人びとは移動によって世代を継ぐのではなく、ある一つの土地の内に世代を更新するようになった。集落の中に祖先の礼拝所ができることも、それを示している。馬場小室山の人びとは集落の地下に彼らの祖霊を祀った。

弥生時代。縄文時代の晩期になると、気候の冷え込みによって集落は激減した。再び集落が増えてくるのは、東京湾から米作文化が伝わってくる弥生時代中期後葉以降のことだ。この頃には直径が五〇メートルから九〇メートルの環濠集落もあらわれた。

古墳時代。こう呼ばれる時代になったとき、しかしわたしには目立つほどの古墳はつくられなかった。人が住まなくなったというわけではない。このことには、弥生時代の後期頃から見沼の出口が荒川の自然堤防で閉鎖されるようになったことが関係している。荒川を使って行われていた東京湾との交流が、妨げられるようになったのだ。

さきたま古墳公園

見沼周辺の地域では異系統の文化交流が減退して、わたしは文化の流れから孤立する。そのため古墳時代になっても古墳がつくられなかったようだ。見沼の周辺では、米作に沼での漁撈を加えた半農半漁の生活が続いていた。そのころ見沼から北北東に約五〇キロメートル内陸に行った地域では、長さ一〇〇メートルほどもある巨大な古墳群がつくられていた。六世紀から七世紀のはじめにかけてつくられたそれらは、「さきたま古墳群」と名付けられている。千三百〜千五百年前の古墳が、大きいものだけで九基もある。それはこの地が西の大和政権と結び付きを強め、またその王権下に繰り入れられたことを示している。そして重要なのは、この土地から生まれた地名のことだ。この一帯は「さきたま」と名指された。つまり埼玉や「さいたま」という名の大もとが、ここに生まれたのだ。

古代。古墳群のすぐそばには、式内社の前玉《さきたま》神社がある。延喜式神名帳に載っている神社だから一〇世紀の前半にはもうあったはずだ。そしてこの神社の境内は、小さな古墳の上に営まれた。さきたまの地には港のような場所もあった。「さきたまの津」について詠まれた万葉歌はこのようなものだ。

——佐吉多万《さきたま》の津に居る船の風を疾《いた》み　綱は絶ゆとも言な絶えそね

氷川女体社に奉納された巫女人形

続いて荒川の氾濫原の低地に、条里制の耕地がつくられた。わたしの上にも、畿内で育まれた古代国家のグリッドラインが引かれたのだ。いっぽう低い台地へフィヨルドのように沼地が入り組むわたしの中心付近では、見沼の水に触れながら営まれる台地際での生活が続いていた。重要な信仰の拠点もこうした地において成長してくる。氷川男体社、氷川女体社、簸《ひ》王子《おうじ》社からなる氷川神社。これら三つの神社は見沼のフチにつくられた。上空からみると、三つの社の立地は頭が西に傾いた一本の南北線で結ぶことができる。三つで一つの「武蔵一宮」をかたちづくっていた氷川神社では、男体社は岩井家、女体社は角井駿河家（東角井家）、簸王子社は角井出雲家（西角井家）というイエがそれぞれ神主をつとめ、社務の統括は三家が年番で執り行ってきた。

わたしには、この氷川神社を含めて大きく三系統の神社が立地した。ほかの二つは香取神社と久伊豆神社だ。面白いことにこれらの神社の分布域は、それぞれ特定の範囲にまとまっている。氷川神社は西部、久伊豆神社は北東部に集中していて、東南に香取神社が進出している。これはだいたい川の流域に対応しているようだ。つまり氷川神社は荒川‐隅田川流域を中心軸としていて、久伊豆神社は元荒川と綾瀬川、香取神社は利根川を背骨のようにして分布する。

神社の中でも重要な格が与えられてきたのが、先の氷川神社だ。氷川の社《やしろ》が祀られている土地は、上流や沼のほとりが多い。氷川の神には、水源への信仰が関係していると考えられている。そして氷川社がある土地の周辺は、早くから稲作が行われてきた地域でもある。

それと、古代のわたしの範囲には、朝鮮半島から移住してきた人びとが文化的な影響を及ぼした。荒川の右岸に八世紀に設置された新羅郡には、新羅から亡命してきた

旧中尾村　吉祥寺の山門（江戸前期）

人びとが集住した。少し離れているが、わたしから二〇キロメートルほど西へいった秩父丘陵の山麓には、七一六年に「高麗郡」がつくられた。そこには、駿河、甲斐、相模、上総、下総、常陸、下野の七カ国に住んでいた高麗人一八〇〇人ほどが集住させられた。

農耕技術にすぐれた渡来人たちは、水はけが良いゆえに水を得にくい台地上の開発を手がけていったらしい。高燥な原野がひろがる武蔵の台地上では、軍用馬も育てられていた。

古代も末になると西の中央政権が乱れて、わたしのまわりの治安は悪化してきた。有力な豪族たちを中心にして墾田を守るための武闘集団が形成され、成長してくる。東国武士団と呼ばれるそれらには、坂東八平氏や武蔵七党などの集団があった。武蔵七党には、野与《のいよ》党という一団があった。野与党は南北の埼玉郡に勢力を及ぼした。中世にわたしは足立郡と呼ばれる地域の一部となったが、この郡にも野与党の同族がいた。その後これらの東国武士団はいくさを通じて鎌倉幕府の成立に貢献していく。そして彼らは自らの力を蓄えるために荒地や原野を開墾して開発領主となり、その地の郡名や郷名をイエの名として名乗ることもあった。

中世と言われる時代については、まず道と市のことから話しておきたい。古代に設

埋められていた一分銀（旧坂東家住宅）

けられた官道以降、わたしの上には次第に多くの幹線道が育ってきたが、中世のそれらは武士政権の中心である鎌倉に続く道だった。これらには、上信越と鎌倉をつなぐ上道《かみつみち》（武蔵路）、奥州と結ばれる中道《なかつみち》、さらに下道《しもつみち》などがあり、また奥大道《おくのたいどう》、鎌倉往還と呼ばれることもあった。上道と中道を結ぶ羽根倉道（奥州脇道）というものもあった。鎌倉時代に加えて、そのあとの南北朝期や室町時代に整備され利用された道は、その後鎌倉街道や鎌倉古道とも称された。

そしてそういった道に紐付いて、室町時代から戦国期には市《いち》が発達した。とくに一六世紀になると、月に六度開かれる六斎市と呼ばれる市が広まる。商品流通の発達に加え、武蔵国を支配した武将（後北条）が商業を保護して、彼らの経済圏の拡大の安定をはかる政策をとった。武蔵の市では、酒、塩あい物、塩、木綿、縞、ぬり物、炭、薪、兵糧米、麦、大豆、穀物、馬、タラなどの一九品目あまりが取引された。市ではその繁栄と無事を願って、市祭りの折に修験者が祭文を読み上げ、市の神である市姫に捧げた。祭文では、天竺や支那から市の由来が説き起こされ、この列島で最古の市とされる大和国の三輪の市をはじめとして、諸国の市が神のめぐみによって成り立っていることが言祝がれた。

この頃のことで特に付け加えておきたいのは、武士のことだ。彼らはわたしをつぶさに観察したようだ。彼らの拠点づくりには、彼らの生死がかかっている。わたしを真剣に見定めないと、彼らは彼らの家も、自らの生命さえも存続できない。攻撃され、館を焼かれ、家臣も家族も、彼ら自身も討ち取られ、時間をかけて耕し育てた農地も家畜も奪い取られる。彼らには同類の武士たちとの人間関係を見定めるのと同じくらいに、わたしを見定める能力が必要だ。そして彼らにとって価値のあるわたしの一部

旧三室村の文殊寺

を、彼らの領地に仕立てていく。城館は、平安末期から鎌倉、室町、戦国、そして江戸初期までつくられた。その立地は沼地に接した見晴らしのよい台地際だった。

寺院も台地と低地の際の同じような場所に、低地側へ正面を向けてつくられた。今さいたまを歩くと、鉄筋コンクリートでつくられた本堂が地面から持ち上がり、本堂の床下に駐車場などが差し込まれている様子をみて不思議に思うかもしれない。これには、寺が台地のへりに建っているという立地上の理由があるのだ。堀の内の慈眼寺のように、かつて城

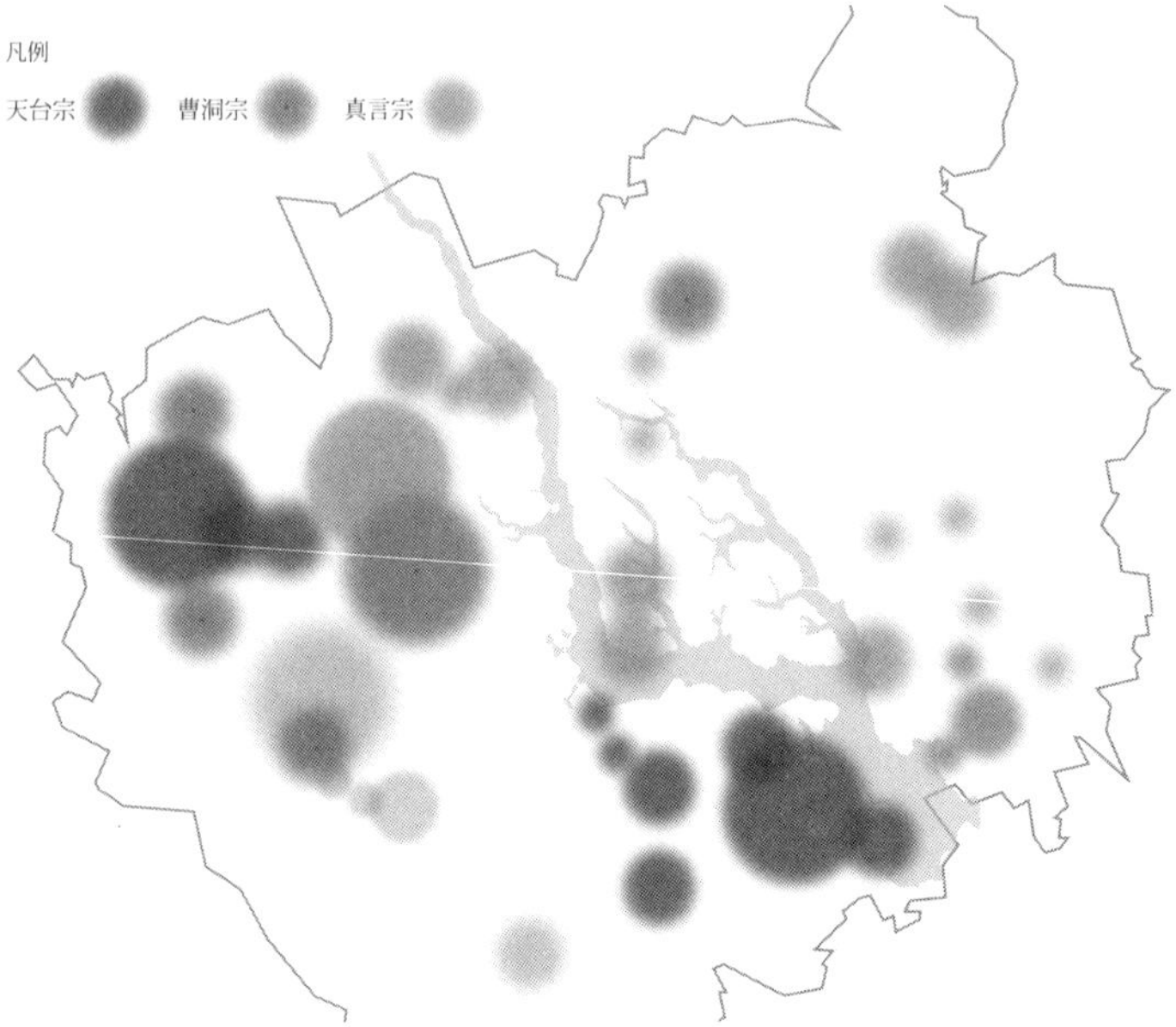

さいたまの主な寺院分布と宗派
（凡例の円の大きさは本寺末寺等の階層に応じて設定。作図：和田優人）

郭として使われていた寺もある。

ところでわたしの中の寺の分布を宗派別にみてみると、ちょっと面白いことがわかるだろう。見沼の周辺では、天台宗、新義真言宗、曹洞宗の各寺院が、見沼を中央にして、西、中、東にそれぞれ分布している。さいたま全体でみれば、天台宗のテリトリーは見沼の南側とさいたまの北西部、荒川沿いだ。曹洞宗は北西部に立地している。

そんな中から、ムラも育ってきた。江戸時代を通じて、村の数にはほとんど変化がなかった。わたしの上に新田村が増えたのは、むしろ明治時代になってからだ。明治期には各地で飛び地も増加する。逆に言えばわたしには、中世の時点でかなり村が増えていた。

中世にできた村の名前には、大体二つのカテゴリーがある。まずは、在家、領家、別所。家や集落が「そこにある」ことを示す名だ。もう一つの系統は、垣内・谷戸（カイト・カヤト）、堀の内など。これらは地形との応答関係を反映している名だ。これらは大抵、小さな谷筋を前にした微高地につくられた。寺の立地は集落の中でだいたい沼に最も近かった。

今も続く集落で、特に早くから拓かれていたのが植田谷本だ。今のさいたまの西区にある。「植田」とは、わたしに定住することと、田の開墾とが切り離せないことがわかる名だろう。千年くらい前につくられた和名類聚という記録にも、同じ土地の名が書かれている。古代には殖田郷と言われた一帯だ。この村の領主は代々、伊奈《いな》というイエだった。この村について描かれた彩色絵図は、さいたまに残る村絵図の中でも最古のもので、元禄期の一枚だ。わたしは今ヒトに化身して、この集落を歩こう。村

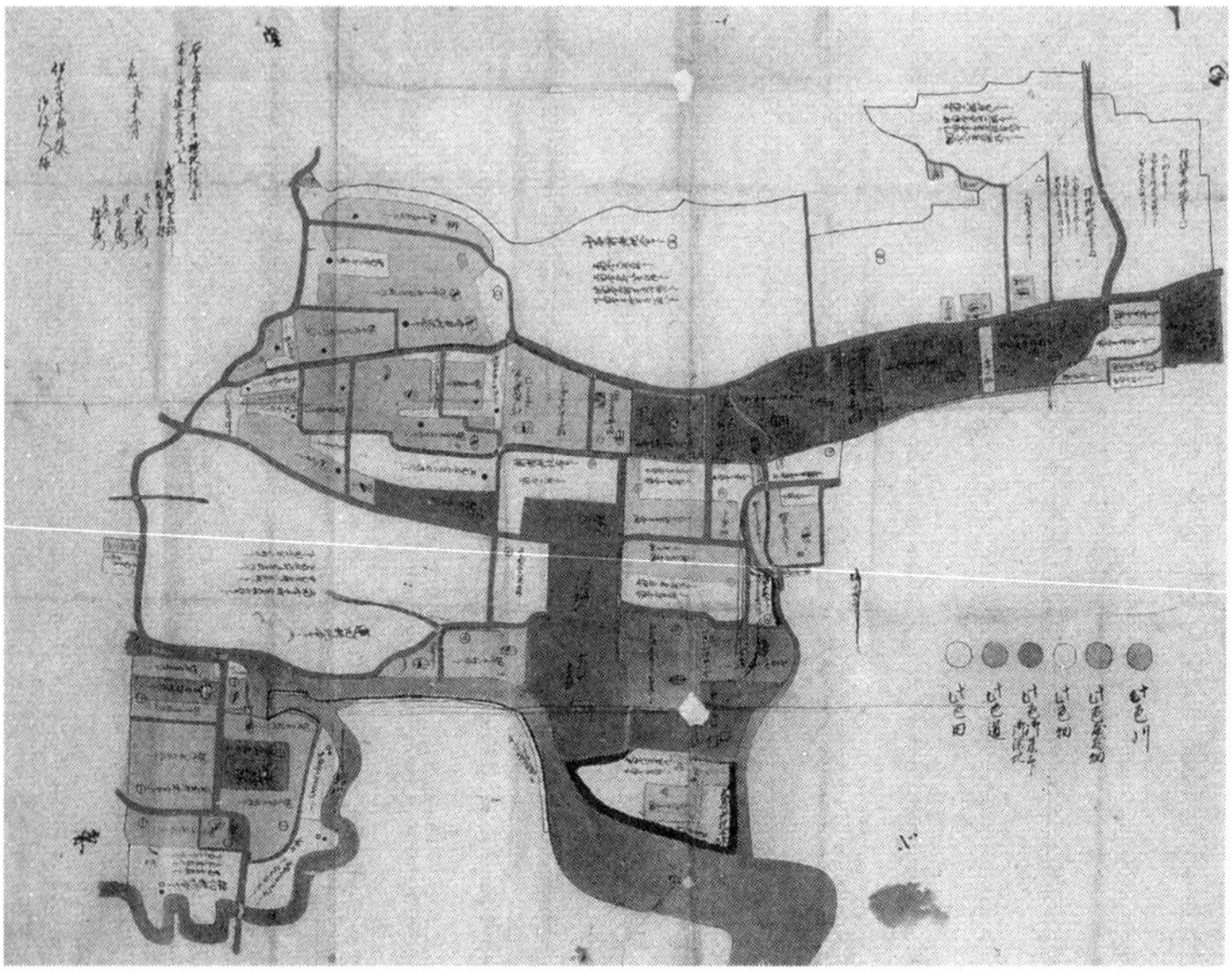

植田谷本村絵図（1622年、部分）（さいたま市立博物館編『絵図の世界 ―― 描かれた背景をさぐる』さいたま市立博物館、2012年より転載。）

の土地がどんなふうに使われてきたかをみるには、明治時代につくられた地籍図というものをたずさえていくのがいい。集落の中には幅二メートルほどの水路が張り巡らされていた。水路はその後ふたをされて、今はヒトが行き交うこともほとんどない小径。厚く落ち葉が積もっている。しかし道や土地に対する民家の立地の原則は、変わっていないようだ。主屋は南向きに立てられ、敷地の南側には広い空地がある。自家で消費する野菜などをそこでつくっていた。

植田谷本の水路跡
（撮影：和田優人）

この村の古い有力家は小島という。領主のイナから、名主より更に上の「割元名主」という役職に任じられた家だ。このコジマのような家は、中世以来の古い住人だ。彼らは集落の中でも特に広い土地を所有している。

先史時代には、見沼周辺に中心集落がつくられ、稲作伝来後には荒川の流域など河川の低地にも人が進出していった。古代にはそこに口分田が開かれた。そして中世には、見沼周辺を含め台地に低地が入り組むわたしの地形を活かして稲作が行われた。
泥深い田んぼに種もみを直接まく稲作の方法を田摘《たづ》みといい、田摘みで耕作される田んぼを摘田《つみた》という。谷地や低地の水の条件の悪さが、中世にも引き続き住み方の基本にあった。そのために、摘田や堀上田のような地形に即した土地利用形態は変わらず、人びとは低地に接する台地の縁辺部に住んでいた。そして台地の内部は植物燃料や肥料の採取地として利用されていた。

近世と呼ばれる時代は何よりもトクガワという家と切り離すことができない。二世紀半をこえるこの時代は日本列島の大部分にトクガワを頂点とする仕組みを行き渡らせるが、特にわたしとは江戸との関わりから関係を結ぼうとした。徳川は、長い歴史をもつ岩槻の久伊豆神社を江戸の鬼門の守りとして位置付けた。久伊豆神社は、欽明という天皇の時代、六世紀に、出雲の土師氏が出雲大社の祭神である大国主命を祀って創建したと伝わっている。そのあと、家康より前に江戸を支配していたオオタ（太田）という武士が岩槻城の鎮守として今の土地に奉鎮していた。徳川一家の創始者にして大立者である家康の墓廟が築かれた日光へ行く街道も、わたしの台地上を通って

将軍家日光社参の休息所であった旧膝子村光徳寺（文禄年間〈1593-96〉開基）

いく。家康は天下の覇者となってから、毎年のようにわたしのところへ鷹狩りに来た。開けた野が続くその頃のわたしは、鷹を飛ばして、鳥などを狩る土地として好都合だった。そしてわたしを米や水の供給源にした。

戦国時代の終わりから近世には、この国じゅうに本格的に都市がつくられた。さて、わたしに都市があったかと言えば、伝統的には一つだけだ。それは岩槻という城下町。岩槻城は沼城だった。水によって守りを固めた城。

ところでこの頃、わたしの上を流れる水流には小さくない変化が起こった。荒川大囲堤、と呼ばれる堤によって、水の流れが制限されはじめたのだ。戦国の世から江戸時代に移る一六世紀の終わりから一七世紀のはじめにかけて、伊奈忠次という人間がわたしに堤をつくりはじめた。最初は植田谷のあたりからだった。備前堤というものがつくられた。そのあと、大宮から浦和にかけて荒川沿いの低湿地が開発された。イナの一族は、武田信玄という武将が甲州で行っていた、甲州流という治水対策の流れを汲む技術を用いていた。低水法とか溜井法といわれる工法で、大河川や低湿地に向くやり方だった。この手法が関東一帯で広く使われていったので、関東流ともいわれる。わたしの表面は大がかりに改造されはじめた。これは河川が流れる範囲を広く

旧染谷村 薬師堂前の道

とった上で、二重や三重に堤を配置して水を制御する方法だ。付近の池沼は遊水地として残される。そこに田畑がつくられる場合、それらは「流作場」と呼ばれ、水損の可能性を前提にして耕されることになった。

続いて一六二九年、荒川と利根川は徳川の政策によって大規模に付け替えられた。彼らの政体が、これらの河川の下流域である江戸にあるからだ。地形や水量に応じてそのときどきに形を変えながら流れていた川は、瀬替えの土木工事によってその幅をある程度固定された。伊奈忠次は、備前堤のほかに遊馬村から葛西領まで続く堤をつくり、さらに川筋を変更してもとの入間川を荒川の本流筋とし、わたしの地表に水が溢れるのを断ち切ろうとした。水が溢れなくなった河原は、新田に変えられていった。

わたしが土地として隅々まで測られるようになったのも、この頃だ。忠次の息子、忠治は、大宮台地の南にひろがる低湿地を開発するために、見沼の幅が最も狭くなる南部に八丁堤という巨大な堤防をつくって、沼を締め切った。一六二九年のことだ。わたしのからだの表皮は、どこでどのくらいのコメが穫れるのか、という数値におき換えられて理解されるようになった。そのような方針が徹底されていくと、村人たちの共有地だった入会地にも、人は血走った目を向けるようになった。僅かに残った所

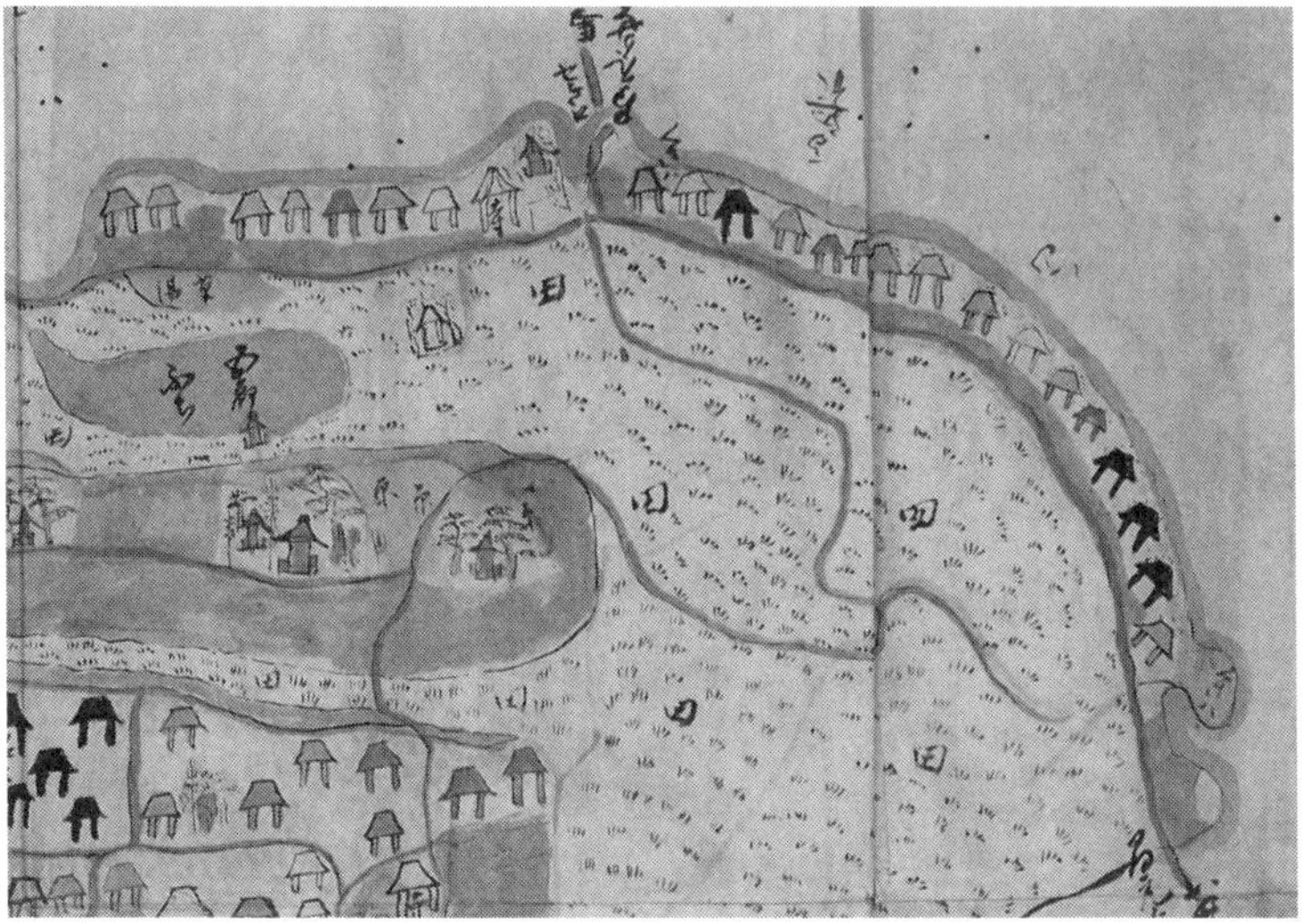

丸ヶ崎村の近世絵図（部分。家型の色合いの違いは支配者の違いに対応している。前掲『絵図の世界——描かれた背景をさぐる』より転載。）

有関係があいまいな地面も、どこかの村や誰かの所有物として、その所属が争われていった。台地の中も、江戸時代早々から畑に開発されていった。低湿地を新田に変える開発には、江戸の商人も関わった。大宮台地の上と入間川流域の低地は、コメの生産性の高さなどから幕府の直轄地となった。

わたしの東部は小さな台地と低湿地が入り組む特に複雑な地形で、沼が深くてなかなか田地にならない場所もあった。丸ヶ崎という村のように、支配関係が込み入った土地も生じた。ここでは隣合うイエごとに支配者が違うのだ。見沼がコメのための巨大な溜池になったことは、ある村には利潤をもたらしたし、またある村には損害を与えた。目の前に水がたたえられていても、これをうまく引き込む水路を準備できなければ、集落は潤わない。

見沼の水をせき止めて溜井化する次の段階におこったこととは、それまでとは逆に、沼の水を排出して沼じゅうを陸地化しようという目論見だった。準備は遅くとも一七二五年頃から始まっていた。吉宗という時の将軍に登用されて、井澤弥惣兵衛為永という男が紀州からやってきた。井澤はわたしのところへきて、見沼のまわりの村々を見分にまわった。とくに水が深い一帯を除いて、一七二七年、沼はついに干し上げられ、沼の底はコメをつくる農地に変わった。当時、見沼のまわりには三二の村があり、このうち一七カ村が沼底に新田を開くことに応じた。翌年春までには沼から地面になったその範囲じゅうを残らず新田にすることになった。こうして人びとは台地上の村から沼底に這い出していった。かつての沼の東西のへりには水路が引かれた。この見沼代用水路から用水を受けることになった村々は、三五〇カ村あまりにものぼった。地域の内水面を干し上げて新田を開く方法は、この時期、他の地でも行われた。わたしの東にある利根川流域の手賀沼や、印旛沼にも、干拓による新田開発が計

旧土呂村神明社の石造物にみる人名

画された。特に手賀沼では、見沼とほとんど同じ時期に井澤が干拓計画を進めていった。

井澤は河川の遊水地でもあったこうした大きな沼を排水して土地に変え、川をまっすぐに整える改修を行い、川沿いには高い堤を築いて、水流近くの河原までを田として使えるようにした。関東だけではなく、木曾川流域など各地でこうした改修事業にあたった。彼が用いた川の改修法は、井澤の出身地にちなんで紀州流と呼ばれている。これは近代日本の河川改修の定石となった、「高水工法」と呼ばれるやり方に近い。川は乱流でなくなったが、その代わり遊水地もごく限定的になり、水の流れも速くなった。高い堤防に隔てられた水がその堤を破った場合には、逆に周辺の土地へ甚大な被害をもたらすことになった。

ところで、水田の開発の歴史は西日本と東日本とで大きく違っている。西日本では早くから中小河川沿いの土地が開発された。だから江戸時代には干潟を農地にすることで耕地の拡大が目指された。いっぽう東日本、とくに武蔵東部には大きな河川が多く、それが暴れまわるので、江戸時代になっても開発できていない土地が多かった。そうした低地の開発が、さきほど言ったように、紀州流あるいは関東流と呼ばれる手法で進められた。関東流では、河川の氾濫でできた水溜まりや、それを締め切って溜井にした水面から用水をとる灌漑が、主に江戸前期に行われた。江戸中期には、見沼干拓に使われた紀州流のやり方として、大きな河川から用水専用の水路をつくって水を引き、溜井は干拓してしまう方法がとられた。溜井は干拓されるが、そもそも低い土地だから、まわりから水が入ってくる。だから低地のまわりには堤をつくって水の流入をさえぎり、悪水は堀を開いて排水する。用水路と排水路が交差する地点では、伏越や掛樋をつくって水を立体交差させた。

わたしの表面は、こうして人によってだんだん更新されてきた。

見沼を干し上げれば、新田のための広大な用地ができる。でもそれは本当に実行してよいものなのか、というばくぜんとした畏れが、人びとにはあったようだ。その畏れは怪談に形を変えて、人の口に伝わっていったのかもしれない。

干拓のリーダーとして江戸からやってきた井澤弥惣兵衛が指揮所にした天沼の大日堂には、夜な夜な、女があらわれた。女は実は龍で、見沼の化身だった。大崎村の国昌寺では、山門に彫られた龍が、この門を通る棺桶の遺体を喰ってしまうという。だからここは、今でも開かずの門だ。この龍も、見沼の化身。死体に降りかかる災難としては、萬年寺でも柩が舞い上がってしまったという言い伝えがある。これも見沼の龍のしわざ。見沼の干拓は幕府の事業として成功した。しかし、沼に対する、あるいはそれをすっかり変えてしまったことに対する、そこはかとない恐怖や悔恨は、こうした形で今日まで地域に埋め込まれてきたのだろうか。

このような変化の一方でわたしは、永らく変わらない古風なやりかたで耕され続けてもいた。摘田、というのがそれだ。この田は古代以来のつくり方で、わたしの仕組みをよく踏まえた、地面の細やかな使い方だと言える。もみをつまんで蒔くことからそんなふうに呼ばれている。田のほうは、谷地田や谷津田という。そう、わたしのヤチは、そのまま田んぼなのだ。見沼の水面が台地に分け入り、小さな沼地をつくりだす。沼と陸地の境目はどこまでも反復されるフラクタル図形のような襞だ。水と台地がせめぎ合う小さな襞の一つ一つが、コメのフィールドになる。この襞には、泥炭が分解された黒泥土が溜まっている。やわらかく、水をたっぷりふくんだその土は、おおげさな道具で耕す必要がない。牛や馬もいらない。棒の先に板きれを結んだくらいの簡単な器具で、たやすく平らにできる。そこにもみを蒔き付ければおしまい。体を折り曲げて前に進んだり、後ろに下がったりする必要もない。この田んぼには、人工的な灌漑設備もまったくない。水は崖から滲み出す伏流水と、ヤチに溜まった雨水でいい。そしてこの方法は、江戸時代をずっと下って、昭和の二〇年代から三〇年代まで盛んに行われていた。この農耕法は、とくに大宮台地で行われてきた。ほかには入間台地の一部で、またほんのわずかには武蔵野台地や古河付近でも。しかしこのような直播田は、現代では日本全体でも埼玉県内にしかない。谷地田の両側の台地の上は、麦畑や桑畑だ。そして台地のへりには古代の集落跡が分布している。中世の城館も台

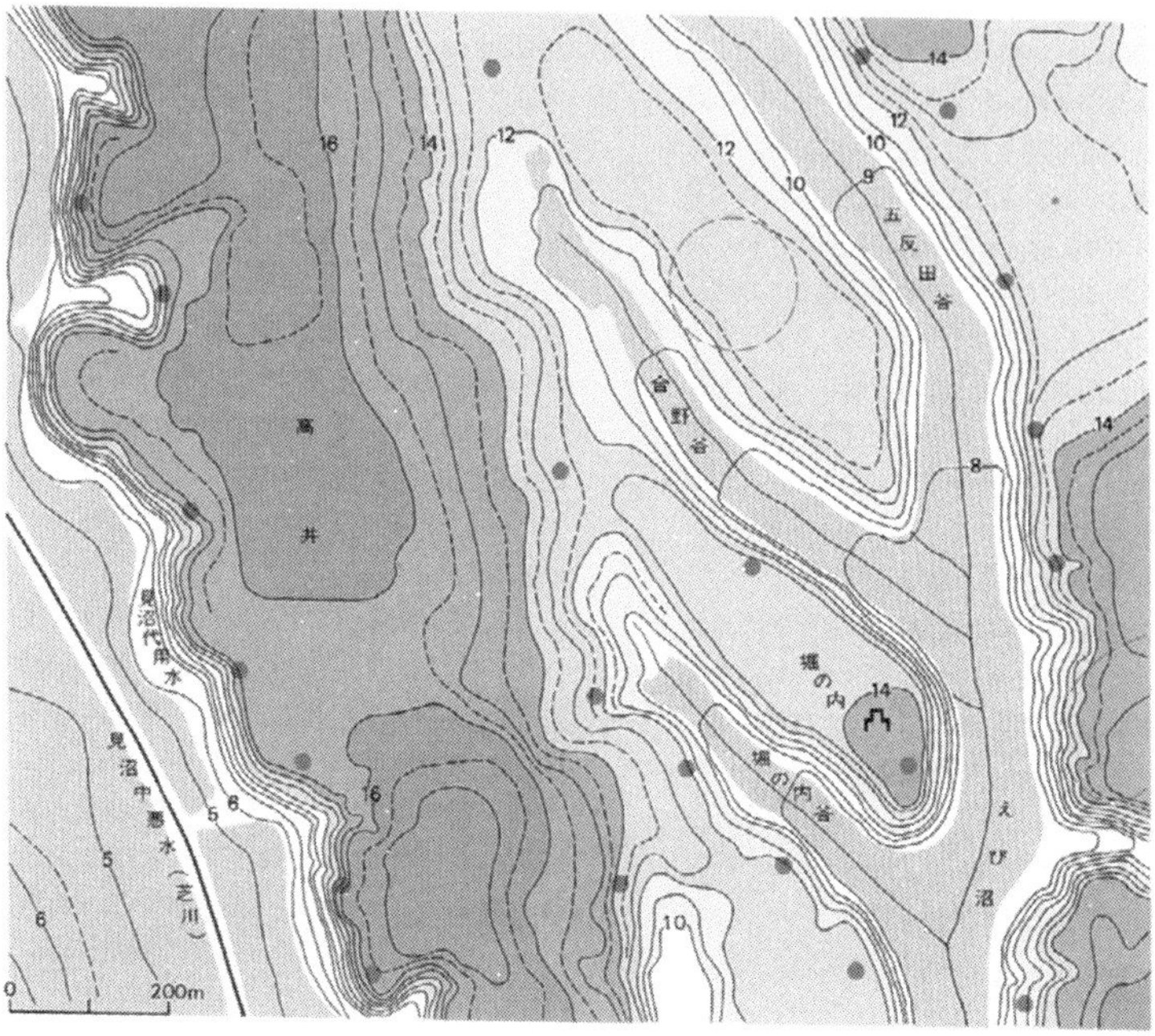

谷地田は低地全体に広がっている。図中右下が中丸の中世城館跡で、灰色の丸は古代集落の立地を示す。（『URBAN KUBOTA』No.19より転載。）

地のへりに広範に立地する。彼らのテリトリーは、谷地田の生産力によって支えられていた。ちなみに日本列島全体でみても、台地のへりに建つ中世城館は関東平野に最も多い。江戸幕府ができたとき、こうした谷地田はもう広く存在していた。

大宮台地の南部に、中丸という村がある。縄文海進期に水面がいちばん高かったとき、中丸の南端あたりは見沼を経て北に延びるリアス式海岸の湾頭だった。この一帯には、貝塚やたくさんの集落跡、小型の古墳がある。中世の中丸には堀の内城という城館が築かれた。三方は台地の急な崖、その先は厚く泥炭が溜まった深い田で、守りの堅い城だ。中丸には天正検地を受けた大島という旧家がある。その家の天正一九年の記録によれば、幕府が開かれた翌年には既にこのあたり全体が水田だった。ここの地下水面は、台地上からでも三メートルから五メートルと浅い。井戸水にも苦労しない環境だ。摘田をする大宮台地集落の農耕の中心は、台地上の畑作におかれている。荒川沖積地の低地に展開し、稲作を中心にする「里」に対して、大宮台地のこうした集落は「野方」と呼ばれていた。

近代。それはトクガワの世が終わって幕を開けた新しい時代だった。新天皇が氷川神社に行幸した。その直前には、三つの神社からなる氷川三社が、新政府の神社行政によって男体社を本社とする形につくりかえられた。荒川は明治時代の末、一九一〇年に大洪水をおこした。この時には一七八カ所で堤防が決壊した。利根川も同じ洪水で決壊し、全体で二四九名の死者と九八名の行方不明者、一六三二戸の流失家屋と、二二一二戸の全半壊家屋を出した。その後の改修で、川は荒川放水路と本流である隅田川に赤羽で分離された。一八八三年、大宮台地上に上野から熊谷までの鉄道が開通して、浦和駅ができた。一八八五年に大宮駅が開設され、一八九一年に東北本線が青森まで全通した。一九一二年になって与野駅ができた。

そのあと。ある時わたしは身震いした。そのエネルギーは東京一帯を揺らし、たくさんの建物が潰れ、方々で火事が起こり、関東大震災と呼ばれる巨大な災害になった。〈わたし〉には、東京からたくさん人が移ってきた。その時につくられた新しい集落が、大宮の「盆栽村」だ。そこは水はけのよい砂地で、先に住んでいた土呂の人たちには価値のない土地だった。盆栽村をつくったのは、東京本郷の団子坂や神明町の盆栽業者たち。移住者たちは、そこには産土神がないと言って、この新村の立役者である清水利太郎という男を祀り、彼の名を太く彫り込んだ石を建てた。清水は瀞庵と号した。瀞は土呂。土呂とは、細い水流がいったんよどむこの土地のことだ。

わたしは東京からの移住者たちに、より安全な居住地だとみなされたようだ。そして東京の人たちは、わたしのからだの小さな窪地、まだ水が干上がっていなかったところを理想の里に見立てた。例えば、別所沼という小さな水面のこと。立原道造という名の青年はここに憧れて、ヒアシンスハウス、という名の週末住宅をつくろうとし

盆栽村 清水瀞庵翁の紀功碑

新築されたヒアシンスハウス

た。彼が夭折したのでその夢は実現されなかったが、彼のスケッチをもとに二〇〇四年になって建てられた。この小屋は人気があって、建築をまなぶ学生たちがメジャーなんかを手に訪れては仔細に観察していく。別所沼の西隣には鴻沼という沼があったが、これは井澤弥惣兵衛によって干拓された。

戦後。

高度成長期と呼ばれる時代、わたしには住宅がずいぶん増え始めた。鉄道駅周辺のほか、耕地整理が行われていた台地の上や低地の農地の住宅地化が進んでいった。台地上の耕地整理は、その後の宅地化も見込んで実は戦前期から始まっていた。低地の耕地整理はもとは宅地化を想定していたわけではなかったが、高度成長期に住宅はそこにも進出していった。一九四六年に施行された財産税法も、農地が手放されて宅地に変わる背景になった。低地の中でも台地のふちに細かく入り組んだ谷地田は、機械耕作に転換しにくかったことなどから、早々に売られていった。低地には小さな川が流れていたが、氾濫するという理由で暗渠化されていった。水の通り道に入り込んできたのは、人の住まいのほうなのだが。昭和五〇年代には土地区画整理事業による住宅地開発が大規模に進められた。既成市街地では過大気味の用途地域指定と容積率が設定され、その後中心市街地に高層マンションが林立する下地を準備した。

東京と、東北などの遠隔地を結ぶ大きなインフラが、わたしを縦断しながら強化されていった。東北本線と東北新幹線が大宮台地の上を、東北自動車道はかつての鷺山近くを、北北西に抜けていく。いっぽう北の国ぐにからは、集団就職の子供たちや、さまざまな食料や物資が、わたしを南下して東京に向かっていった。

〈わたし〉＝さいたまの現代

それからのち、一九七〇年代から現代にかけて。

〈わたし〉のからだの具合はどうかって？　まあ、どうだろう。ずいぶんあちこちやりかえられたから。わたしがずいぶん変わったきっかけは、やはりトクガワの時代の見沼の干拓だろう。わたしの湿潤なところは、それからもどんどん消えていった。その中で、海老沼という沼は結構遅くまで残っていた。海老のように折れ曲がった形の

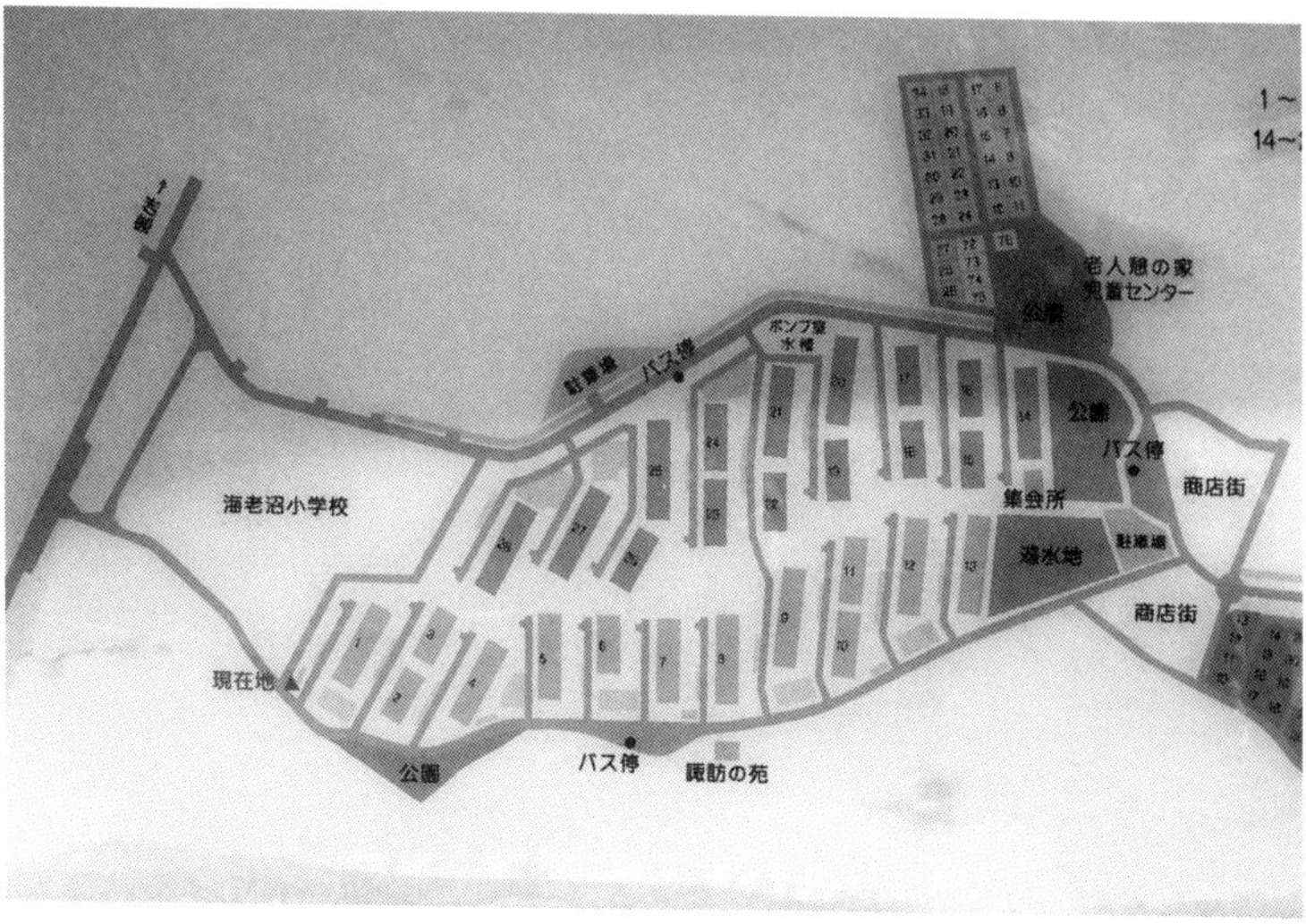

海老沼の上にできた大宮東新井団地の見取り図

沼だった。だがそれも一九七〇年代の末から八〇年代のはじめにかけて団地になった。大宮東新井団地という。海老沼のような沼の形をそのまま縁取った敷地に、団地の建物がぎっしりと建った。

しかしこうした変化がおきたのは、わたしにとってはかなり最近のことだ。見沼は干拓されたが、基本的にはずっと農地として使われてきた。見沼は、生産のために干拓された。その目的はひとまず変わらずに、土地利用が全うされてきたわけだ。第二次世界大戦の後にはその一部が宅地に転用されるようになった。そ

大宮東新井団地

1969年と2003年の深作沼周辺
（「地図で見るさいたま市の変遷」2万5千分の1地図より。）

れが加速したのは、一九七〇年代から現代までのことだ。一九六九年と二〇〇三年の地図を比べると、この間に田地の宅地化が極端に進んだことがわかる。そしてそれは、見沼の支流である細い谷筋で進んだ。鉄道駅を基点にひろがる同心円的な宅地化のほかには、わたしの中でのまとまった開発は、浅い沼地でおこっていった。

低い台地と谷地が東西に繰り返し並ぶわたしの微妙な起伏は、それだけで今もさいたまの交通にずいぶん影響を与えている。さいたまでは南北に比べて、東西の移動が大変なのだ。幹線道はほとんどないし、そもそも、台地と谷地をずっと横断していく細い道もない。わたしのからだの細かな起伏と湿り気の条件は、今も人の移動のあり方を決めている。南北に長くて江戸東京に近い大宮台地にしか、大きな幹線道は通っていない。もとより、むかし沼地だった地帯には道すらない。

さいたまのベッドタウン化は、宅地開発が盛んになる直前に最初のきっかけがあったわけではないと感じている。見沼に代表されるようなあいまいな地面、つまり、低湿地、沼地、氾濫原などがまず新田のための開発対象となり、「土地」となって、所有可能な地面とされた。そのためのインフラが、見沼全体を干拓していくための八丁堤や、見沼全体にわたる水路である西縁・東縁通船堀だった。通船堀は、江戸という

2号線を横断する里道

2号線沿いに残された屋敷林の断片（旧新堤村付近）

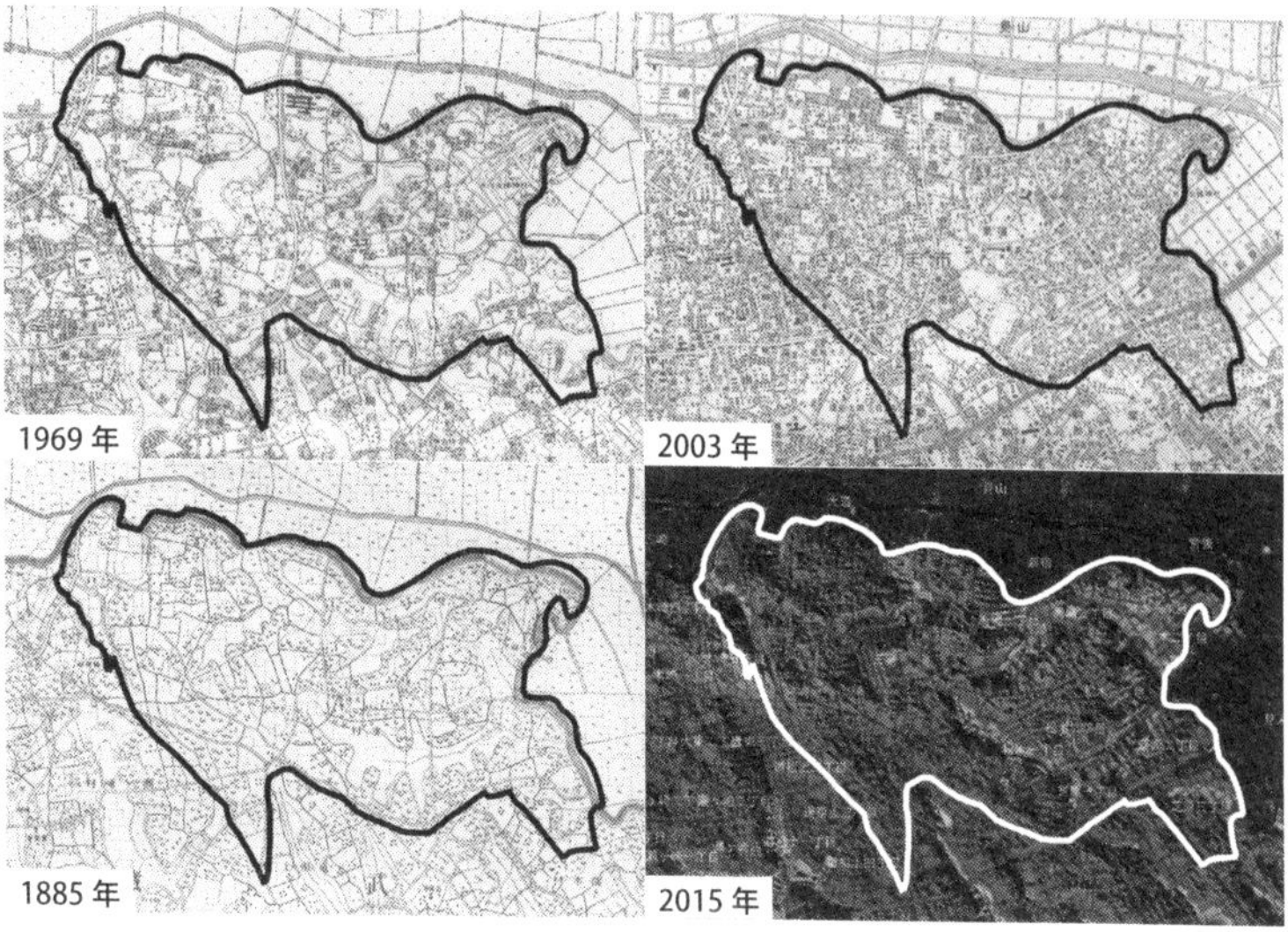

三室村の開発過程
（各年代の測量図などをもとに作成。作図：和田優人）

大都市と見沼周辺をつなぐ道筋を水によって強化する装置だ。その下の中間スケールにあたるのが、村レベルの開発単位と、それによる沼地の分節。新田開発を契機に、沼の中に引かれていく村の境界線。一部はそれに重なる堤。その堤が道になること。沼をわたる陸インフラの成立。道になった堤の、道機能のさらなる強化。

　例えば、二号線という東西方向の幹線道がある。わたしのやや北部に通されていて、大宮台地から見沼の低地をまたいで岩槻に続く道だ。この道は、集落同士をつなぐ道ではない。大宮と岩槻という、わたしの上の人口の多い土地と、都市とを結ぶ軸。さいたまの東西方向ではほとんどこの軸だけに交通が集中してきた。幹線道の最上位のものは国道として指定される。その道沿いにはいわゆる国道沿いの景色、といったものが続く。ロードサイドショップがつくりだす、この国の幹線道じゅうに共通する景色だ。

谷地と台地の開発傾向は、少し異なっている。谷地や低地は多層かつ大型の集合住居用地に、台地は一軒の家の敷地が再分割されて複数の小さな住居の用地に再編された場合が多い。耕地整理や区画整理がなされたあとの谷地や低地は、開発がより大きな面積になりやすかった。再開発される前の低地の土地利用は、ほぼ水田だ。ひろがりのあるその平地は、団地やマンションなど、集合住宅の用地になった。台地上の土地には微妙な起伏がある。台地には微地形に影響を受けた土地利用の先行形態があり、台地の各部は畑地や屋敷として分節的に使われてきた。道も微地形に応じた、くねくねとした線だった。新たな宅地に転換されていくのはそうした畑地や宅地の一部だったので、台地上にひろがったのは戸建て住宅のミニ開発だった。ただ、台地上の開発傾向に関するこの基本形は、大宮台地の、特に鉄道沿線の土地には当てはまらない。そこでは土地の微細な条件よりも、街道や鉄道といった大きな交通インフラがもつ軸

氷川女体社の磐船祭祭祀遺跡

の力が強力だったからだ。どのような時代にも、交通の太い流れこそが地域を変える強い原動力となる。

わたしと人との関係でかなり変わったところと言えば、わたしの中のいろいろな差異に人の関心が向きにくくなったこと、特に、敬意というものがほぼ払われなくなったことだ。わたしのからだのある差異が際立つところに、人は崇敬を捧げていた。見沼と人との関係は、その代表的なものだった。見沼は「御沼」なのだとも言う。そこにある沼そのものが、敬われていた。隔年の九月四日、女体社の神職は小舟で見沼の一番深いところに漕ぎ出した。そこには四本の竹を立てた小さな区画があって、捧げ物が行われていた。御船祭といった。江戸時代に見沼を干拓してからは、この儀式を行うことができなくなった。だから女体社では境内の真下、かつての見沼の縁に手鏡のような形をした小島をつくって堀に水を巡らせ、島の中心に四本の榊を植え、ここを見沼に見立てて儀式の場に代えた。

旧大谷村の氷川神社

〈半島〉

ところで、わたしがまるで小さな半島のようだと思って好いてきた一隅がある。かつて見沼のY字型の水面に挟まれていた台地のことだ。ここには今もまだ、鉄道や自動車道と宅地、という近現代の土地利用の再編力学だけには覆われていない、長く複数の時代の折り重なりが続く生活空間がある。

〈半島〉の村々のことを話そう。

旧大谷村は、見沼の支流が村域の中央に貫入する村だ。大谷とはこの谷のこと。参道の両側が宅地化された氷川社がある。旧片柳村は、台地上の網目状の道と農地が開けた景観をつくる。旧染谷村には、沼から延びる参道をもつ常泉寺がある。旧三室村は氷川女体社を擁する村だ。縄文時代のドーナツ状集落、馬場小室山もある。見沼一帯でも、三室には古い遺跡が多い。最終氷期、後期旧石器時代の遺跡も一カ所ある。そして見沼との深い関わり。四本竹遺跡を含め、縄文時代中期の丸木舟もここで見つかった。〈半島〉での人びとの居住の履歴は、遺跡としてわたしに刻まれてい

片柳土地改良区事業竣工記念碑

守屋巌松斎の筆塚

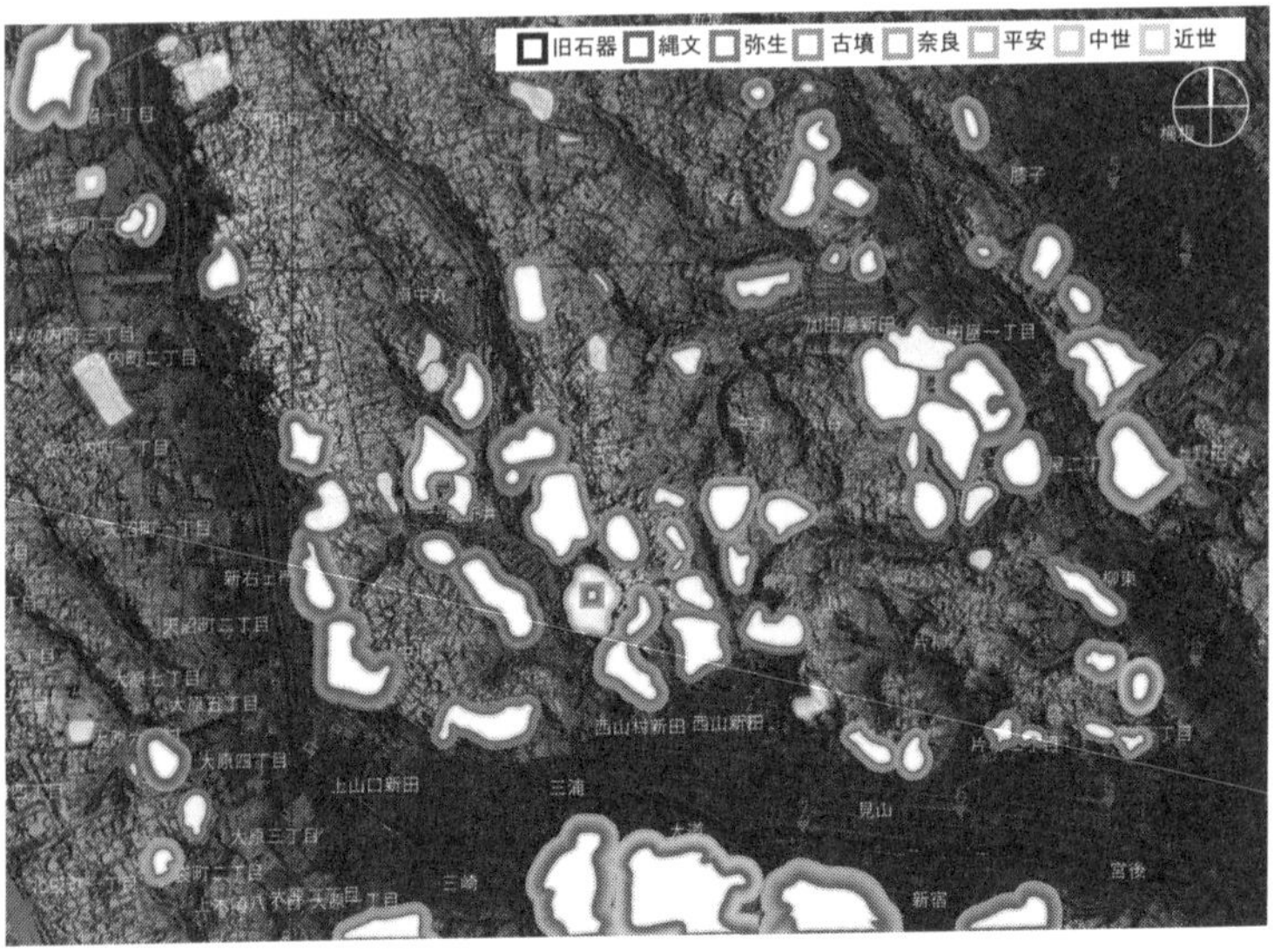

〈半島〉の遺跡地図

（図中囲み線〈埋蔵文化財包蔵地範囲〉の内側の色が濃いほど時代が古く、かつ線種が多いほど多くの時代の遺跡があることを示す。「さいたま市遺跡地図」（さいたま市文化財保護課）等をもとに作成。作図：和田優人）

る。それらのほぼいずれもが、見沼に接する台地のキワで見つかってきた。ムラの神社や寺は、沼のほうを向いて台地の先端に建っている。陸地と水面のあわいに棲み着いてゆく過去の人びとの生活空間は、集住体の古層として息づいている。

　中世に武士たちが開墾した土地の現在についても、話しておこう。関東武士たちの時代に耕されたわたしの表面に、彼らの子孫たちは今もかなりこだわっている。片柳では戦

旧丸ヶ崎村（1974-78年）

旧丸ヶ崎村（現在）

後に「土地改良」というものがほどこされた。その時の記念碑を見ればいい。その石碑にも名前がある守屋一族を遡ると、守屋巌松斎という男がいる。正風遠州流という華道の大師匠となって、三五〇〇人余りもの門人を抱えた。中には江戸のほか、遠く越後から入門した弟子もあった。一八二〇年代に彼の門人は片柳村を通る日光御成道沿いを中心にしていたが、一八五〇年頃には中山道沿いに門人を増やしていた。巌松斎は、花だけでなく書にも秀でていた。彼はこの土地に詩的な痕跡を残した。彼の流麗な字は小さな丸石に彫り出されて、祠の前におかれている。

〈半島〉の外の村々で、特に話しておきたい村にはこんなところがある。

丸ヶ崎村。ここは前に話したように、複数の領主の領地が入り組む複雑な村だ。土地利用は江戸時代からほぼ変わらない。宅地は道から北に引き込む路地と蛇行する背後の水流がセットになっている。旧集落の向かい側には団地がそびえる。もとは沼だったところ。

風渡野村。二号線沿いに緑の断面がみえる道がある。二号線から小径を少し入ると、道沿いには六地蔵。ふっとの。わたしが好きな地名の一つだ。漢字のあてられかたも

深作氷川神社（旧深作村）

切片化された氷川神社の参道（旧宮ヶ谷塔村）

なかなかいい。風が渡る野。ただ集落は、二号線の力に引っ張られてかなり変わった。膝子村。細い台地上に日光御成道が通る。屋敷林をもつ民家が点在していて、今も酒造を続ける家もある。光徳寺は片柳萬年寺の末寺で一五九五年の開創、トクガワの将軍の休息所だった。円空仏も残っている。深作村。水が深く、井澤弥惣兵衛も干しきれずに、明治まで沼が残っていた。深作氷川神社は境内が小山状に盛り上がった土地で、入口の左右に鳥居が二つ立っている。これは氷川神社と諏訪神社の鳥居が別々にあるのだ。その他にも九社が祀られている神域で、境内の中央には土俵がある。江戸時代から、この土俵の四周に柱を立てて五穀豊穣を祈るささら獅子舞が夏に行われてきた。宝積寺(曹洞宗)には円空仏と中世の板石塔婆がある。板石塔婆は貞和三(一三四七)年の建立だ。この銘から、当時は板石塔婆を「青石」と呼んでいたことがわかる。それは秩父のほうから持ち込まれてきた石だ。

わたしのからだの中には人の遺物がたくさん埋まっている。わたしの表面に切れ目を入れて土を剝げば、その断面から歴史がわかるだろう。わたしのからだの表面の様子からも、人とわたしとの関係の履歴は実ははっきりとわかる。道、水路、農地、宅地、植生、建物、鉄道、高圧線……。古代から現代までの、あらゆる地物と立体物の複合。それらの見ためを人は時に風景と呼ぶ。今人の目に見えているそれらのすべては、わたしと人との関係の歴史であり、その結果だ。むろん、動物や植物や菌類などとの関係も大いにある。ただともかくも、人はわたしの表面をずいぶんと書き換えながら使ってきた。その書き換えはすべて、彼らがわたしに「すむこと」のためである、ということに尽きる。

　わたしに住む、棲むとは、人がわたしを人のテリトリーとして分節し（さいたまでは中世の荘園や領地、神社・寺・貴族など土地を所有の対象とする「領主」の発生、武士などによるその奪取と細分化）、わたしの表面を開墾して「土地」として資産化し（中世の武士による開墾から近世前期まで連続する武士による土地の扱い。江戸時代には見沼の干拓や江戸・徳川テリトリーへの編入）、そうした中で土地に即した「在地的」な生活を営む（中世村や近世村の誕生。この過程では大地性の収奪もあるし、大地性の豊富化——例えば水のない台地上の湿潤化による新たな生態系の拡大などもある。例えば鷺山のように）、という歴史段階の繰り返しからなっている。

　大地に即して棲む段階から、大地の土地化までの段階は、ある時代以降あらゆる地で再演され続け、それは、まだ進行している。その繰り返しに加えて、土地からも浮遊するような住み方とイメージが肥大してそれ以前の住み方と共存してきたのが近現代だ。

わたしと人との関係の結ばれ方に、人は風景をみてきただろう。

その移り変わりに、人は風景の変化をみてきただろう。

わたしは今、わたしの「め」からさいたまの風景のことを語ってみた。

最後に思い出したいのは、片柳の坂東家にある御幣のことだ。坂東家の開祖は、見沼を干拓した井澤弥惣兵衛と同じ紀州の出身で、見沼の干拓にも携わった。それから彼は、見沼の縁の台地に加田屋新田を開発する。

古く巨大なその茅葺きの家に、人はもう住んでいない。そこは博物館としての民家になった。広々とした土間の一隅には、これまた巨大なカマドがある。その真上の、燻されて黒々とした梁には、新しい年を迎えるたび真白な御幣が掛け加えられる。その御幣は今も掛け加えられ続けている。わたしはそれによって、人の時のめぐりと人の歴史が織りなす風景を推し量る。

旧坂東家住宅の御幣

解説　風景論から大地論へ

風景と大地

本稿はさいたま市を対象とした。「さいたま」というひらがな名をもつこの行政区は、二〇〇〇年から二〇〇五年にかけて日本中で進められた市町村合併の時期に生まれ[1]、大宮市や浦和市が元々抱えていた人口を統合し、更に巨大な一市となった[2]。法定人口としては全国の市のなかで九番目である[3]。労働や学びをはじめ、日中は多数の市民が東京で過ごすまちであり、固有のアイデンティティや文化にはある種のあきらめが募らされてきたような土地だ。ベッドタウン、眠るためのまち。夜と、家あるいは部屋に閉じられたようなその語感のまわりに、この土地の風景はたやすくは像を結ばない。大量の住宅は、一九六〇年代から先行的に宅地化が進んだ大宮台地上の、東北本線の南北軸を中心とする大宮、浦和、与野の旧市街の縁に拡張され、それらの間の鉄道駅周辺の土地が連担してネック

1　政府の主導によって推進された。特に合併特例債を中心とする財政支援と、三位一体改革による地方交付税の大幅な削減は既存市町村に大きな影響を及ぼした。地方分権一括法による一九九五年の合併特例法改正、二〇一〇年三月末を期限とする合併新法の二〇〇五年施行等。

2　二〇〇一年五月に浦和市、大宮市、与野市が合併して新設され、二〇〇五年に岩槻市を編入した。二〇〇一年五月時点の人口は一〇三万五〇〇〇人弱、二〇一八年三月現在では一二九万人強。

3　二〇一八年九～十月現在。一位横浜市、二位大阪市、三位名古屋市。八位は京都市で一〇位は広島市。

レス状に増えていった。その外側の低地は永らく農地として残されていたが、本編中に海老沼の団地化などの例を挙げて述べたとおり一九七〇年代以降は低地の宅地化も始まる。また旧三室村の例のように、見沼に面する旧村の畑地や屋敷林の土地も一九九〇年代には戸建て住宅向けに分譲開発されるなど、蚕食的な宅地化が進んできた。

さて、「風景の変容」という題を論じるにあたり重要なのは、いったいそこではどのような「変容」が取り沙汰される必要があるのか、ということである。またそれに先立って、「風景」という語の扱いという、もうひとつの難題についても可能な限り確認しておかなければならない。

第一に、「風景」(後述)のすべては、多かれ少なかれ、変わる。その上で、この「風景の変容」とは、いったいどのくらいの時間幅で捉えられ、語られるべきなのか。それは、土地にもよるし、知りたいことにもよるだろうが、その時間幅の問題は、まず急いで意識されるべきであろう。二番目の課題は、風景の変容ということを語り始める前に、そもそもまずその土地の組成や歴史はわかっているのか、あるいはどのくらいわかりうるのかということである。これは、風景を構成する諸要素の基礎的なユニットが、いったいどのような時間の幅と対応しており、またそこで人が認識可能な変化を生じているのか、生じうるのかということである。風景の変容を論じるとは、風景という複雑な組成をもつ組織を解釈するための手法を深く要求する。風景の構成要素の、人にとって認識可能な変化が、どんな社会的できごととつながり、またどのように生起・持続・変化・消失・再興するのかという点が、おそらくは「風景の変容」の中身を重く構成するであろう。

ここで風景をなす事物の重なりに、地層のイメージを当てはめてみたい。普通わたしたちはこれらの層のうち、地表から地上に立ち上がっているものを「見て」いる。だがその下方には、地表に広がるもの、地表に近い地中に含まれるもの、地下深くにうずくまっているもの、さらには地球のより深部につながるものなどがある。これらのうちのどの層が、どのような範囲と時間幅において、人の一般的な感覚にとって認識可能な変化につながっているのか。

その変化の密度が高い、ある空間的・時間的な範囲こそが、「風景の変容」が最もよく認識される地平だということになる。加えて、人にとって認識可能なものそれ自体が文化的馴育の結果、構成されてもいる。

風景の変容は、あくまで主体の認識のなかにある。それは、わたくしが、あなたが、土地そのものやあるいはその変容から何を考えたいのか、という問いにほかならない。「変容」したあとの土地が、あなたやわたしにとって望ましいか、それともそうではないのかといったようなことはあくまで立場論だ。風景とは、その「風景」に対して、通過していく立場、暮らす立場、引き継いでいく立場、その土地を所有する立場、あるいはその土地を売る立場や買う立場など、同じ一人の人間にあっても、時と状況によって（あるいはそれらの立場に自分をおいて想像するだけでも）、見え変わるものだ。風景の変容の認識を通じて考えるべきはつまるところ、その土地と人（わたし）がどう付き合いたいか、どう向き合いたいか、ということではないだろうか。風景の構成要素そのものにとって変化がどんな意味をもつかにこれからの思考が託されているのではないだろうか。

風景論や景観論、それらの美観、加えて郊外論については、これまで多くが論じられてきた。ただしこれらに共通してまだ充分ではない視角は、風景を構成するおおもとといえる、大地の時間軸である。

いま述べてきたような「風景」とは、西洋的主体としての人間につながっている。風景の中心に「いる」のは、目（視覚）をもち思考する理性的存在としての人間（のみ）であり、風景を構成する他の存在は、受け手にも話し手にも、ほぼならない。本稿は、非-人間である大地に語りを託した。本稿に示した語りは、寓話ではない。本編の歴史的な事項に関わることはすべて、さいたま市発足以前に公刊されている各旧市の市史や既往研究を出典としている（さいたま市の市史は本稿の準備・執筆時点でまだ刊行されていなかった）。土地のディテールに関する記述は、筆者がある理由から二〇一五年の夏と秋に数度にわたって市域をめぐり、観察したことである。ゆえにこの大地の語りは、既往研究とフィールドワークによる土地の観察を併せたテキストであるという点で、本質的には実は、現地観察を含む都市史や地域史の記述や報告と変わらない。もし少し違う点があるとすれば、土地を眺める時間を長めにとっていることくらいである。

加えて本稿では、東京の、あるいは江戸の「何か」ではないさいたま（土地）を語ることを大前提とした。かつそれは狭義の地域史としてその地の内側にのみ向かう語りであってもいけない。それらを止揚するためには、新しい「め」を設定したいと思った。語り手を「大地」としたことにはこのような理由がある。

わたし＝大地の語りには、大きく三つの空間と時間のスケールが織り込まれている。

それは、マクロ、メゾ、ミクロの空間-時間スケールである。マクロスケールは、地質や地形といった大きな空間や長い時間と関わっている。さいたまに即していえば、川、自然堤防、微高地、見沼や、さいたま市域の大きな空間構成を決定付ける、荒川、氾濫原、堤防（大囲堤／堤外地）、中山道、御成街道、鎌倉道、見沼、見沼代用水などの南北軸がこれに関わるだろう。なおこうした南北関係がそのまま延伸された構造が、江戸・東京―さいたまの南北関係であり、それはほとんどそのまま東京―東北の南北関係につながっている。

ある土地の一定の領域をみようとしたときの「全体」は、小さな場所の群からなるともいえる。そうした全体の構成に対して、そのひとつひとつの場所の構造や差異、原理を明らかにすることが要である。それがミクロスケールにあたる。さいたまに即していえば、市域に分布する中世地名や古寺・古社などの存在と立地を明らかにしていくこと、過去のある時点における土地の核で現在まで影響を及ぼしているものを把握すること、以上の場所の構造が地形的にもミクロな差異と対であることを発見すること、などである。微地形の読み出し、読み出された地形と集住体の土地利用の関係とその時間的継続に関する考察、中世地名、古社寺に紐付く小さな居住域の具体的ありようなどである。「ベッドタウン」の読み解きは、その前に展開していた居住核とそれらの原景を明らかにしていくことから始まる。もちろん、これらにはよりミクロな事象の観察も含まれる。のっぺらぼうに広がるとみえる風景の中に、実は下方から強力にせり上がってきている小さな現象を感知してマークしていく。

そして重要なのは、マクロとミクロの間にもうひとつのスケールを設定することである。さいたまに即していえば、例えば先にマクロスケールの項で述べた南北構造だけには回収されない、地域構造のスケールが措定できる。加えてそれはミクロスケールの項で述べた個別のストーリーだけにも回収されない、事物のネットワークを司るスケールである。いったんみえてきた大きな構造から外れるもの、あるいは敢えてその文脈を外してみていくための視点として導入されるべきものかもしれない。本編に即していえば、見沼のY字部にある「半島」という括り出しが、いちおうそれにあたる。

例えば「川」は、上流―下流という強い方向性・方位性・軸性をもっている。一方で「沼」には、はっきりした方向性はなく、沈着するように、そこにある。そうして留まる水面の周辺に、多方向的・多極的・多面的な世界が見いだせないか。あるいはそれが見いだせるように思われたとき、自分のさいたま歩きの中で、〈半島〉は浮上してきた。

メゾスケールの要点は、マクロとミクロの両スケールの間を往還する糸を細かく張りめぐらせ続ける、動的な役割にある。また同時に重要な点は、メゾスケールそのものをどう読み出し措定するか、ということにある。メゾスケールを最適な形で読み出すことは、そこから先にどんなミクロを読み出せるかということにもつながる。メゾ、とは、その都度延び縮みするスケールと視点であり、マクロとミクロの間で常に動きながら再設定され、はりめぐらされ続ける。なおこの「メゾ」のようなマクロとミクロの中間概念は、さいしょ陣内秀信氏に学んだのではないかと思う。またこれは近世日本都市史の社会=空間構造論における都市の「分節構造」論にも対応的なものかもしれない。[4]

ひっかかり要素――地物、時間、社会、空間、文化の接触面について

さいたまを歩きながら折々、デジタルカメラのシャッターボタンを押した。画像の点数でいえば一

日あたり二〇〇枚くらいであろうか。集まった画像群は、わたしが別途同時に進めていた例えば紀伊半島の漁業集落調査で切り取られる中身とは違うもののように思われた。生活の土地、という点ではどこも共通する土地をわたしは歩き、加えてまた同じ人間がカメラのシャッターボタンを押しながら、なぜその中身が違うと感じられる風景の画像群が残されるのか。その時々にさいたまで枠取られた「風景」を、「ひっかかり要素」という仮の呼び方で括ることにした。各画像はまた、自分自身がカメラのボタンを押すそのとき、何かに「ひっかかった」ことを示すものであって、それは風景への感嘆や畏怖、愛着や消費などとは別のもののように思われた。土地からこちらへ投げつけられてくる何かを反射的に打ち返す運動に近いような身振りとして、カメラのボタンを押していた。それらをそのまま「ひっかかり要素」といってみたのだ。またその「要素」の性格は、より単純な何かに還元表記できるようにも思われた。その時にそれらがあくまでも地表の様相を切り取った画像でありながら、「大地」系の事物と関わりながら存在している、その接触面の状況に引っかかりを感じていたように思われたのである。

仮にそれらの引っかかりを、地物系、時間系、社会-文化系、社会-空間系、そして社会-文化系と社会-空間系が特に統合されたもの、といったことから考えてみることにした。

地物系の引っかかりは、地学的な時間との親和性が高い。地形や地質など、その場あるいはまわり

4　例えば、都市史研究会編『年報都市史研究8　都市社会の分節構造』（山川出版社、二〇〇〇年）など。

一帯の「地」の条件をよく示すもので、さいたまでの例としては、岩槻城の堀-沼地、秩父青石でできた板碑、谷地の形状をトレースする団地の敷地、決まって台地の縁に立地する社寺などが、そうしたものだと感じられた。これらは、地学的な時間と人文的・歴史的な時間の交点として析出されてくるものが多いように思われる。よってここには、中近世、近現代など、人文的・歴史的な時代段階に留まらず、様々な時間のものが含まれる。地形や水系などの地理的条件と土地利用との関係を、典型的に示すものもある。次に、過去における大規模な土地の改変状況を示すものもある。さいたまの例としては、干拓された見沼、見沼代用水、通船堀、八丁堤、大囲堤などが挙げられる。これは先に述べた地形や水系などの地理的条件と土地利用との順当な関係にあらがう性格をもっている。沼を干し上げる、水をせき止めるなど、その場所に人間の社会-文化系、及び社会-空間系の活動をより一層拡大展開していくための人為的操作に関わる一群である。

時間系の引っかかりは、人文的・歴史的な時間との親和性が高い。よってこれは後に述べる社会-文化系、社会-空間系の引っかかりとも深く関わる。まずは、それ自身、ないしは周辺の人文環境の時間的古さ（古代・中世・近世など）を比較的直接指し示すものがある。例としては、各社寺の縁起、中世の城郭跡や氷川女体社の祭祀遺跡などが挙げられる。これらは場合によっては現在も強く連続している。あるいは、その連続を守ろうとする人の側からの働きかけが強いものである。次に挙げられるのは、時間的に不連続な事物が隣接することで、時間の切断面を鋭利に示すものの群である。周囲が完全に宅地に転じたり、社寺林が伐採されて剝き出しになったりしている神社の参道、二号線によって切り取られた屋敷林の断面（旧新堤村）など、隣接要素相互の不連続性が際立つものが読み取れる。

続いて社会-文化系の引っかかりとしては、地域における社会集団の伝統文化をよく示すものが挙げられる。それが引っかかるのは、やはり周辺の時間系との不連続を示すからである。本稿では、深作氷川神社のささら獅子舞、坂東家住宅の竈上の御幣などに触れた。これらにはその連続を守ろうとする人々の働きかけが強いものもあるが、関係者数を一定程度必要とするために現在はかろうじて連続するものも少なくない。それから、長期に渡ってその土地に関わってきた家や社会集団の存在と、その性格を示すものがある。さいたまの例としては、近世初期などに遡る古い墓石をもつこと、長屋門がある古民家として一定の格式を備える家であること、また神社の石造物に寄進者として名がみられることなどによって視覚的にも認識可能な旧家や有力家などを、そのように考えた。そして次には、既往の社会-文化と新入のそれらがおこしたコンフリクトを伝える（かもしれない）もの。棺の中身を喰う国昌寺山門の龍、棺を舞い上がらせる萬年寺の門など、説話的な見沼の竜神伝説がこれに含まれると思われた。そして、ある段階に移入した人・文化・技術などが伝統に移行していく過程ないしその結果を示すもの。例として、八丁堤の水神社、紀州からの技術移入による見沼代用水の造営、和歌山の加太をルーツとする坂東家のことなどを本編に示した。

続ける。社会-空間系の引っかかり。まずは地理的に離れた場所との社会的関係を証言するものをここで挙げたい。さいたまでは、神社境内の石造寄進物に示される浅草在住の人物名、高野長英をかくまっていた長屋門、前述の坂東家など他地域との交流が挙げられる。次に、徳川家が重視した岩槻の久伊豆神社や関東大震災後の盆栽村など、離れた場所から移植された土地利用や文化のまとまりをよく示すものがある。

社会-文化系と社会-空間系を統合した事項からなるものとしては、次のネットワークとヒエラルキーを挙げておく。信仰系（さいたまでの比定例としては、流域ごとに分かれる神社の系統、見沼を挟んで分かれる寺院宗派の分布、寺院の本寺末寺関係と立地との関係など）、生産系（江戸・東京に出荷するための枝物や植木の栽培など）、商業系（浦和宿沿いの商家建築など）、防災系（荒川沿いの大囲堤など）、政治・制度系（助郷や宿場、街道など）、などである。

風景論から大地論へ

これまでの風景論や景観論のほとんどが、基本的には近代西洋思想の延長上に展開されてきたものだといえることを前述した。しかし僅かながらいっぽうでは、これらから地理的・歴史的に「離れた」地点からの風景の展望がある。そのひとつは、政治的風景、あるいは痕跡として感得され続ける「風景」である。例えばエドゥアール・グリッサンによる痕跡からの歴史は[5]、「歴史」の傷みに満ちている。風景に歴史そのものを深く問う（問わざるをえない）態度が、ここに生起する。それは公《おおやけ》に意味づけられた歴史の大小の神話を投影されたものではなく、風景から現象するほかない裂け目としての歴史である。世界を構成する地・火・水・風の四大元素に、ある者は「肉」を加え（メルロ＝ポンティ）、ある者は「花」を加えた（山内志朗）。風景は、主体との関係の中にしか生じ得ない。風景は主体に現象する。

風景を問うとは、それを問う主体が問われることである。わたしたちはまず、風景を「見る」ピクチャレスクな眼を捨てる。そのとき風景は肉や花と世界との接触面に浸み込み、ひろがってゆく。風景論は、他の生命や非‐生命と人との関係を、人も他の存在も排除せずに論じる筋道をつけることを考えていく上でもきわめて重要な仲立ちとなりうるだろう。だがそれを論じる道のりはこれからでもある。大地の語りでは、「風景の変容」という問いと、その問いを通じてひらかれる問題系の束を、時間と空間を横断しつつ下方からみあげようとした。風景の変容を、まずは、土地、すなわち土地になった大地をどう考えるのか、という道のりの里標とするべきではないかと思われたからである。

5 エドゥアール・グリッサン『全‐世界論』恒川邦夫訳、みすず書房、二〇〇〇年（原書一九九七年）。中村隆之『エドゥアール・グリッサン〈全‐世界〉のヴィジョン』（岩波書店、二〇一六年）も併せて参照のこと。

［謝辞］
本稿のおおもとになったのは、「さいたまトリエンナーレ2016」（さいたまトリエンナーレ実行委員会主催、さいたま市）のプレリサーチとして進められた「さいたまスタディーズ」での活動（2015-16）です。三浦匡史さん（ＮＰＯ法人　都市づくりＮＰＯさいたま）をはじめとする当時の研究会メンバーのみなさん、芹沢高志さん（さいたまトリエンナーレ2016ディレクター）にこの場を借りてお礼申し上げます。また現地調査にあたっては、和田優人さん・寺井雄治さん（当時京都府立大学生活文化・生活美学研究室四回生）及びさいたまトリエンナーレ事務局のみなさま、図版作成等にあたっては和田優人さん及び京谷友也さんにお世話になりました。記して感謝いたします。
なお本稿の大部分は二〇一八年までに準備されました。よってデータや内容は基本的にその当時のものであることも併記しておきます。

参考文献

大宮市史編さん委員会編『大宮市史』第二巻　古代・中世編（一九七一年）、第三巻上　近世編（一九七七年）、第三巻中　近世編（一九七八年）、第三巻下　近世地誌編（一九七三年）、第四巻　近代編（一九八二年）、大宮市役所
岩槻市史編さん室編『岩槻市史』通史編（一九八五年）、近世史料編Ⅳ（一九八二年）、民俗史料編（一九八四年）、岩槻市役所
与野市総務部市史編さん室編『与野市史』通史編上巻（一九八七年）、通史編下巻（一九八八年）、与野市
浦和市総務部市史編さん室編『浦和市史』通史編Ⅰ（一九八七年）、通史編Ⅱ（一九八八年）、通史編Ⅲ（一九九〇年）、民俗編（一九八〇年）、浦和市

『埼玉県地質地盤資料集』、埼玉県環境科学国際センター（二〇一八年）
「埼玉県ボーリング柱状図」、埼玉県地理環境情報WebGIS（Atlas Eco Saitama）、埼玉県環境科学国際センター（二〇一九年）
「埼玉県河川・流域界」、埼玉県地理環境情報WebGIS（Atlas Eco Saitama）、埼玉県環境科学国際センター（二〇一九年）
八戸昭一・高橋基之・石山高・佐坂公規・白石英孝・松岡達郎、二〇〇六、「埼玉の地質地盤環境」『埼玉県環境科学国際センター報』六

貝塚爽平、二〇一一、『東京の自然史』講談社
池享・櫻井良樹・陣内秀信・西木浩一・吉田伸之編、二〇一七、『みる・よむ・あるく東京の歴史1』吉川弘文館
鈴木正博、二〇一五、「縄文〜古墳時代の見沼周辺史」、さいたまトリエンナーレ2016「さいたまスタディーズ」研究会資料（私家版）
――――、「馬場小室山遺跡と『見沼文化』3万年の人類史」、「馬場小室山遺跡に学ぶ市民フォーラム」資料（私家版）
籠瀬良明、一九八一、「谷地田・台端・自然堤防」、『URBAN KUBOTA』一九
広瀬伸、二〇一五、「水土論――都市と水田」さいたま 水とみどりのアカデミー　第4講義資料
NPO法人水のフォルム、二〇〇九、『荒川流域を知るⅠ』、NPO法人水のフォルム
中谷礼仁・伊藤俊介・饗庭伸、二〇一〇、「特集＝〈郊外〉でくくるな」、『建築雑誌』一二五（一六〇三）

「都市の変化」を論じるということ

――社会学・美学・都市計画

田中大介　天内大樹　中島直人　司会＝三浦倫平・武岡暢

たなかだいすけ　日本女子大学准教授。専門は社会学（都市論、モビリティ論）。一九七八年、大阪府生まれ。慶應義塾大学文学部卒、筑波大学大学院人文社会科学研究科修了。近現代都市の公共交通、消費文化、情報環境に関する近代的構造、歴史的展開、現代的様相を社会学的に研究。編著『ネットワークシティ』（北樹出版）、共著『モール化する都市と社会　巨大商業施設論』（NTT出版）など。

あまないだいき　静岡文化芸術大学准教授（デザイン論、デザイン史）。専門は美学芸術学／建築思想史。一九八〇年、東京都生まれ。東京大学文学部卒、同大学院人文社会系研究科修了。博士（文学）。日本学術振興会特別研究員、東京理科大学工学部第二部PD研究員などを経て現職。共著に『叢書アレテイア13　批評理論と社会理論1：アイステーシス』（御茶の水書房）、『博覧会絵はがきとその時代』（青弓社）など。

なかじまなおと　東京大学准教授。専門は都市計画。一九七六年、東京都生まれ。東京大学工学部都市工学科卒、同大学院修士課程修了。博士（工学）。東京大学助手・助教、慶應義塾大学専任講師・准教授を経て現職。著書に『都市計画の思想と場所　日本近現代都市計画史ノート』、『都市美運動　シヴィックアートの都市計画史』（東京大学出版会）など。

最初に現れてくるのはモノとしての都市

三浦　私は都市計画を巡る住民運動や社会運動について研究していまして、具体的には東京都世田谷区・下北沢の紛争[1]を見てきました。小田急線の地下化を契機に、街を分断する大きな道路と大きな駅前広場の新設計画、それに合わせて高層化を可能にする地区計画、そういったものが連続して二〇〇〇年代初頭に発表され進められる形になった。下北沢の街の雰囲気みたいなものが壊れるんじゃないか、と異議申し立てがあって、運動が今でも続いているんです。

この運動について本を書いたんですけど、ひとつ重要だと思った論点として、街の価値というものをどうやって考えるのか、という点があります。これが、運動をしていた人達の中での重要な論点だったんですね。彼らがよく言っていたのが「どこにでもあるような街にしたくない」ということです。そうは言っても、あの街に何か美しい自然環境があるわけではなく、綺麗で歴史的な建築物があるわけでもない。運動がどういう形でロジックを組み立てて、そういう街の価値を主張するのかということに興味があって見てきました。しかし、街の価値というテーマは本の中ではあまり深められなかった部分でして、その原因としては、私はこれまで社会運動論という枠組みで研究してきたんですけれども、この枠組みはある意味、価値中立的な立場で、運動をしている人達の異議申し立てを分析する。彼らがどういう問題を問題として提示するのか、彼らがこれが問題だ、とすることを、われわれ研究者が第三者の立場で見るという手法なんですね。ある意味で運動をしている人達に依存していて、運動をしている人達が上手くいかなければ上手くいかない研究手法になっている、そこが課題と言えば課題です。重要な手法ではあるのですが、やはり運動ありきなので、そこから自分は少し展開をしたいと考えました。そこであらためて、街の価値、都市の価値を、運動論から少し離れて考えてみたいと思っています。

街の価値や都市の価値というものについて考える上で、今はちょうどいいタイミングなのではないかとも思っています。というのも、東京オリンピックが控えていて、あらためて都市にハードの領域で変化が起きているわけで、その状況をどう捉えるのかというのは大きなポイントになる。一方で、都市を巡る言説が近年は少し減ってきているように思います。一時期、ショッピングモール化について議論されていたころまでは非常に盛り上がっていた気がするんですが、それは十年くらい前のことで、それからまた沈静化したという気がします。なので、この本で、今の都市のあり方やその価値について、何か考えるヒントのようなものがあらためて読者に提供できたら、と思っています。

武岡　僕は新宿・歌舞伎町でフィールドワークをしていまして、歌舞伎町はいわゆる都市運動や社会運動とは、かなり遠い位置にある。歌舞伎町は都市に関する価値判断という意味では、得てして毀誉褒貶の対象にもなってきています。そういう意味では、住民運動みたいなところから離れて、都市についてわれわれがどういった価値判断をおこなってきた歴史があるのかということに興味があります。

田中先生は社会学、天内先生は美学、中島先生は都市計画と、それぞれ拠って立つディシプリンが違っている皆さんに、「都市の変化」をどのように捉えるのか、というテーマに沿って順番にお話しいただきたいと思います。例えば、何も社会学を背負って話していただくということではなくて、自分としてはこういう研究をしてきて、こういう立場から都市を概念化して、都市の変化については概ねこのように見てきた、というようなことを、まずはお話しいただければと思っています。

田中　私は、東京の公共交通、鉄道の歴史的な研究から始めて、例えば車内マナーなど車内でのコミュ

1　東京都世田谷区の下北沢の中心部を貫通する最大幅二六mの道路（補助五四号線）と広大な駅前ロータリー（区画街路一〇号線）の建設が小田急線の地下化を契機に進められることが二〇〇一年に発表され、その後、道路沿いの高度利用を可能にする地区計画も発表された。これらが都市環境の破壊に繋がるとして見直しを求める市民運動が起こった。

ニケーションが、戦前どういう風に規範化されたり逸脱と見なされたりしたか、そういう言説の分析をやってきました。大都市の郊外化という側面の中で鉄道交通が持っていた意味とか、その中でのコミュニケーションのあり方、というのが博士論文のひとつのポイントでした。それが一九世紀から二〇世紀にかけての交通テクノロジーの発展を中心とした東京の変化を考える研究だとすると、一方では、現代の商業施設について、ネットカフェとかコンビニとかショッピングモールとか、手当たり次第、浅ましいほどの図々しさで研究しています。それは、基本的には「情報化社会の中の空間」という大きなテーマで、二〇世紀から二一世紀にかけての通信テクノロジーの変化というものを具体的な空間を切り口にして考えているという感じです。そういう風に商業施設について研究していたら、ショッピングモールが地域社会のインフラのように見えたので、「鉄道もインフラだったな」「ショッピングモールもインフラだ」と、インフラの定義が肥大化していって。インフラというテーマで考えてみたら何か見えてくるものがあるかなということで、最近は、『ネットワークシティ』[2]という本を研究者仲間と一緒に作ったという感じです。

武岡　社会学ってどうしても社会関係中心主義的になってしまいがちなところが、田中先生のご研究では、言説を分析しながら、マテリアルな建造環境と身体との相関として都市を捉えるという視点が、ある意味で社会学的ではないと言いますか、現象学的と言ってもいいかもしれない。そういうところが本書のテーマである「景観」「風景」という概念化の仕方と、近いところにあるんじゃないかと。

田中　どのあたりの起源を参照して社会学をイメージするかによって、変わってくるかと思います。僕がわりと好きなのはジンメルで、ジンメルを「社会学」というディシプリンに限定できるかは微妙な問題ですけど。住民運動論、社会運動論あるいは都市社会学で中心的だった町内会論みたいな、コミュニティがわりと強めの人間関係を想定して分析する社会学よりも――僕が人付き合いが苦手というだけかもしれないですが（笑）――多くの人がコミュニティにそれほどコミットしないでも生活できるような環境は、ジンメルが対象化したもののひとつです。例えばジンメルの主著『貨幣の哲学』では、人間を相互に客観的・計測的な関係へと置き換えるモノとして貨幣を扱っていますし、その主著のスピンオフとも言うべき「大都市と精神生活」では、大都市が貨幣的な空間として論じられています。[3] ですから、「モノを介した人間関係」みたいなものも社会学の中のひとつのラインとしてありうる、というような形で自分の立ち位置をあえて出してもいいかなと考えています。

ところで、私にとっての最初の都市経験というのは、小学生の途中まで三重に住んでいて、小学校高学年の時に東京に出てきて、満員電車に乗らなきゃいけなくて、ただただ物《ブツ》としての人の多さに圧倒された、というものでした。東京は、外から来る人がたくさんいるので、そういう人にとって地元というのは、別にあったりとかなかったりです。引っ越してから人との付き合いが始まるんでしょうけど、最初にバッと現れてくるのはたくさんのモノだったり匿名的なヒトだったりする。社会学の教科書だと「社会学は人間関係を扱う」とある。そこに、モノを介した、メディアを通じた関係だってあるよねってい

2　田中大介編著『ネットワークシティ――現代インフラの社会学』北樹出版、二〇一七年
3　ゲオルグ・ジンメル『貨幣の哲学』居安正訳、白水社、二〇一六年、同「大都市と精神生活」（松本康訳）、松本康編『近代アーバニズム』所収、日本評論社、二〇一一年

うような形で噛ませると、モノが現れてくる。そこがポイントかなと。ついでに言えば、デュルケムが『社会学的方法の規準』[4]で「社会をモノのように見る」と言っていますが、先のような経験は社会がモノのように見えてしまう瞬間をひとつのきっかけにしているのかもしれません。あるいは一歩進んで、モノを社会として見る視点とも言えます。

武岡　ご説明されたような形で捉えると、「都市の変容」というものがある意味で希薄化してしまうというか、抽象化してしまって、変化を捉えるための立脚点がぐらついてしまうところがあると思うんですけども。そのあたり、例えば「ショッピングモールの出現」などの、もっと具体的で今日的な変化を捉えるような視点と照らし合わせるといかがでしょうか。

田中　社会学自体がすごく若くて、一八世紀から一九世紀の産業化や都市化とか、そういう変化の中で生まれてきた学問なので、そういう意味ではずっと「変化してる」と言い続けている学問でもあります。例えばジンメルは鉄道やバスが現れる前は、見知らぬ人々が黙って同じ空間に居続けることはなかった、というようなことを言っています。そして近代都市に機械交通が導入されることによって視覚的コミュニケーションが優越する様子を分析しています。そうすると私が幼い頃満員電車に受けたショックは、一九世紀に起きていた変化の上にあると考えることが出来る。あるいは当時の人々も似たような経験をしていたかもしれない。目の前にあるモノがどのような社会の変化の現れなのか、あるいは、どのように社会を変化させていくのか、そうしたことをひとつの立脚点として位置づけることも出来ると思います。これは一九世紀に「鉄道のない社会」から「鉄道のある社会」へ変化していったことを例にしていますす。さらに、二〇世紀後半以降に眼の前に現れてきた新しい現象として、大量のコンビニであるとか、郊外に出来るどデカいショッピングモールであるとか、「なんか変わったな」っていうような日常的な感覚から考える社会学があってもいいのかなと思っています。コンビニであれば、それ自体が生活コンテナのようになっているので、いろいろな専門店を渡り歩いて買い物しなくなり、旅行先でもコンビニで必要なものを確保できるようになりました。コンビニをあてにすることで事前の準備をあまりしなくてもいい環境ができる。ショッピングモールはテナントを入れ替える巨大なコンビニと見立てることも出来ます。国や地域、企業ごとに少しずつ異なっていますが、同じように利用できるような「ユニバーサル」な環境とも言えます。ただし、その一方で空間の均質化や市街地の空洞化や地域社会の希薄化が嘆かれたりもしています。肯定するにせよ、批判するにせよ、このようなあまり準備せずいつでもどこでもその時・その場の消費や娯楽を楽しむ空間形態や時間的経験は、二〇世紀後半以降の情報テクノロジーや物流システムの発展によって可能になったものです。その意味では新しいモノが現れたり、古いモノがうつろっていったりすることに驚いたり、とまどったり、うきうきしたり、かなしくなったりするような感覚を大事に出来ればいいなと思います。いろんな社会学があると思うんですけど、僕が師匠の若林幹夫という社会学者から学んだことのひとつはそんなところです。ただ、大きな視点で見た場合、産業革命や高度成長をもとにした二〇世紀後半までの拡張期の変化と、それ以降の低成長や人口減少を基調にした縮小期の変化というふたつの変化がありうると思います。

武岡　例えばコンビニやショッピングモールが増えていくことに関して、旧来型の商店街的な空間を愛

4　エミール・デュルケーム『社会学的方法の規準』菊谷和宏訳、講談社、二〇一八年

好する人々からは、住民運動なり、ある種の都市運動としての問題提起がなされたりする場合もある。そこで、コンビニ的なものとかショッピングモール的なものが、社会の中の価値闘争に巻き込まれていく局面が出てくる。そういうこととはひとまず独立したこととして、田中先生はご研究を進めてこられたと思うんですけれども。

田中　これはもう本当に両義的な部分があると思うんですけど、商店街が衰退して、例えばショッピングモールやコンビニが増えていくというのは、住民の民主主義というよりも、消費者の民主主義になっている。つまり、売れるものが大事、そこで商売が維持できることが正しいという、消費者の民主主義になっていくということの功罪ですね。消費者の言うことばかりを聞いていったら、今話題になっているセブン‐イレブンの二十四時間営業の問題[5]のような、労働の方への過剰な負担に繋がっていくということもありますし、あるいは、三浦（展）さんが指摘したような「ファスト風土」[6]の風景が広がっていく。けれども、「ファスト風土」、近森（高明）さんがそれに対抗しつつ「無印都市」[7]という言葉を使っていますが、それに対してどう価値判断すればいいのかというのは、ちょっと僕にとってもよく分からないというか、「日本的な風景というのはコンビニじゃないか」という気もします。その辺は今日のテーマと関わってくると思うんですけど。価値闘争へのコミットという意味では、マックス・ウェーバーの「価値自由」の議論[8]が有名です。標準的な理解なのかは分からないのですが、学部生の時に教わったのは、この言葉には、「価値からの自由」と「価値への自由」というふたつの意味があるということです。つまり、社会学も「科学」である以上、特定の党派性やイデオロギーから離れて、客観的に研究を進める「価値からの自由」がなければならない。しかし、一方において、まったく特定の立場を取らない、完全なる客観性というのも難しい。物理法則のように人間が動くわけでもなく、研究者も人間ですので、対象の選択の時点で何らかの価値が反映されているかもしれない。いずれにしても完全に主観を排除するのは難しいという意味において、研究への向き合い方には「価値への自由」の余地が存在する。「研究は主観を完全に除去し得ないが、できうる限り全力で客観性を確保しなければならない」あるいは、「客観的に分析されたことをもとにして主観的立場を取るべきだ」というような至極あたりまえのことを言っているようですが、社会科学には、価値に対する両義性が独特の緊張感として備わっている。私にとってみると、先ほどの都市にあふれる大量のヒトやモノにとまどったり、驚いたり不思議に思ったりするという経験も、とても素朴な主観的経験であり、そうした対象に距離やスキマが発生する客観的関係でもあるという両義性があるように思います。ですからモノを社会学的に分析する際には、社会運動や住民運動以前の素朴な経験に立ち返りながら資料や論理によって客観視するということを繰り返すことも大事にしています。あえて「素人」であり続ける、というのか。どちらかの立場を取っている人にとっては中途半端に見えると思いますが、そうした「あいまいさ」への自由もあっていいのかなと思ってい

5 二〇一九年二月に東大阪市のセブン-イレブンの加盟店オーナーが人手不足のために深夜営業を取りやめたところ、セブン-イレブン本部から時短営業を続けた場合の契約解除と違約金請求が通告された事件に端を発し、店側に負担のかかる二十四時間営業の是非に関する議論が起こり、見直しに取り組むコンビニやスーパーなどが現れた。
6 三浦展『ファスト風土化する日本――郊外化とその病理』洋泉社、二〇〇四年
7 近森高明、工藤保則編『無印都市の社会学――どこにでもある日常空間をフィールドワークする』法律文化社、二〇一三年
8 マックス・ヴェーバー『社会科学と社会政策にかかわる認識の「客観性」』富永祐治・立野保男訳、岩波書店、一九九八年

ます。

武岡　「コンビニが日本的な風景だ」ということについては建築史家の五十嵐太郎さんが、首都高について、やはり似たような議論を展開しておられたと思います。「首都高は醜悪な景観だ」と言われるのに対して、「いやいや、首都高こそが現代の東京的な光景なんだ」というような。[9]

田中　首都高もひとつの交通施設・交通システムですから景観だけで評価できるのか。例えば、コンビニは、あれを景観だけで評価すると、ちょっと難しくなると思います。ロジスティクスと情報化を含めたシステムとしてのすごさなので。表層だけ評価しても多分ちょっと違うんだろうなという気はします。「美／醜」というコードだけでは判断できないので、それらのモノの連なりや重なりの仕組みや意味を理解するという距離感から始められたらなと思います。

建築家は都市の「主体」になり得るか

三浦　それでは、天内先生のご研究についてお話しいただけますか。

天内　すごく若い頃の話を始めると、十五歳の時、僕は建築家になろうと思ったんです。その時に読んだのが芦原義信さんの『東京の美学』[10]という本で、一人の建築家が主体的に街の風景に介入していって、自分の価値観を実現していく姿がわりと素朴に書かれていて。それで憧れたところがあったんですけど、そのあと、すったもんだあって文学部、しかも美学の小田部（胤久）先生のところにお世話になりました。

彼はもともとドイツ観念論から出発し、その時はロマン主義の話をなさっていました。ロマン主義の主体重視というテーマに合わせて、日本の建築についてとにかく修論を一年間で書かなくちゃいけないと決めた時に、分離派建築会[11]という、大学を出ただけの若者達によって一九二〇年に結成された建築運動に注目したんですね。まさに主体を巡る闘争でした。少なくとも彼らの言説の中では、構造派と言われるボス達が当時の建築界にいました。「日本は地震国であることが明らかなので、これからコンクリートを導入して、地震時の振る舞いを工学的に解析していかなければいけない」という、佐野利器みたいな人達。それに対し、分離派は「建築は芸術です、それを認めてください」ということを言った。分離派の森田慶一は「主体は（建築に）どうしようもなく現れるものなんだ」という考え方だし、一方、「主体をきちんと表現に落としていかなければいけない」っていう、わりと主体的な芸術家の姿を主張した堀口捨己もいました。前者はわりと精神分析的な議論です。でも、後者はもっと主体的に表現として建築を考えていかなきゃいけない、という主張です。どちらも「表現」という言葉を核にしていて、その背後に建築家という主体を置きます。日本で建築のモダニズムという四角い箱みたいな形態または様式が入ってくる前に、モダンな主体を建築の中で明確に示そうとした人達を扱ったのが修論から博論にかけてでした。

9　五十嵐太郎『美しい都市・醜い都市――現代景観論』中央公論新社、二〇〇六年
10　芦原義信『東京の美学――混沌と秩序』岩波書店、一九九四年
11　東京帝国大学建築学科の卒業生が一九二〇年に始めた運動。日本で最初の近代建築運動と言われている。メンバーは石本喜久治、堀口捨己、瀧澤眞弓、矢田茂、山田守、森田慶一。

そのあと、就職後の環境もあって建築史とかデザイン史とかその周辺をやっていますが、今日取り上げてくださった中では、マテリアルの歴史に関して注目していただけているのかなと思っています。最初は煉瓦についての研究でした。日本での赤煉瓦は、西洋と比べて全然違う特定の意味を持っている。赤煉瓦は日本ですごく短い間しか本流の建築材料として使われなかったので、その時代に対するわれわれのイメージが材料に投影されるからです。それから、エイドリアン・フォーティーというイギリスのデザイン史家の『メディアとしてのコンクリート』[12]を翻訳しまして、コンクリートという、すごくつまらなさそうな素材の中に人々がいろんな思いを込めているという内容でした。これを訳す中で「コンクリートも面白いな」と思い始めて、「日本の中のコンクリート建築」という内容の論文を書きました。さらに、最近は木質フォーラム浜松国際会議もやりました。「木を使えば日本らしさが出る」ということで千駄ヶ谷あたりでプロジェクトが進んでいて、「ほんとかよ」と思いつつ、真面目に木を考えようとすると、すごく大変な流通経路の問題があります。今浜松に住んでいますが、天竜川の上流から筏で木が送られてきて、途中の集散地が栄えて、最後に浜松まで来るというような流れがかつてあったんです。流域単位で材料が流通して、山から出てきた木材がいろんな街に使われていくっていうような経路を見ていくと、そこで久方ぶりに、「社会関係がここにあるな」と、社会学的なネットワークの観点も出てきます。煉瓦にしても、小菅監獄で煉瓦の焼き方を習った職人＝囚人が、三池に移って、三池の刑務所で煉瓦の焼き方を伝えるという、受刑者のネットワークがありました。このような人のネットワークを介してモノが広まっていくということに興味があるのかもしれないなと思っています。

三浦　材質自体に社会関係が埋め込まれているということですが、昔も今もその関係性に変わりはないんでしょうか。何か建物を造る時、昔は地元の社会関係に埋め込まれた材質によって造り上げられていたのに対して、今はグローバル化した結果、地元の社会関係と関わりなしに材質が外からどんどん入ってくる、みたいなことがあったりするのでしょうか。

天内 日本の場合、セメントは国内で内製できますので、世界的なメジャー企業が占めるグローバル経済というものをあまり感じ取れないかもしれないですけど、例えば鉄っていうのは、鉄鉱石の産地が限られ、グローバルな流通がないと使えません。ブラジルは戦後まで圧延鋼材を作れませんでした。だから、オスカー・ニーマイヤーの鉄筋コンクリート建築は、ある意味で、ブラジルでも鉄筋が作れるようになったことの現れでもあります。グローバルになっているところで、いかにナショナルなものを再生産、再構築できるか。ブラジルだったら鉄鋼を作れたというところから鉄筋コンクリートの歴史があらためて始まる。沖縄でもセメントが住宅に多く使われていて、米軍施政下での台風対策として始まったコンクリートブロックの多用には、グローバルと、沖縄の場合、ナショナルというのか、リージョナルと言うべきか、そのせめぎ合いがあるのは確かだと思うんです。米軍の施策が進んだ背景には、シロアリに強いイヌマキ材が戦争により枯渇した、木を扱える職人が失われたなどの地元の事情も挙げられます。石造建築の伝統も関係があるかもしれません。一方地元の建築界は、日本式の建設方法に慣れており、コンクリートブロックとは別の軸組工法にあたるラーメン構造が並立することにもなりました。

12 エイドリアン・フォーティー『メディアとしてのコンクリート――土・政治・記憶・労働・写真』坂牛卓・邉見浩久・呉鴻逸・天内大樹訳、鹿島出版会、二〇一六年

武岡　ところで、バラック装飾社の今和次郎に関するお仕事も大変面白く拝見しました。[13]分離派とバラック装飾社を対置する形で、今和次郎がかなり社会運動的というか、大衆主義的というか、もっと平たく言うとデモクラティックなあり方を目指すのに対して、分離派がもっと作家主義的というか、エリート主義的というか、そういう形で整理されていて鮮やかな対比でした。われわれが社会学なんかやっていると、都市を専門的に作り上げていく職能みたいなことをなぜか無視してしまう傾向があって、どちらかというとそういった職能をブラックボックス化して、それに対抗する住民なり運動なりっていう方に寄り添おうとする。それが習い性みたいになっているところがあります。なので、分離派に着目されているということ自体が新鮮と言えば新鮮な感じがあったんですね。建築家の作家性とか、誰が都市への権利を持つのかというような今日的なことについて、ご感想などあれば。

天内　分離派の流れで言うと山田守という建築家がいて、京都タワーの設計者でもあります。彼が京都タワーの設計時に引き受けた非難が思い当たります。京大の偉い先生達からも「こんなタワー作りやがって」と叩かれながら出来たわけですけど、今京都に行くと、京都出身者までもが新幹線で京都タワーを見て、「京都に帰ってきた」と思うそうで、意外に形態そのものの罪ではなくて、形態を受け取る側の人間の意識が変わるということがある。横浜ポートタワーが出来るから、観光客を横浜に取られちゃいけないということで、新幹線に似せた形で京都タワーを造ったのが一九六四年で、それから五十年経つとだいぶ受け入れられます。その後京都駅ビルが原広司さんによって作られた。あれも、巨大建築としてやはり叩かれましたが、例えば京都タワーから京都駅ビルを見おろすと、烏丸通りが北と南で繋がって見える。それはミラーガラスを使ってわざとやってるんです。主体と言いながらも、地元の文脈を見ながら建築家は作っている。それをテクノクラートと言われると、確かにその図式は生まれがちですが、個人個人に絞ると、意外に立場の差が少しほぐされて、まさにネットワークとして、対立図式をもうちょっと逃れたような世界が描けるんじゃないかと考えています。

武岡　専門的な職能ともう少し住民的な、運動的な主体っていう、二項図式でお話を振ってしまったんですけど、おそらく、もう少し面的な、都市計画的な視点でも考えることが必要ですね。あるいは、グローバル資本主義によって、自ずと空間の変容が進んでいってしまうということについても。例えば、駅前の非常にプロフィタブルなエリアに関しては、プロフィタビリティの高いテナントが入居していく。これは、建築家という専門職能でもなく、住民のようなアクターの意志でもなく、もう少し、グローバル資本主義の運動のようなもので出来上がっていく。その運動に枠を嵌めているのが都市計画ということなのかもしれないですけども。ある意味で言うと、ショッピングモール化に反対する住民運動みたいなこととか、あるいはコンビニやチェーン店がどんどん増えていくことを「均質化だ」って批判するようなある種の都市運動と、その建築家的な作家性っていうのは、実は共同戦線を張れるような存在なのかもしれないな、と。建築的な専門的な職能の人は、そういったグローバル資本主義の運動みたいなものをどう捉えているのでしょうか。分離派の頃はグローバル資本主義っていう認識ではなかっただろうと思うんですけども、ある種の時代の趨勢みたいなことに関しては、何か認識があったのでしょうか。

13　天内大樹「バラック装飾社と分離派建築会——一九二〇年代日本におけるモダニズム受容例」『大正イマジュリィ』四号、二〇〇九年、九〇―一一一頁

天内　分離派の面々を少し突き放して見ると、分離派であれ、構造派と呼ばれた人達であれ、建築家は実際には都市の風景のせいぜい一割くらいにしか、力を及ぼしていない。というのは、鉄筋コンクリートの使用は商業建築とか公共建築などに限られていて、住居が鉄筋コンクリートになるのは、戦後、だいぶ経った頃です。だから、戦前の建築家の議論は、建築が百あるうちのトップ10くらいの話をしていたに過ぎないんじゃないかと思います。戦後のコンクリートの導入も、最初は線的に拡大して、さらに面的に拡大した流れがあります。例えば、戦後の防火建築帯や防災建築街区という、国の補助金で駅前の商店街なんかを整備していく制度がありました。店舗付き住宅の共同建築で間口がだいたい揃っていて、奥行きが土地持ちの持っている資本によって伸びたり縮んだりしますけど、とにかくメインの通りに対する間口のところだけはコンクリートで揃えるんです。実は、これにも建築家がかなり絡んでいますが、とはいえ、見た目には匿名的に出来ていく。最初は線的にコンクリートの建物が出来て、防火建築帯としてコンクリートの壁が造られ、それが一九六一年に防災建築街区として街区、ブロック単位の整備に引き継がれて、今の再開発の枠組み（都市再開発法）に繋がります。駅前にどこにでも同じような建物があって、市役所の支所もあって、という姿はそこに制度的なルーツがあって、大和ハウスとかが関わっています。だから、匿名の組織、会社や役所に、だんだん景観の主導権が移っている。建築家がそこで何が出来るかというと、自分一人が看板になることに耐えられる人でないとタウン・アーキテクトとしてその街を引き受けられないと思います。いくつか、街の同意として景観を整えていった真鶴町みたいに成功例と言われているものはあるにはあるんですけど、これも公共の仕事なので一人に任せるというのはなかなか難しい。街のいろんな物事を全部一人で引き受けるという姿の実現はかなり厳しい状態だと思います。一方で、何の入札もなしに秋田県立美術館が「安藤〔忠雄〕さんよろしく」となったような例もあって、ある程度ビッグな主体になると、その人自身が匿名化というか、あるいは制度の一部になっていく。その辺の議論というのは個人の話になりがちで、議論として進めにくいですが……。震災以降の建築の議論は、都市の成立にはあまり向かっていません。「ちょっと立ち返って考えてみよう」っていう議論が、「ショッピングモール化」以降進んでいない中で、個人の存在をどう捉えるかあらためて考える余地が、設計のネットワーク化などで生まれています。

都市計画・都市計画史とは何か

武岡　では、中島先生のアプローチについて、お話しいただけますか。

中島　私が今やっていることは、ひとつは実践、つまり、いろいろな都市の都市計画やまちづくりのお手伝いです。それともうひとつは、都市計画を通じた都市の歴史の研究です。個人的な話をさせていただくと、後者の起源は小学校一年生くらいに遡ります。私が入学した小学校がたまたまその前年度に開校五十周年で、『開校五十周年史』が当時の新入生に配られたんです。その中に地域の古い写真というのが載っていたんですね。五十年前と今、三十年前と今、みたいな比較がなされていて、「これは面白い」という風に感じたのが始まりなのです。それ以来、都市の変化、つまり、「ある場所がかつて今とは違っていた」という事実自体に非常に関心を持ち続けています。一方で、都市計画というのは基本的には過去ではなく将来のことを考えるんですが、都市計画というものへの関心も、やはり小学生の時に起源がありたます。私はもともと地図を見るのが大好きで、東京の区分地図が小学生の頃からのお気に入りでした。その流れで自分なりの空想で、理想の都市の地図を描き始めるんですね。ありそうでないような都市地図を小学生くらいからずっと描いていました。

大学で都市計画学を専攻することになる直接のきっかけは、私もやはり新書で、越沢明さんの『東京の都市計画』[14]を高校一年生くらいで読んだことです。この本はまさに、東京のあらゆる場所について、当初はこんな風景だったところがこんなに変わってしまったということを解説した本なんですが、著者の経歴を見ると「東京大学都市工学科」と書いてあったので都市工学科を調べて「都市計画学というのがあるんだ」と気付いたのです。最初の研究としては、私自身が育った杉並区の善福寺という街空間の特性を読み解いて、かつ提案をしようとした卒業論文になります。この善福寺という街は都市計画史上、わりと知られていて、井荻土地区画整理事業という、東京でもいちばん大きな土地区画整理事業を戦前にやったところで、かつ、風致地区が指定されたところなのです。公共が整備するんじゃなくて、地元の人が自分達で整備、運営する仕組みである風致協会があったことが越沢先生の本に書かれていたので、それを参考にしながら地域に入っていってていちばん驚いたのは、一九三四年に設立されたその風致協会が、まだ活動していたんです。その時、つまり一九九八年当時でも、設立から六十年以上経っていました。風致協会を最初に組織したのは地域の農家達、つまりもともとの地主層なんですが、彼らのだいだいお孫さんぐらいの人達が継承していました。そこで、歴史的なものだと思っていたものが今も続いているという継続性みたいなことに関心を持ちました。風致協会は善福寺だけじゃなくて、戦前に指定された東京郊外の八つの風致地区すべてにあったんですが、残っていたのは善福寺と洗足だけでした。地区、そして中心部の公園をマネージメントしてきた風致協会が、私が幼い頃に過ごした住環境の形成過程において一定の役割を果たしたということを把握したというのが最初の研究でした。結果としては、「風致」という概念に関心を持つようになりました。「風致」は普段の生活ではあまり使う機会はないのですが、都市の風景を捉える概念のひとつで、ニュートラルな景観とか心象的な風景とは違う自然の趣きを基調とする概念です。都市計画の制度の中には、風致地区の他にもうひとつ、美観地区というものがあって、このふたつが機能主義的な性格が強い都市計画の制度において異彩を放っていました。風致地区、美観地区への関心は、その後、都市美運動研究に展開しました。なお、都市計画の中核は制度ですが、制度だけからは見えてこない地域との繋がりや、地域の人達自身がやる都市計画とも言える、広義の都市計画みたいなものがあって、そういう、制度を越えた都市計画の社会的な存在形式に非常に関心を持ちまして、都市美協会を中心とした運動論へと研究を進めていったというのが、博士論文までにおこなった研究です。

少し自分事を語り過ぎましたが、やはりそもそも都市計画とは何かという話をしないといけないと思います。都市計画には広義と狭義があります。まず狭義の都市計画についてお話しします。日本で都市計画法が出来て、二〇一九年でちょうど百年です。一九一九年に制定された都市計画法から始まる近代都市計画というものがある。「近代」とわざわざ付けているのは、それ以前の都市計画と何が違うかということが大事だからです。都市計画は二層の組み立てになっていて、ひとつは計画や構想という部分が

14　越沢明『東京の都市計画』岩波書店、一九九一年

あります。どういう都市がいいかとか、都市をどうしていくか、それには時代ごとの社会的観念からその都市に合わせた将来像まで、いろいろなレベルがあります。従って、近代以前の都市、例えば江戸だって何らかの計画や構想で出来ています。近代都市計画の特質はもうひとつの層である実現手段の方にあります。近代社会の中である種の計画や構想を実現しようとすると、今までの時代とは違う社会技術が必要で、それが具体的には法制度です。特に個々人の人権を尊重する民主主義の社会の中では必要で、それで社会技術としての都市計画、つまり近代都市計画が生まれてくるんです。

実現手段にもいくつかあって、いちばんシンプルに言うと、事業と規制です。事業というのは計画や構想で考えたものを直接作るということです。道路や公園の整備、具体的な建物を造る再開発も事業です。事業という手法自体には近代的な特徴はやや少ないのですが、事業をやると決めたところで建築制限がかかるというのは近代的な考え方です。そして、もうひとつの規制ですが、土地を持っている人がそこで建設行為を起こそうとした時に、望ましい方向に仕向けていく方法ですね。具体的には、用途地域いわゆるゾーニングが最も基本的な手法です。このふたつによって、計画や構想を実現していくというのが近代都市計画の基本構造になっているわけです。

さて、では、都市計画学とは何かというと、いちばんオーソドクスな対象は実現手段の部分なんです。日本の都市計画学は技術学として発達してきた経緯があるので、計画や構想の内容がどうあるべきかというよりは、例えば、ある規制をかけた時に都市がどう変化したか、規制と変化との関係はどうであったか、あまり上手くいっていないと思えば、そこでどう規制を変えれば望ましい変化を起こせるか、それを研究することが都市計画学のコアとしてある。やってみて、何が起きたかをレビューして、また次のために技術を改良するというような話なので、もともと経験科学的なところがあるのです。レビューのスパンを長く取っていくと、都市計画の歴史になってきて、通常だと五年、十年で見るものが、二十年、五十年とかになってくる。そうすると、もはや、介入とその結果との関係が明確ではなくなってくる。ひとつの法則性を明らかにするのではなくて、ある種の固有の歴史的過程の解明になって、それを扱うと都市計画史になっていく。都市計画史というものと、都市計画の研究というものとの境は曖昧なんです。

都市計画研究の中で都市計画史が得意な部分は、計画や構想の中身そのものを問うということです。これは歴史的な研究として非常に大事な部分で、そもそも技術がある計画や構想を実現するためにあるとして、では計画や構想はいったいどんなものであったのかとか、どうあるべきかということを正面から議論できるのが都市計画史なのです。方法論としては文系の学問から多くを借用しながら、人物研究だったり、計画や構想を立てるプロセスの合理性、妥当性だったりを研究していく。

都市計画は大前提として都市の物的環境に働きかける社会技術なので、そこは社会学などの関心とは完全に違いますよね。都市計画も「コミュニティが大事だ」と考えていますが、最終的に都市計画が責任を持てるのは、その舞台であるフィジカルな環境なのです。それが景観とイコールかと問われると、そうではないのですが。

都市の変化が起きないという問題

中島　今、ご説明したのは、制度を中心とした、狭い意味での都市計画です。普通の人は、都市計画というと、いわゆるまちづくり的なものも含めて、より広く、都市に対して何らかの介入をして、何もやらない状態ではないものに変えていく行為の全体を思い浮かべるのではないでしょうか。

さて「都市の変化」という議題について考えると、都市計画は基本的には変化を起こさせる、より正確には変化に対応して働くものなので、変化する時代においては非常に有効です。日本の場合、都市計画が何もしなくても変化する時代が、二〇世紀の間、百年くらいずっと続いていました。都市計画の多くは、ニュータウン建設を除くと、その変化の方向を少し変えていくとか、整えるくらいのものだった。今、問題となっていることのひとつは、物的環境としては変化が起きない状況での都市計画のあり方です。東京の都心部の話をすると、「都市はすごい変化している」という見方が正しいのですが、地方都市に行くと、変化しているのは駅前のごく一部とかで、変化が起きなくなって沈滞している街が結構ある。都市を変化させる力が、つまり基本的にはマーケット、都市の需要があまりない時に、これまでの都市計画は無力なんです。要するに誰かが何かを変化させようと思うから都市計画が効いてきて、ある望ましい方向に行けるのですが、「変化させよう」とか「ここで投資しよう」と思う人がいなければ、都市計画は何も出来ない。従って、都市の変化と都市計画の関係についても、今までのような都市の変化に対する付き合い方ではなくて、都市の変化をどう起こしていくか、都市にもう一度投資を——それは企業でなくてもいい——何か都市に可能性を感じて、何か都市で事を起こしてみたいという人をどういう風に育てるかとか、そういうことを含めて都市計画をやっていかないといけない。待ち構えていて、変化が起きそうな時に何かやるぞ、みたいなことをやっていたら、あるいは、「変化させよう」という意思や需要が街にないのに、都市計画が無理やり事業を展開して、結果として破綻するというようなことをやっていたら、都市計画の存在はほとんど社会的には消えていくんじゃないか、という問題意識が、特に地方都市を見ていると、ある。東京の都心部だとまだそういうことではなくて、かなり旺盛な企業活動があるので、そこに上手く都市計画が乗っていって、公共的な観点から調整を加えていくという話になる。

武岡　ひょっとすると、この座談会の四人目には経済学者をお呼びして、不動産を証券化しましょう、みたいな話をしてもらうと繋がって良かったのかもしれないですけど……。

中島　そういう意味では、都市を変化させる力は基本的にはマーケットだというのがこれまでの正解でした。

武岡　社会学者は基本的に計画に介入しないということもあって、都市を変化させる力としての資本みたいなものに関しては、所与として捉えているところがあります。しかも、近代的な現象としての都市化現象にフォーカスを当ててきたという来歴もありますので、そこで、暴力としての資本主義の運動みたいなものにフォーカスする傾向があると思うんですけど、中島先生が今おっしゃったのは、暴力は活力でもあるんだ、というようなことですね。

中島　市場の失敗という経験があって、マーケットだけでは出来ないもの、マーケットでは供給されないものがあるという前提で都市計画はやっているので、マーケットとの関係は、学術的な言い方ではないですが、べったりというわけではありません。距離をどう取りながら調整をしていくかが大事なのですが、今申し上げたのは、マーケットがないと都市計画もないという、そういう風な状態のことです。もちろん都市計画は必要がなくなればなくなってもいいのです。都市計画のいちばんの目的は、そこで暮らす人達がより良い暮らしが出来ればいい、ということです。今、マーケットが非常に弱い場所で暮らしている人達が、十分に幸せか、その幸せはこれからも続くのかというと、そうではないだろう。そういう意味では、技術の中身は変えるけど、都市に介入していこうという意志を持つ何らかの社会技術というのは必要で、その姿、形はどういうものなのかというのを、今考えている、ということですね。

武岡　都市美運動も、資本の活発さとか、旺盛な経済活動の地盤の上に初めて成立しうるものだったのでしょうか。

中島　マーケットが前面に出てくるのは、もっとあとの話だと思います。高度経済成長期に民間企業が都市に投資を始めるようになった。それまでは公共的な主体が、近代化に向けて道路を造ったりとか、そういうものの方が強かったと思います。それまで民間企業がおこなっていたのは郊外の住宅地の開発くらいですよね。都市美運動は関東大震災のあとに始まるのですが、都市が復興していく時に、官僚都市計画家とかだけじゃなくて、市民が関われないかという問題意識が出発点です。市民といっても段階があって、例えば芸術家、建築家など、都市計画と比較的近い人達が都市計画に関わる回路もその当時はなくて、その回路をどう作るかというところから始まっている。その枠が、ジャーナリストとか、社会学者とかに広がって、運動がかたちづくられていった。その時に「都市美」というものが、ひとつのキーワードになった。都市美というのは美しい都市のことを単純に言っているのではなくて、シヴィックアートという言葉の訳語として当初は提示されます。「市民が作る芸術」という意味なんです。市民が作る芸術、それが都市計画だという概念なので、今申し上げたように、基本的には、主体を拡げて、都市へと参画していく中で都市美の運動が始まる。

武岡　シヴィックは「民間人の」という意味ではないのですね。

中島　「市民」という意味です。しかし、いわゆる個人の自由と平等に支えられた近代的な市民社会＝シヴィルソサエティの市民（シヴィル）とは異なる、共同体の公的関心や公的事項への参与に価値を見出す市民（シヴィック）という意味になります。彼らにとって、モノの美しさとか、景観というものがいちばん、共有しやすい都市への視点なわけです。都市の機能論や構造というのは専門的な議論なんですが、「どういう都市が美しいか」とか「この風景を守りたい」とか「いい」というのは、必ずしも専門家じゃなくても参画できるフィールドであって、そこに、都市美運動がフォーカスを当てたんじゃないかなと思います。

三浦　先ほどの話に戻りますけど、マーケットの需要がない地方都市で市民がシヴィックアートのような形で関わっていくように都市計画が持っていけるといいということですよね。

中島　そうですね。例えば、今は、多くの人々の生活の舞台から外れ、投資もなされない地方都市の中心部で、誰でも、本当はそこで自分の暮らしを豊かにするような面白い活動を起こせるとか、何でもない公園が、実は人と人が出会う、自分の生活にとって楽しい場所に出来るというようなことが分かってくれれば、そこで人々は何かやろうと思うわけですよね。何かやろうと思う、そのような気持ちを掘り起こすところからやっていくといいかなと。あともうひとつは都市の課題として、高齢者の方とか、いろいろな方の生活を支えるという時に、今までのような商業的な需要はないかもしれないけど、別の使い方をすれば、そういう方々にとっての住み良い街に出来るんじゃないか、そういう可能性について話しているということです。

三浦　「都市計画とマーケットはべったりの関係ではない」というお話でしたが、それは市場経済とは異なる経済、例えば道徳経済的なものが必要だということでしょうか。

中島　グローバルなマーケットとナショナルなマーケット、ローカルなマーケットがあって、地方都市だと、直接グローバルに繋がる部分はもちろんあるんだけど、ナショナルとかグローバルのレベルになるとなかなか難しい時、ローカルな中でのお金の動きで出来ることもある。そういうところをちゃんと再生していくとか、丁寧に繋いでいくみたいなことがあるんじゃないかと思います。「(地方都市に) マーケットがない」と言っているのは、本当はローカルなマーケットはあり得るかもしれないんだけど、いわゆる大企業が入ってくるとか、そういう意味での需要がまったくないというか、彼らがやれるような需要の量ではないんだけど、もうちょっと小さな、軽い主体であれば、実はちょっとした事業が起こせて、上手くお金が回っていくというのは充分あり得る、そういうことだと思いますね。

武岡　大都市的なモデルで都市の変化を考えることと、地方都市的なモデルで考えることの交点みたいなところが、どこかにあるんでしょうか。つまり、大都市では下町的な風情が開発によって失われていくことを危惧していて、地方都市では人々の福祉がもっと切り詰められていって、生活が貧しくなっていくことを危惧する。大都市と地方都市とではまったく違うことを危惧しています。でも、地方都市における危惧を解決するために、ピカピカの開発をしようということではないと思うんですよね。この中間ぐらいのところに何かほどよい、それこそ中島先生がおっしゃった二層の部分で言うところの、思想の部分というんですか、何か共通する視点みたいなことがこれまで都市計画史・学の中で論じられてきたものの中にあるのでしょうか。ポスト開発主義という時代が歴史的に非常に新しいものであるので、これから考えていく課題だということもあり得る、と思うんですけども。

中島　例えば、大都市の中でも、今どういうモデルがあるかという時に、やはり自分が関わっているところの話になってしまうのですが、銀座にひとつの可能性を見出しています。銀座には、強固な地縁的な組織があります。とりわけ、中心にある銀座通連合会は一九一九年設立の商業者組織で、百年間、街のマネージメント活動を続けてきています。地方とか農村部とかの人の繋がりと似ている部分があって。そういうところが逆に、今の都市の中で、自治的なある種の取り組みとして効いてきている。そう考えると、単純に大都市モデルと地方モデルということではなくて、大都市モデルの中に実は、連綿と生きてきたそういう……。

天内　ムラ？

中島　アーバンビレッジってよく言われますけど、例えばムラ的な構造が生きて、まだ残っているところは、次にそれが未来に向けての大きな資本となって生かされる、そういうこともあったりすると思うんですよね。いちばん大変なのは、多くの都市はそうなんですけど、両方が破壊されてしまったところ。近代化の力が強くて、そこにいた、いわゆる地付きの層みたいなものがいなくなってしまって、かつ、都市空間としては近代化されているところだと、かなりつらい。そういう中で、銀座がどういう風に自分達の通りや景観をずっとマネージメントしてきたかについての歴史的な考察には、未来への何らかの接続が図れるようなことがあるのかな、と考えています。そういう意味では、歴史研究の中にも、今の話に接続することはあり得るのかもしれないという風に思います。もちろん、単純に過去の話を今に適用するわけじゃないんですが、私自身の研究はそういう接続を目指してやってきています。正統な歴史学の観点からすると問題があるかもしれません。

武岡　そうなんですか？

中島　都市計画史は、基本的には今の都市計画の役に立ちたいという思いでやっているんですよね。だから、役に立つように過去を見るというか、本当の事実はそうではないかもしれないっていうところ、厳密に実証できていないような部分も結構あるけれども、そこから私自身を含めてプランナーがあるインスピレーションを得て、今の都市計画に対するアクションを起こすことが出来れば、それで研究としてはありじゃないか。従来、都市計画史の担い手のほとんどは私のように、実際に都市計画をやりながら研究もするという人で、都市計画史が歴史学の中にあるわけじゃなくて、あくまで都市計画学の中にあるのです。でも最近は経済学や政治学、そして社会学などから都市計画のことを研究される方は多いし、その辺も違ってきているかもしれないですね。

工務店的な枠組みで形成された都市

中島　先ほど、「建築家は実際の都市の風景の一〇パーセントにしか影響を及ぼしていない」という話がありましたけど、例えば建築史でよく言われる話に「住宅メーカーが戦後、都市の景観を作ってきた」

というのがありますが、実際は住宅メーカーの建物はそんなに多くはなくて、特にプレハブは一〇パーセントもない。ほとんどは在来工法で出来ているし、住宅ではRCの建物なんてほとんどないわけですよね。そういう意味で言うと、日本の都市の景観を見る時、研究として焦点を当てやすいところによってでは全然カバーできない部分があって、あえて言うと都市計画史というのは本当はそういうところをカバーしなきゃいけないんじゃないかという意識はあります。要するに建築家の作品とか、主要住宅メーカーの商品とか、明確にオーサーがあるものはもちろんあるんですけども、そうじゃない部分が大事ではないかと。さっきの分類で行くと、「実現手段としての規制」と関わります。ある種の規制がずっとかかっていて、それが都市景観を生み出していくというか、建物達を生み出していくということがある。なので、そういうところを見る手段として、都市計画史というのは有効なひとつの視点であるということです。都市計画が分からないと、なぜこういう街が出来ているのかが分からない、というところがあるんじゃないかなという風には思ってます。

天内　静岡県の住宅をいちばん造っているのは、ハウスメーカーですらなくて、もちろん建築家でもなくて、工務店なんですよ。軸組工法の工務店がたくさんあって、すごく細かい範囲で仕事を引き受けたり、人的な繋がりでちょっと飛び火したりするんですけど、同じ工務店がいろいろな地域でやっているという状況です。実はそれが日本の平常の姿かもしれず、そうなると、そこにどうやって研究としてアプローチしていくかというのは難問です。どこから手をつけたらいいんだろう、そもそも資料残ってるのかしら、という……。そこを掬い取らないと、何でみんなあんなにイオンを有り難がるのかというところが、見えてこないかもしれないんですよね。

武岡　大多数の、工務店的な枠組みで造られている住宅に対しては、例えばスケッチしていくみたいな、そういう仕事があり得るでしょうか。坂口恭平さんが、ホームレスのテントみたいなものを何点もスケッチされていた仕事[15]が、僕は結構印象に残っていて、それはそれこそ今和次郎の考現学的な視点に繋がっていくんじゃないかと思うんですけども。で、おそらく、下町において再開発に反対する、みたいな時の「下町らしさ」も、工務店的な枠組みで形成されてきたものだっていうことですよね。都市計画的には都市計画の枠組みがあるという風にも思うんですけども、水準がいくつかあるんですかね、個別的な建築というか家屋の意匠的な部分と、もう少し、地図的に引いて見た時の水準と。

下北沢の来街者へのプライド

天内　シヴィックプライドの話もそこに関わっているかもしれなくて、今、中島先生が、銀座煉瓦街の話をおっしゃったんですけど……。

中島　煉瓦街というか、そのあとですね。煉瓦街自体は国のトップダウンのものですので。

天内　そうですね。煉瓦街の時に何をやったかというと、築地の外国人居留地と、横浜と結ぶ鉄道の起点駅だった新橋駅の間にある街が、大火でたまたま焼けたので、ある種スラムクリアランスみたいな形で、煉瓦の建物を公金を出して建てて、入居者を募ると、江戸の大店などがやってきます。そこで銀座村と言うべきか、ある種のプライドが形成されて、銀座の歴史が続いていきます。

中島　ずっと銀座にいる人は少なくて、入れ替わりがありましたね。

天内　下北沢がどこにでもある街になりたくないと言っているのは、やはり自分達にプライドがあるからで、それを守りたいという意識が出てくる。それが悪い方に出ちゃうと、この前の南青山の児相みたいな話[16]になる。強い住民組織には、どこか排他的なところがあって、例えば浜松祭りというゴールデンウィークの大イベントがあるんですが、浜松を構成しているいろいろな町で山車を出したり、町同士で喧嘩凧揚げみたいなことをやるんですけど、外から入ってきた人間にとっては、内輪盛り上がりにも見えます。それもある種のプライドです。プライドをひとつの軸と考えてみると、ある場合には、上からの介入を経て銀座が構成され、森ビルがやってくる時にも上手く働いたという住民組織にもなるかもしれない。善福寺であれ、成城であれ、田園調布であれ、いろいろな住宅地がありますけど、そういう住民意識が保たれて、土地も細分化することなく住環境が保たれたっていうプライドの働き方もある。別の場合には南青山みたいな、"Not In My Back Yard" みたいな話にもなるかもしれない。

武岡　下北沢なんかだと、地権者とテナント層と来街者みたいな形で主体がもっと複数化しているという事情があります。

三浦　下北沢だと、「まもれシモキタ」というキャッチフレーズを名前にしている運動団体もあるのですが（「まもれシモキタ！行政訴訟の会」）、重要なのは「まもれ下北沢」じゃないんですね。「シモキタ」って

15　坂口恭平『0円ハウス』リトルモア、二〇〇四年

16　二〇一八年、港区が南青山に児童相談所を含む施設を建設する計画を発表したところ、地域のイメージが下がることを主な理由として周辺住民から反対の声が上がり、報道された。なお、この計画（「（仮称）港区子ども家庭総合支援センター」）は二〇二一年に開設予定で整備中。

いう来街者による街の愛称を団体名に付けている。道路計画に反対していた人達は来街者と街の関わりに価値を置いていて、そこに、プライドみたいなものがあるんです。一方で下北沢は、町内会のような住民組織が道路計画にゴーサインを出したということもあって、それもまた難しいところです。都市の変化ということを考える時に、都市と自治の関係ってすごく重要だと思うのですが、例えば銀座というのはある種の自治組織がすごくしっかりしていたと思うんです。以前、都市計画家のある先生が下北沢と銀座を比較されて「銀座とここは違う」ということを言っていました。つまり、銀座はしっかりまとまっていて、自治をおこなっている。下北沢は、町内会組織が厳として存在していて、ある種、権力的というか、若い人は何も文句が言えない。そういう自治のあり方が問題になっている。武岡さんが研究されている歌舞伎町も、一見、自治組織なんかないんじゃないかっていうイメージがあるかもしれないですけど、実はちゃんと存在していて、しかも自治のあり方も、ある種、民主的な部分がある。そういう自治のあり方との関係で、都市の変化に差が出てくるんだろうなという気はしました。下北沢の場合だと、排他的に、ある意味で強引に、計画を進めてしまっているという問題が住民組織の側にあって、それに対する、来街者の問題提起だったんです。

天内　田中先生が、町内会のように狭いコミュニティじゃなくて、ネットワークというものに注目しているという時に、下北沢のあり方ってすごく面白そうですよね。つまり、地付きの人は「やれ、やれ」って言っている再開発を、むしろネットワーク側が止めているっていう。

田中　今のお話は、都市計画を主体的に担っておられるプロフェッショナルの人達であるとか、住民組織というプライドを持ってその街にコミットする人達。で、もうひとつ、プライドがなくて、大衆で……。つまり、地元に根付いていない人の方も多いんじゃないかという気がするんですね。コンビニやその辺のスーパーで何か買ったりしていて、住民運動に参加していない、僕も含めてですけど、良くも悪くも「大衆」というか、そういう人達にとっての都市って何か、っていうことも都市を論じる上で重要かなと思います。

まったく文脈が違うんですけど、職場が小田急線の読売ランド前駅にあるので、吉祥寺から下北沢駅で乗り換えて、よみうりランドで降りるという生活をしています。下北沢駅は職場に行く時、帰る時によく通るんですけど、ここ数年動線が毎週のように変わるんですね。通勤客のような、モビリティを中心にしてそこを利用する人達の、あの変化をなんとなく受け入れちゃうすごさに着目してみるとどうか。下北沢は「シモキタ」という呼称が一般化しているように、演劇や音楽、古着などが路地の中で蓄積してきた文化があるとされています。そのため「シモキタ」という名称がある種のブランドイメージになる。来街者や乗り換え客にとってはそうした上澄みのイメージがまずは魅力だったりするのではないでしょうか。下北沢駅に開業した「シモキタエキウエ」などはそうしたライトなサブカルっぽさと路地っぽさを掬い上げようとしている気がします。天内先生がおっしゃった「ネットワーク側」としてのモビリティを中心とした人々にとってこそ、そうしたブランドイメージが重要になるというのは面白いですね。おそらくそれは下北沢だけではなく東京のさまざまな地域や駅でも起きていることです。

例えば、新宿駅にしても横浜駅にしても、渋谷駅にしても、「渋谷ダンジョン」「新宿ダンジョン」みたいな言い方が最近されています。実際に新宿駅や渋谷駅の迷宮性をゲームにしてしまったアプリもあります。都市の複雑さや変化を遊戯と見なしたり、ゲームのように使いこなしたりするユーモアや技法は、ある種、都市生活者の知恵でもあり、文化かもしれません。その変化に、フレキシブルに対応できてしまう都市生活者の作法という部分もあって。専門的な担い手であるとか、プライドのある住民とは異なる、ある種、都市を「インフラ」として使っていて、適度に快適に生活できる人達の動き方というものも気になる部分です。基本的には都市計画をおこなっている人やデベロッパーの人達の水路付けの中で、こっちに動いたり、あっちに動いたりというような流れになっているんでしょうけど、それを受け入れる側の身のこなし方みたいなものも、結構面白いんじゃないかな。そこで私にとって面白くて、ある種の資料になるのがデベロッパー、商業施設、鉄道業者などの企業、業界団体、社員、マーケターの出しているデータ、文献、パンフレットです。もちろんそうした情報は企業の願望だったり、欲望みたいなものが強いまゆつば、手前みそのものも多いのですが、それでも「住民」「専門家」「市民」と重なりつつそれらと異なる「利用客」や「消費者」として人々をくくり、なんとかその動きを掘り起こしたり、先回りしたりしようとする軌跡なんだと思います。で、そういう企業人や労働者は、流動性の高いわりあい一般の「利用客」や「消費者」でもあったりします。もちろん専門家や住民組織にとっては「浅い」部分を見てるだけのように見えたり「上澄み」をかすめとっているように見えるかもしれないのですが、企業の論理のなかでいかに最適化をはかろうとしているかが何となく分かります。だから例えば日本ショッピングセンター協会やエレベータ協会の協会誌なんかを資料として読んだりするのが楽しかったりしましたね。有名人はいないけど、その業界で働いていたり、生活していたりするわりあい一般の人々がいる気がして。考えてみると先ほどのダンジョンとしての駅も、再開発や改築を担う、鉄道事業者や工事関係者のような人達が動線やその変更スケジュールを苦心して作っていて、それこそ利用客の奔流を読みときながら、ゲームのようにと言っては軽すぎるかもしれませんが、調節しようとしていることはよく分かる。社会学の、住民運動系ではない視点の人達は、そこに身を置いて考えるというのが重要かもしれません。

三浦　下北沢の再開発問題についての経緯を申し上げると、今、反対していた人達と賛成していた人達が一応手と手を取り合って、跡地の利用のことについて話し合いをしてるんですけど、その議論の中で、田中先生のおっしゃったマジョリティの人達がどう街を使っているのかということに興味が向けられています。大枠はだいたい決まってしまったんですけど、小田急線が地下化したあとの跡地の利用について、そういうマジョリティである来街者が使いやすいような空間にしていこうという話をしている。ただ、実際に検討していくと、来街者がこの街に求めているものであったり、まさに街での身のこなし方がなかなか見えてこない。物言わぬ大衆なので。これまでの議論では、来街者をどこか、他者性を欠いたよそ者として扱っている傾向があって、「来街者のニーズは大事だよね」とは言うんだけど、予想も出来ない来街者の多様でリアルなニーズを十分には押さえることは出来ていないのかなと思います。また、その一方で、遊びにきている来街者でも、酔っぱらいだったりとか、ゴミを平気で捨てたりとか、平気で路上ライブしたりとか、そういう人達のニーズを無限に聞くわけにもいかず、どこかで境界線を引かなきゃいけない。そういう意味で、「調節」を運動の側がどこまで出来るのかっていうことが今すごくテーマになっている。

社会学者が都市研究をやる時に、運動をやっている人達に寄る方が楽と言えば楽なんですよね。ただ、私の印象としては、最近、そういう運動論をやっている人っていなくて、まわりを見渡してもあまりいない、みたいな（笑）。むしろ、田中先生達を中心とする、若林先生門下の人達がやっているようなネットワークシティとか、そういう議論の方が、主流ではないにせよ、増えてきているという印象が。

田中　社会学の中に都市社会学や地域社会学という分野があって、基本的には住民組織とかコミュニティとか、エスニックコミュニティとかも含めてですけど、多分そちらに主流があって、軽薄な僕なんか入れてもらえないんです（笑）。都市社会学と都市論という棲み分けがあるような、ないような。都市社会学ということでは、多分、三浦先生の方が代表者としてしゃべれると思うんですけど。どちらが主流かって言うと、学会的にはそちらの方が主流で本格派です。

「どう使うか」の技術

武岡　今の、三浦さんの下北沢の話は、中島先生が「狭義の都市計画」と「広義の都市計画」って言われていることと、ちょっと重なるのかなと感じます。計画を決める時には、「どう作るか」がどうしてもフォーカスされてくるんですけど、実際には「どう使われるか」っていう、それこそ田中先生的なとっていうのが、前面に出てくるところがありますね。「どう使うか」っていうのと、すでにある都市をどう作り直していくのかっていうのは、かなり地続きなところがある。中島先生は、「狭義の都市計画」でフィジカルなものを作る、あるいは規制するというようなことを指すことで、そこを戦略的に切り分けておられたと思うんですけども、ただ、今関わられていることは、むしろ「どう使うか」に関わってきているんじゃないかと思います。

中島　まさにおっしゃる通りだと思います。「狭義の都市計画」というのはモノを作る技術に過ぎません。よく批判されますが、公園を造っても誰も使わないとか、そういう事例はたくさんあります。今はそうではなくて、特に新しく造る時でも、使われるような仕組みをどう組み込むかを考えるようになっています。すでにある駅前広場をどういう風に使うかという意味での、「作る技術」から「使う」とか「マネージメントする技術」へ、という方向へと流れが変わっていっていると思うんですよね。モノのデザインでも空間のデザインでも使われやすいものというのはあるんですけども、どちらかというと、場所にコミットメントする、インヴォルヴメントする人々とか主体をどういう風に育てるかとか見つけるかとか、繋いでいくかとか、そういうことの技術が大事で、それとセットで空間を用意する。世界中に広がっている「プレイスメイキング」と呼ばれているムーブメントも、そういうことなんですよね。だから、今、武岡先生がおっしゃったような方向で動いていて、上手く両者が一体となるような体制が出来ればいいんですが、まだ都市計画だけが先行するケースがあります。下北沢はまさに都市計画がバッと最初に走ったので、ユーザーがあとからそれを知って追いかける、みたいになってしまった。

あと、下北沢の話の前提にあるのは、都市計画は、土地の権利がすべての前提にあるということです。だから、土地の権利を持たないと、都市計画の対象じゃない、みたいなことになっています。都市計画は地権者の人達に対しては、ものすごく丁寧に扱う。しかしテナントは都市計画からすると、流動的な要素に過ぎないということになるし、さらに、来街者なんていうのは、まったく対話の対象にならない。

天内　シャッター街で何が問題かというと、地権者兼商店主は、一応、店を開いていることにすれば税金が安くて、OKなことです。だから、やってるんだかやっていないんだか分からないという店がずっと残る。地権者ももう八〇代とかばかりになると、街に関わるプレイヤーは育たなくなっていきます。若い人が入り込んで、街に何事かを仕掛けていけるように、小商いからでもやれるようにしましょうよ、っていうのがリノベーションスクールっていう、僕も関与したことのある動きです。北九州の小倉から始まったリノベリングの事業とか、熱海のATAMI2030会議などです。街に関わる主体を更新していくという働きがないと。都市計画的な介入、もしかしたら広義の都市計画に入るかもしれないですけども、そういう介入の仕方で街を動かしていこうという動きは、少しずつ出ていると思います。

田中　地方都市では人口減少期になってくると、どうやって自治に関わる人達を育てるかが非常に重要になってくる。そこにコミットする人、あるいは、ある種コモンズ的な部分を育てていくということが、課題としてある。大都市になると、勝手に人がやってくるし、商売をやる人達とか大資本もやってきてしまうので、そうすると、コモンズというよりも、大多数の部外者達を上手くどう制御できるか、どうすればそこで快適に過ごせるかっていうようなことが課題になって。都市をインフラ的に使うような、それほどのコミットをしない、ほどほどで済ませられるような生活スタイルの方が心地良く感じられるし、みんなが関わったら大変なことになるので、マーケットの力や専門家の力にフリーライドしていける。そういうスタイルの違いっていうのが、今、東京一極集中で、地方で人口減少が進んでいるので、二極化っていうのかな、そういうような状況になるんだろうな、と。大都市では先ほど出てきたマーケットの中で生きる人達がその空間をどのように利用したいのか、そうしたマーケットの力による変化を迷惑に思うこともあれば、ちょっと楽しんでしまったりもする。下北沢の駅でさんざん右往左往しながら「シモキタエキウエ」が出来たりすると「おっ?」とちょっと感じたりする。「マーケティング」は上手く先まわりできたり、外れたり、誇大広告だったりするのですが、それも含めた「マーケティングされた世界」を生きることに分け入っていくことも求められているように思います。

天内　地方都市では、一方で対抗するか共存するかは別として、否応なく中央資本に曝され、他方としていわば地に付いた生業のあり方がよく問われます。しかし、その中央とされる東京においても、例えば戸越銀座のように、人々は地に付いた商売までも、移動先の消費として、プチ旅行の感覚で楽しみます。さらにその移動空間で栄えるのが駅ナカで、大宮や赤羽のように単に乗り換えるだけの駅に、匿名的で、その街に降り立つ必要もない商業空間があります。ですから、中央と地方の比較図式にも一定の限界があるかもしれませんね。

［二〇一九年三月六日収録／構成　久山めぐみ］

歌舞伎町を歩くとはどのようなことか
――歓楽街における看板の経験をめぐって――

武岡暢

Ⅰ　はじめに

本稿は、歌舞伎町の風景／景観を、歌舞伎町の歩行者の経験から議論することを試みるものである。この後で見るように歌舞伎町がすぐれて「体感」の空間であればこそ、そこにおいて経験されている空間がいかなるものなのかを論じてみることは、経験論としての風景論にふさわしい事例だろうと思う。特に今回は歌舞伎町の視覚上の特徴を成す「看板」に注目してみたい。

「ミシュラン二つ星」の歌舞伎町

山岳の稜線や海岸線のカーブなど、いわゆる風光明媚な自然の「風景」を賞玩したり、あるいは倉敷や鎌倉のような街並みを称揚したりする向きからすれば、新宿歌舞伎町にはとても「景観」と呼べるような代物はない（あるいは褒められた「景観」はない）ということになるかも知れない。「風致地区」や「景観地区」といった行政上の枠組みの多くがもつまなざしは、そういった意味で称揚されるべき景観の既存の型に背後から支えられていると同時に、そうした型にお墨付きを与えて支え返すような関係にある。この循環から歌舞伎町のような空間は排除されやすい。

ところが、ひとつの「観光地」として歌舞伎町を捉えたばあい、どうやらその評価は必ずしも低くないらしい。レストランを星の数で格付けすることで有名なミシュランガイドは、レストランと同様の星評価システムを観光地に適用した『ミシュラン・グリーンガイド』を発行しており、ウェブ上でも掲載地リストを星の数とともに閲覧できる。[1] ミシュラン・グリーンガイドの日本版が初めて発行されたのは二〇〇九年で、歌舞伎町はその第一回発行以来一貫して「二つ星」の地位を維持している。星の数は三つが「わざわざ旅行する価値がある」、二つが「寄り道する価値がある」、一つが「興味深い」をそれぞれ意味しており、単にノミネートされたものの星を獲得するに至らなかった「星なし」の場所もリストに掲載されている。具体的な評価基準として挙げられているのは以下の九項目である。

- 旅行者がその観光地を訪れた時に受ける第一印象
- その場所の知名度
- 文化財の豊かさ、レジャーの充実ぶり
- ユネスコの世界遺産などの公的評価

・芸術品や史跡の固有の美術的価値
・美観
・作り物ではない本物としての魅力と調和
・旅行のしやすさと利便性（施設整備、アクセス、維持管理など）
・旅行者の受け入れの質

ミシュラン・グリーンガイドはおおむね年に一度のペースで更新されており、星の数はその度に増減することもあり得るが、歌舞伎町は二つ星を獲得し続けている。評価基準のなかには「文化財」や「ユネスコの世界遺産」、「芸術品や史跡」といった歌舞伎町にほとんど無縁と思われるものがある一方で、「作り物ではない本物としての魅力と調和」（英語版では"Authenticity, charm and unity"）などは、たしかに歌舞伎町が備えているかも知れないと思わせるポイントのひとつである（「調和」の部分についての判断は難しいが）。

歌舞伎町の二つの臨場感

日本を代表する歓楽街として知られる歌舞伎町は、「体感」の空間である。もちろん、あらゆる空間は多かれ少なかれ実際に来て、そこに身を置いてみることに一定の価値を見出しうる。しかし歌舞

1　「ミシュラン・グリーンガイド」 https://www.michelin.co.jp/auto/michelin-guide/green-guide［二〇一九年七月五日取得］

伎町は特に二つの点で、実際に足を運ぶ体験が独特の意義を持つ。ひとつには歌舞伎町がまとう「危険」の空気である。歌舞伎町は断続的に治安対策の対象となり続けており、暴力団の集中を典型とする「危険」なイメージは一頭地を抜いている。ジェットコースターのように、まさにその時点で自分自身の身体が危険にさらされている「臨場」性にこそ特権的なリアリティが伴うのであって、歌舞伎町を歩く人びとにとっての「危険」の感覚は映像などの受容体験で代替できない程度が大きい。

歌舞伎町に身を置くことのいまひとつの特殊性は、風俗営業や性風俗特殊営業（以下これらを総称して「風俗産業」と呼ぶ）で提供される「接待」サービスや性的サービスの身体感覚である。接待サービスは、従業員と客が会話をしながら飲食をともにすることによって発生する。性的サービスについては言うまでもなく、これらのサービスは実際に客と従業員が身体的にごく至近距離に共在していなければ提供され得ない。その意味で、介護等のケアサービスと同様に、風俗産業のサービスもまた極めてローカルなものであると言える。歌舞伎町に足を踏み入れたときに覚える感覚は、部分的にはこれら風俗産業の極めてローカルなサービス空間に接近し、その内部に身を置くことから生じる。実際にそれらのサービスを消費することがなくとも、その想像や予感も含めて、歌舞伎町に足を運んだ時点から体感は始まっている。

これら「体感」性の源泉である「危険の感覚」と「風俗産業のサービス」という二点は、いずれも代替や複製の困難な、「作り物ではない」経験でもある。[2]

歌舞伎町が基本的には歩行者の空間であることもまた、見落とされてはならない。風景／景観とは経験である。そこを足で歩き回るのか、車で走り抜けるのか、という違いによって空間は全く異なった経験をもたらす。それは、ロードサイド型の建造物や歩行者に配慮した道路などの物理的な違いと相乗効果を生みながら、〈自動車から見る風景＝経験〉と〈歩行者の見る風景＝経験〉の差異として帰結する。

本書全体にゆるやかに共有される「都市／景観／風景の変容」というテーマに照らし合わせたとき、歌舞伎町の「変容」を語ることは実は容易ではない。歌舞伎町はその全体が流動性によって特徴づけられ、何もかもが絶えず変容していく都市空間だからである。都市の変容にせよ景観の変容にせよ、いずれも都市や景観を相対的に安定したものとしてイメージした上ではじめてテーマとして成立する

2　「作り物ではない本物」という価値は、都市空間の評価基準として急速に普及しつつあるもののひとつである。都市社会学者のシャロン・ズーキンはこれを「オーセンティシティ」という性質として論じる（Zukin 2010＝2013）。英語のオーセンティシティとはふつう「真正性」あるいは「正統性」などと訳される語で、ミシュランの英語版でもauthenticityの語が用いられている（日本語訳は「作り物ではない本物（としての）」）。ズーキンが都市のジェントリフィケーションにとって両義的な意味合いを有する価値としてこれを論じたことと、ミシュランという観光メディアがこれを取り上げていることの一致がここでは重要である。筆者はズーキンがオーセンティシティの語をかなり本質主義的に用いてしまっていることには必ずしも賛成しない。実際にはオーセンティシティはより社会学的に――つまりより相対的に、より構築主義的に――用いられる方が生産的な概念であろう。オーセンティシティは相対的に古く、相対的に自生的な、都市の物理的空間と社会的空間のミックスとして観念されるから、その内容は（しばしば暗黙の）比較によって成立し、また人びとの言語活動によって構築され得る。ただ、ズーキンがオーセンティシティのこうした社会学的側面について不徹底であったのを論難することは容易だが、この立ち入りづらい論点に深く踏み込み、これまで曖昧にしか取り上げられてこなかった対象を明確に主題化したことは評価に値する。なんとなればこれまで都市に関する（とりわけ社会学的な）議論はその「住民」を重視し、単なる抽象的な「空間」ではなく「場所」としての性質を強調し、公的な統制や大企業による開発を問題視してきたが、これらの傾向はいずれも明確にそうとは言わないだけで何かオーセンティシティのようなものを念頭に置き、あまつさえ論者がその明示されないオーセンティシティに暗黙のうちに大いに肩入れしてすらいたはずだからだ。

側面があり、流動と変容を常態とする歌舞伎町のような空間においては、論じられるべき「変容」が「安定」との対比で自然と浮かび上がってくるわけではない。

そこで本稿では歌舞伎町における看板の特徴を押さえながら、「一九九〇年代から二〇〇〇年代にかけてのホストクラブの看板の変化」という小さく局所的な現象に着目し、ここから「変容」を論じる戦略を採用してみようと思う。ホストクラブという業態の誕生は一九七〇年前後にまでさかのぼり、その歴史は短くないが、看板に関しては一九九〇年代ごろまで比較的変化が少なかった。本稿ではその後一九九〇年代から二〇〇〇年代にかけて看板に見られた変化から、歌舞伎町における景観=経験の問題を分析していく。そのために以下ではまずⅡにおいて、歌舞伎町の看板一般が位置づけられるべき制度的な背景と文脈を記述、分析する。Ⅲではホストクラブとその看板の変化を素材に、看板がいかに「生きられて」いるのかを明らかにした上で、最後にⅣで歌舞伎町の景観の経験と、その微妙な変化を読み解く結論を提示する。

Ⅱ　看板に関する制度的背景

他の都市空間にはない歌舞伎町の「本物らしさ」というものがあるとすれば、その源泉は何だろうか。本稿冒頭で暫定的に挙げた「危険」と「風俗産業のサービス」からもう一歩踏み込んで考えるためには、工学系の研究者たちの歌舞伎町研究が参考になる。歌舞伎町をこれまで最も精力的に研究してきたのは人文学や社会科学ではなく工学系の研究者たちだ。彼らは歌舞伎町の独自性を「景観」の視点から浮かび上がらせる。萩原ら（1994）は外観部の外壁と看板の面積比率や色彩の特徴を調査し、福田ら（1997）はエリア別の傾向性を指摘する。鵜沢・村岡（2003）は他の盛り場と歌舞伎町を「照度」において比較し、李ら（2005）は街灯照明と店舗照明を区別しながら色温度や照度の比較を行う。坂本・後藤（2011）は屋外広告物のパターンを分類して心理的な評価を行っている。これらの研究のさまざまな着眼点や調査方法にいちいち立ち入ることはしないが、重要なのは歌舞伎町が独自の「景観」を有するとする、その独自性の源泉としてしばしば屋外広告物、つまり看板が取り上げられていることである。

以下では歌舞伎町の景観上の特徴を構成するとされる看板について詳しく見ていくが、一般に都市景観に関する規範的な議論の多くが、都市の看板を醜いものとして否定的に評価してきた。看板は目にうるさく、とりわけチェーン展開する店舗のそれは画一的なデザインによって没個性的な全国一律の景観を作り出してしまう、というのが大方の景観論者の主張である。そうした反看板主義を、建築研究者の五十嵐太郎は批判的に指摘している（五十嵐 2006）。

既存の景観への印象について言うならば、とりわけ大都市の駅前繁華街等の個性はむしろ看板によって成り立っているとする議論もある（岩嵜 2006）。ここには看板によってこそさまざまな都市空間の「個性」が発生している可能性が示唆されている。看板のない街頭はたしかにすっきりした印象をもたらすかも知れないが、それはのっぺらぼうに近いものとしてではないとは言えない。

本節で以下に見ていくように、歌舞伎町の看板はたしかに特異な存在であり、驚くべきことにそう

写真１　袖看板と壁面看板

した特異性は行政によっても奨励される「街の魅力」と見なされている（詳しくは後述）。本稿では看板が景観に与える影響について審美的、規範的な裁断を下す拙速を避け、看板が現在そうであるような形態で存在する、その存在の仕方の背景やそれに対する人びとの意味づけを記述することを目指そうと思う。

建物に正対したときに見える壁面の店名表示や、路上に置かれるタイプの看板、そして雑居ビルの壁面に垂直に設置されている袖看板と、歌舞伎町を想定するだけでも看板にはいくつかの種類が考えられる。街路に平行な視線にとっては袖看板が、街路に垂直な視線にとっては壁面看板が、それぞれ目立って認識されやすい（写真１）。

先の工学系の諸研究も参考にしながら、歌舞伎町の看板についてその特徴をさしあたり列挙するならば、（1）明るいこと、（2）数の多いこと、そして（3）色の派手なこと（赤や黄色）、という三点が考えられる。以下ではこれらの要素について法令上の規定を確認するとともに、不動産管理会社やビルオーナー、店舗経営者などの語りを引きながら順に見ていくこととする。[3]

写真2　ロボットレストラン外観

1　明るさ

看板の明るさに関して法令上の規制はない。一般に光源の点滅は禁止されているが、色彩を測るマンセル値が定量的に規制対象となっているのとは対照的に、ルクス等の尺度による明るさの規制はない。二〇一二年にオープンして以来、主として外国人観光客にとっての観光名所となっている歌舞伎町の「ロボットレストラン」は、ラスベガス的な「ショー」を上演する国内では珍しい内容だけでなく、全般的にその照明の非常に明るいことが印象的である。極めて明るいのは屋内の照明だけではなく、屋外の自家用広告もまばゆいばかりであり、道路のアスファルトまでが鮮やかに照らし出されている（写真2）。

3　ただし記述の流れをよくするためにこれらインフォーマントの語りを組み合わせて再構成するなど、必ずしも語りの典拠を明示していない箇所もある。

2　数の多さ

看板の明るさをも左右する要素である、看板の「数の多さ」はいくつかの要因が背景にある。まず袖看板（法令上の用語で言えば「突出」看板）について言えば、これはおおむね建物一棟につきひと連なりが設置されるから、単位面積あたりの建築棟数が多ければ、袖看板の数も多くなる。歌舞伎町では特に一丁目が平均床面積八〇三・八平方メートルと、おおむね四～五階建て以上の雑居ビルが支配的な地域としては狭小であり（武岡 2017: 307）、そのことによって建物だけでなく袖看板も密集しているように見える。袖看板が視界のなかで折り重なりながら連なって見える特徴的な景観は、これによって生まれている。

視線を中空から路上に落としてみても、やはり目につくのは看板である。接地する可動型の置き看板には比較的安価なA型看板（横から見たときアルファベットのAのように見える）や、内部から発光する電飾スタンド看板などの種類がある（写真3）。これらはいずれも公道上に設置することが法令上は認められていない。また、ビルのエントランス内（ビル敷地内）の置き看板は法令上の規制こそないものの、スペースが限られていることからビルオーナーによっては認めていなかったり、あるいは設置場所をめぐってテナント同士のトラブルの原因になったりもする（ビル管理業者への聞き取り）。公道はおおむねエントランス内よりは広いし広告上の価値も大きいから、ビルオーナーにとっては自分たちの管轄外の空間である公道が看板の置き場所に選ばれる方が都合がよいかも知れない（テナント間トラブルはビル経営者――あるいは大抵はビル管理を代行している管理会社――のもとに持ちこまれるが、法令違反の看板はテナントの責任となる）。いずれにせよ重要なことは、路上看板の多さが象徴する営業者の「遵法意識の低さ」である。

これについては他の論点にもかかわるので後述する。

他方、壁面広告は二〇〇一年を境に大きな変化を経験した。二〇〇一年九月に歌舞伎町で発生した雑居ビル火災は、一件の火災としては戦後五番目の数となる四四名の死者を出し、消防行政に大きな変化をもたらした。火災現場となったビルでは非常階段にロッカーが置かれてふさがれていたことをはじめ、窓が内側からベニヤ板でふさがれていた箇所もあり、さまざまな防火管理上の不備が明らかとなった。これ以後、消防による防火管理指導が厳格化したほか、自治体による屋外広告物の許可と消防との連携も始まり、外壁の開口部をすっぽりと覆うような壁面広告は歌舞伎町ではほとんど見られなくなった。

写真３　Ａ型看板（左）と電飾看板（右）　（写真一部加工済み）

壁面広告が減少したからといって、すべての屋外広告物が規制を遵守するようになったわけではない。開口部をふさぐことこそないものの、壁面全体に対する広告の占める割合をはじめとしたさまざまな屋外広告物の規制（その多くは東京都であれば「東京都屋外広告物条例施行

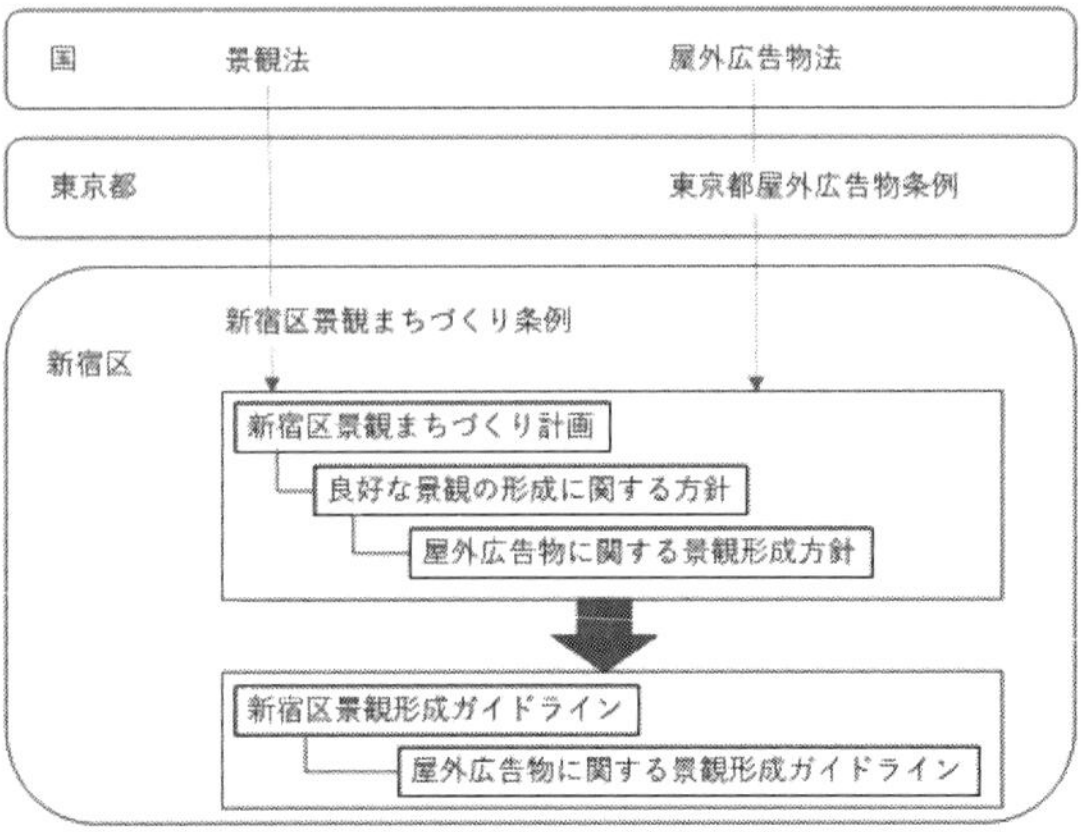

図１　法令とガイドラインの位置づけ
※新宿区都市計画部景観と地区計画課（2015a: 14）を元に著者が再作図した。

規則」に定められている）に違反しているケースは、歌舞伎町の至るところで目にすることができる。

３―色の派手なこと

看板の「数」の次に考えてみたいのは「色」であるが、数と色とは行政から異なる扱いを受けている。既に紹介した工学系の諸研究は、歌舞伎町の色彩の端的に言って派手なことを定量的に明らかにしている。ここで興味深いのは、近年の自治体はこうした歌舞伎町の派手な色彩を追認し、奨励しようとすらしていることである。

新宿区は「新宿区景観まちづくり計画」や「新宿区景観形成ガイドライン」といった行政計画を策定している。これは全国的にも先駆的な取り組みであった、一九九一年策定の「新宿区景観基本計画」の流れを汲んでいる。これら計画やガイドラインは手続きの上で公募区民や学識者の意見を取り込み、詳細は省くが東京都の同意を得て新宿区が景観行政団体として景観法の運用を行っている（図1）。

ガイドラインの上位に位置づけられるこの景観計画において、新宿区は区内に以下の六つの区分地区を定めている。

・水とみどりの神田川・妙正寺川地区
・歴史あるおもむき外濠地区
・新宿御苑みどりと眺望保全地区
・粋なまち神楽坂地区
・エンターテイメントシティ歌舞伎町地区
・落合の森保全地区

新宿区によれば、

地形および地物等の地理的条件、土地利用の状況および景観上の特性等を勘案した上で、以下の地区などを対象に区民との合意形成を図りながら、順次、地域の景観特性に基づく区分地区を定めていきます。
・まちづくり活動が先進的に行われ、将来イメージが共有されている地区
・景観上の特性が周囲と異なり、特に良好な景観形成が必要とされている地区

・広域的な景観形成が既になされている地区
・景観重要公共施設周辺の地区（新宿区都市計画部景観と地区計画課 2015b: 15）

とあるから、区分地区は現状の六つから今後増えていく可能性がある。

本稿との関連で特に注目すべきは、この景観計画が「屋外広告物の景観の形成」と銘打って屋外広告物（つまり看板）の誘導方針を定めるなかで、「商業地、繁華街ではまちの賑わいを創出する」と明言している点である。特に歌舞伎町地区の景観形成方針について言えば、「屋外広告物の活用による新たなエンターテイメントシティ歌舞伎町の創出」として「賑わいと活力に溢れる世界を代表する歌舞伎町独自の都市景観を創出するため、屋外広告物を積極的に活用した景観形成に取組みます。」と宣言している（新宿区都市計画部景観と地区計画課 2015b: 29 強調引用者）。歌舞伎町では二〇一二年からタウンマネジメントの枠組みのなかで、都知事の特例許可（東京都屋外広告物条例第三〇条）によって通常では出せない場所や出せない規格の看板が掲出可能となっている。

景観形成基準のうち「形態意匠」（建物や看板の形、色、模様など）の項目は「周囲の賑わいを損なわないものとする」と定められており（新宿区都市計画部景観と地区計画課 2015b: 41）、歌舞伎町に特徴的な派手な色使いが抑圧されるどころか、むしろ「賑わいを損な」うような意匠こそが規制されている。新宿区全体の景観形成基準が「隣接する建築物や周辺景観との調和を図る」ものと定められていることからすれば、歌舞伎町においては「賑わい」が奨励されるのは順当であるとも言えるが、ともかくも景観法や都条例による規制とはいささか異なる趣を備えていることが注目される。

このことは、東京都と二三特別区のあいだの微妙な関係を考慮に入れるとより興味深い。例えば文京区はそれまで「勧告」どまりではあったものの罰則規定を備えた景観条例を持っていたが、二〇〇五年の景観法施行に際して罰則規定を外すよう東京都から要請され、文京区はこれに応じざるを得なかったという。後述するように新宿区もまた区条例に罰則規定を盛り込む際には、東京都との交渉が必要であった。

これらの景観行政に携わった新宿区職員への聞き取りによれば、歌舞伎町に関する景観まちづくりの方向性を話し合う会議はチェーン店の業界団体にも参加を呼びかけ、ユニークな取組みを模索している。それは、チェーン店の看板が全国の「歴史的」な街並み等（京都など）のなかで通常用いられるのよりも抑えた色調に調整されるのとは反対に、歌舞伎町ではむしろ「派手にする」方向で「歌舞伎町バージョン」を作る案である。そうしたチェーン店の「歌舞伎町バージョン」の看板は二〇一九年一月時点でいまだ実現していないものの、自治体が歌舞伎町の景観について「抑制」ではなく、既存の方向性をより発展させていく「奨励」の方針を採っていることを、この案は物語っている。

景観に関するこうした方向性は、新宿区政のひとつの意図せざる帰結であると見ることもできる。これは特に区が二〇〇五年に始めた「歌舞伎町ルネッサンス」という地域活性化の取組みに関わる。歌舞伎町ルネッサンスは東京都の治安対策を担当するために就任した副知事が当時の新宿区長を促して開始したもので、その意味で直接の目的は歌舞伎町の治安向上、マイナスイメージ払拭にあった（武岡 2017: 第3章）。ところが、治安向上やマイナスイメージの払拭といった目的には明確な達成のメルクマールを設定しづらく、ひとたび始まった歌舞伎町ルネッサンスが継続していくなかで、「エンターテイメントシティ歌舞伎町」や「賑わいのあるまちづくり」などのポジティブな価値による下支えを必要とするようになる。歌舞伎町ルネッサンス以来十年以上にわたって新宿区に設置されてきた「歌舞伎町担当」なる役職に就いていた区職員もまた、「街の人と一緒にやっている以上は（まちづくりの方向性は）華やかなかたちでやっていきたい」という立場だったという。これについては区長も大差のない意見であった。景観担当職員が歌舞伎町の賑わいを促進するようなガイドラインを模索していったことは、区政全体とのゆるやかな呼応関係にあったのである。

新宿区の景観ガイドライン

骨組みとなる景観計画に、より具体的な内容を肉付けする役割を果たすのが景観形成ガイドラインである。さらに屋外広告物に関して新宿区は「屋外広告物に関する景観形成ガイドライン」をより具体的な規定として定めている（図1）。

これら複数の水準で設定されているガイドラインは、区が「景観誘導」を行うための規準として機能する。一定の屋外広告物を設置する際には「景観事前協議書」を区に提出することが必要で、ガイドラインに適合しない内容であった場合は変更の「要請」や「勧告」がなされ、さらにそれらに従わない場合は届出者の氏名または名称が公表される（新宿区景観まちづくり条例第一五条）。しかしながら罰金等の罰則は定められていないため、「景観誘導」に限って言えばあくまでもそれは「誘導」に過ぎず、屋外広告物を一定の枠内に限定する強い強制力を持たない。

これに対して建物を新築する場合（建替を含む）は景観まちづくり計画に適合しない内容について変

更を「命令」することができ、この命令への違反には罰則が定められている。景観に関する行政の方針が現実に反映されるとすれば、その可能性が最も高いのはこの新築のケースであると言えるだろう。区職員への聞き取りでも語られたように、新築の際の基準への適否は、金融機関からの融資の可否ともかかわっており、最も実効性のある局面である。

歌舞伎町においてほぼ唯一の「地元組織」である「歌舞伎町商店街振興組合」は、振興組合の名義でビルを所有している商店街振興組合法人である。このビルは老朽化によって二〇一六年に解体が着手され二〇一八年に竣工したが、この建築に際して屋外広告物の面積等については当然、規制の対象になる。振興組合関係者は周囲の多くのビルにおいて規制が守られておらず、また行政による指導も行われていない現状で、新築のビルだけがルールを守らされるのは不公平である、と不満をもらす。

もっとも、既に述べたように歌舞伎町の多くの店舗は規制をほとんど意に介さないから、自治体によって奨励されるかどうかは大方の傾向に影響を与えないかも知れない。罰則が定められている新築のケースであっても、表面のまっさらな建築として新築し、あとから届出をせずにゲリラ的に屋外広告物を追加していけば、それをいちいち撤去させられたり、罰則が科されたりすることは現状ではない（新宿区職員への聞き取り）。違反広告物への対処については国交省も全国的な問題として認識しており（国土交通省総合政策局 2007）、とりわけ歌舞伎町のような大規模歓楽街において困難を極めることは想像に難くない。

島嶼部も歓楽街も同一基準

歌舞伎町の「賑わい」を誘導しようとする方向性は、景観行政が基本的に規制的で抑制的であることと緊張関係にある。この点に関して、景観を担当していた区職員は、島嶼部でも歓楽街でも一律に同じ基準を適用しなければならない法令の枠組みに疑問を感じていた。「景観事前協議書」についても提出されてしまえば指導せざるを得ないものの、それは「本音ではない」と感じていたという。ある職員は聞き取りのなかで以下のように語った。

逆に指導する部署にいると、きまじめに聞かれる方が困りますよね。聞かないで、素直に何も言わないでやってちょうだいと（感じることがある）。聞かれちゃうと、フォーマルに指導するっていうようなことになって、そうなってくると、あまり現実的ではないっていうか、それこそ島嶼部と同じ基準を一律に当てはめざるを得ないっていうようなことになってくる。

歌舞伎町は年末に警察と消防と一緒に（区も）一斉立ち入りするんですよね。ホストクラブとか。それは別に景観だとか云々じゃなくてですけども。そういう意味でもなかなかが見えて、愛着、があるわけじゃないですけど、一律に規制とか制限とか、そういうことじゃないよなっていうのが担当レベルでは思ってるんですけどね。ただ、それが区としては言えないことが多すぎて、歌舞伎町に関しては。あくまで、浄化じゃないですけど、原則ではそういう方針、スタンスではあるので、そこの違いっていうのは大きいですよね。

この職員がインタビューの別の箇所で言及していたように、ニューヨーク市のタイムズスクエアでは「逆規制」とも呼べるような、広告物の大規模化と深夜点灯が半ば義務づけられており、屋外広告物を用いた地域活性化の事例として著名である。日本国内ではそうした事例はなく、歌舞伎町の事例もまたニューヨークと比較すればささやかな規制緩和に留まっている、と評価されてしまうかも知れない。

ただし、タイムズスクエアにおける看板が「一般広告物」であるのに対して、歌舞伎町における看板の多くが「自家用広告物」である、このちがいは重要である。一般広告物（あるいは第三者広告物とも呼ばれる）とは主に大企業が不特定多数のオーディエンスにアピールするものであるのに対して、自家用広告物はそのビルに入居している店舗が客の来店を促すために掲出される。

不動産業関係者の語りによれば、営業者の立場からは「自分たち（店舗）のアピールにとって看板というのは命なんです」というくらいに重要なもので、「一メートルの看板を作りますと言ったとしても、実際に（建物に）ついているのを見たら一メートル五〇になっていたりする」。経営にとって死活問題であればこそ、テナントは少しでも大きく目立つ看板を掲出しようとする。じっさい、この不動産業関係者がかつて自社の管理するビルから違法看板を一掃した際には、直後から入居テナントの売り上げが伸び悩み、家賃が滞納されるようになったという。このエピソードは看板の経営にとっての重要性とともに、「ビル管理」という業務の難しさをよく物語っている。つまり、「ビル管理」においてはビルの秩序を維持するという目的と、テナントの活発な活動から家賃収入を得るという目的とが、必ずしも容易には両立できない事態がときに出来するのだ。歌舞伎町について言えばビルオーナー自身が商店主であった来歴を有する場合も多く（武岡 2017: 第2章）、看板が営業者にとっての「死活問題」であることをよく知るビルオーナーはそれゆえに「違法」看板も黙認する場合が少なくない。

以上のように、歌舞伎町において看板が屋外広告物規制に抵触する場合が多いのは、営業者の「遵法意識（の低さ）」からのみ説明できるものではない。テナントとしては飲食店が支配的である、という歌舞伎町の前提条件を確認しよう。この前提条件の上で初めて、営業者の営業努力が規制を逸脱した広告物の設置につながる。

さらに、営業者がなりふり構わない広告戦略を採用するだけでは、「違法」な看板はビルオーナー／不動産業者によって撤去されたり、行政によって指導されたりしてしまうだろう。実際にはこうした関連する諸主体による黙認があり、この黙認はしばしば「歌舞伎町とはそういうところだ」とする認識とも結び付く。「歌舞伎町とはそういうところだ」とはいかにも曖昧なようであるが、こうした認識は営業者にも共有されており、営業者の経営姿勢とも密接に関連している。その意味で、単なる認識であったとしても、「歌舞伎町」を人びとがいかなるものとして特徴付けているかということ（＝人びとの頭のなかにあるものとしての「歌舞伎町」）は、実際に人びとの行動を左右し得る一種の「社会的事実」（デュルケーム）なのであり、人びとの行動がさらにこの社会的事実としての「歌舞伎町」を（ときに従来の特徴付けから逸脱しながらも）生成していくのである。

Ⅲ　看板はどのように経験されるのか

ここまで、看板を設置する主体である店舗や、それを管理する不動産業者／ビルオーナー、そして行政関係者の側からの看板への関わり方を見てきた。以下ではそれを踏まえて、本稿の主題であるところの看板の「経験され方」を論じていく。

看板の二つの側面：表示機能と照明機能

前節での看板の言及のされ方をその機能の面から捉え直すと、大きく分けて二つの種類があった。ひとつは店の宣伝のため、あるいは店の存在を表示するため、メニューを紹介するため、といった機能としての看板である。ビルオーナーがテナントの多少の逸脱を大目にみていたのも、テナントの営業にとってそうした表示機能がきわめて重要であり、そこにおいて他から抜きん出ようとする営業努力に理解が示されていたからであった。

しかしながら歌舞伎町ではそうした表示機能と同等に無視できないのが、看板の照明としての機能である。行政が「街の賑わい」として認識していたのは、実は看板のこの照明機能としての側面であったと言える。つまり、どのような文字情報がそこで表示されているかということではなく、さまざまな色や明るさをもった照明としてどのような雰囲気を醸成しているか、という方に関心が持たれていた。

照明としての看板にも、看板に照明器具を取り付けて光を当てるタイプ、看板内部で発光するタイ

写真４　歌舞伎町２丁目の駐車場を囲む看板

プ、ＬＥＤやネオンで看板ができているタイプ、また映像を表示するディスプレイとしての機能を果たす大型デジタルサイネージ、とさまざまな分類がある。いずれにせよ歩行者が夜間であってもそこで表示されている意味内容を視認できるためには一定の明るさがなければならない。その意味でまずは表示機能に要請されるかたちで照明機能があると言えるが、必ずしも照明機能が表示機能に従属しているかと言えばそうではない。片側二車線以上の国道沿いに広がるロードサイドではそうはいかないかも知れないが、道幅が狭く歩行者中心の歌舞伎町では、稠密な看板の集合が果たす照明としての役割は大きく、歩行者の歩行経験に影響を与え得る。看板の非常な明るさによってライトアップされている街路を歩くことは、それだけで歓楽街性をまざまざと感じさせられる体験なのだ。つまり看板は店名や情報を表示するためのメディアであると同時に、発光するそれ自体が歓楽街性を意味するメッセージなのだ。[4]

ホストクラブの看板略史

少なくとも今日の日本社会においては依然として、歓楽街における遊びは「秘め事」としての性質を帯びている、と言ってよいだろう。そのために、看板と歓楽街の関係は微妙なものになっている。広く外界に向けて情報を伝える看板の役割と、そのようにして広く知られることを良しとしない「秘密」とは、基本的に相反するからだ。歌舞伎町の看板は、その意味で緊張をはらんだ「秘密の看板」である。

一九九〇年代に「カリスマホスト」として活躍し、現在歌舞伎町で数店のホストクラブを経営する経営者の語りから考えるならば、九〇年代のこの緊張関係においては「秘密」の方が優勢であったようだ。当時、ホストクラブは基本的に比較的細い通りに面したビルにしか店を構えていなかった。一階や地下一階に入居することはなく、通りから見て「奥」に位置する二階以上に入居することが通例であったという。看板についてもビルに店名表示のために出す程度で、近年の歌舞伎町でちょっとした有名スポットとなっているホストクラブの看板駐車場(写真4)のような事態は想像もつかないことであったらしい。彼によれば、当時の客は最初から目当ての店を目指して歌舞伎町にやってくるので

4 照明の社会史のなかでシベルブシュが用いた「公安用照明」と「商業用照明」という二分法は、たとえば近森高明が日本における街路照明の黎明期を跡づけることによって相対化している(Schivelbusch 1983 = 1988; 近森 2005)。マクルーハニズムをさらに敷衍するならば、街灯照明のメディアとしての特性は、その技術革新の中身と当時の社会構造との相互作用のもとで立ち上がってくるだろう。歌舞伎町における照明のメディア史、メディア論に本格的に踏み込む用意を本稿は持たないが、私的主体によるきらびやかな商業用照明が、歓楽街という「いかがわしく」、ともすれば秘められているとも言えるはずの遊興の空間をむしろ積極的に演出している、この一定の「ねじれ」の存在は指摘しておいてよいだろう。シベルブシュの議論ではいかがわしさは闇に属するものであったが、歌舞伎町はその明るさによっていかがわしさを達成している。

あって、歌舞伎町のなかでホストの顔入りの看板を出したりすることは全く意味がなかった。そもそも「秘められた遊び場」であるホストクラブがそのように大々的に看板を出すことは、既に固定客となっている層に快く受け取られなかったかも知れない。

こうした状況が変化を迎えるのは二〇〇〇年代後半で、その少し前から「カリスマホスト」が徐々にテレビ出演するなどしてホストクラブの認知度が上昇してくると、これまでよりも大きな通りに面したビルにもホストクラブが入るようになる。さらにビルのなかでも一階や地下一階といった「日の当たる場所」に入居するようになっていくが、変化を経験したのはホストクラブだけではなかった。この経営者によれば、来街者の質もまた同じ時期に変化したのである。以前には歌舞伎町二丁目（歌舞伎町の北半分で、新宿駅から見ると歌舞伎町一丁目のさらに奥にあり、ほとんどのホストクラブは二丁目に所在する）にまでやってくるのは目当ての店の定まった客ばかりだったが、二一世紀に入ってからの歌舞伎町には「ふらふら歩く人が増えてきた」[5]。これらの変化は、世間的な地位向上とも相まってホストクラブにとっての看板の意味合いを劇的に転換させた。徐々に置き看板が増え、壁面広告や駐車場の看板も現れるとともに、駅前に看板を出したりアドトラックを走らせることもそう珍しいことではなくなってくる。売れっ子ホストの顔を大写しにした看板は、もはや歌舞伎町の代表的な「風景」のひとつにまでなった。

誰がために看板は

ところが、こうしたホストの写真入り看板は、実は客に向けた宣伝のためのものではない、とも経営者は語る。彼によれば来街者の質は変化したにせよ、客の行動パターンの大勢を塗り替えるまでには至っていない。つまり、看板を見て来店する客の数はそう多くはないのだ。歌舞伎町一丁目と二丁目の境にある駐車場を囲む看板（写真4）は一枚で月に三〇万円の賃料だが、これは集客に対して見合わない金額だという。それではなぜ、多くのホストクラブがそうした看板を掲げるのか。

それは、第一義的には従業員たるホストたちのモチベーションのためである。ホストの報酬構造は累進的なので、一握りの成功者は高収入が得られるものの、大多数を占める「下積み」はそれほどでもない。こうした構造において下積みにも店に定着してもらうためには、こつこつと積み上げていくのではない、一発逆転的なモチベーションが供給されることが重要である。[6] 駐車場の看板に写真が載ることはホスト界のトーナメント構造のなかで勝ち上がっていったことの証であり、スターダムを象徴する。[7] 当然、看板に掲載されることを夢見る、被写体予備軍にとっての意義は重大だ。

ホスト看板のこうした位置づけは、店同士の対抗意識にもつながってくる。一店舗内での成功だけではなく「歌舞伎町（新宿）のホストクラブ界」という、より広い業界での成功もまた、ホストた

5　このことは警察による暴力団対策によって、路上での暴力団の影響力が相対的に減衰したことと関連しているかも知れない。この点については武岡（2017: 第3章）を参照。
6　ホストクラブやキャバクラなどの接待型の風俗産業では、「売れっ子」と「ヘルプ」が協力して接客に当たることが経営上必要である。この点については武岡（2017: 第4章1節）のキャバクラに関する議論を参照。
7　ギャングという期待値の低い活動（高すぎる死亡率のわりに幹部になれるのは一握り）への参加を組織のトーナメント構造から説明する議論としてLevitt & Venkatesh (2000) がある。

ちにとって他人事ではない。紙媒体で発行されている『Y＋』（ワイプラス）というホスト界のファッション誌（電王堂出版）や、ホストクラブなら必ず掲載を望むウェブサイト『ホスホス』など、「ホスト界」を日常的に成り立たせるためのメディアはいくつかあり、業界内の流行や名声の構造はそうしたメディアによって流通し、強化されている。

その意味で、街頭のさまざまな種類の看板もまた、ホストたちにとっての「ホスト界」を成立させるひとつのメディアなのだと言うことができるだろう。先の経営者によれば、看板のデザインも客を意識したものというよりはホストたちに喜ばれるようなものになっており、完全に業界内にしか目が向いていないという。看板は従業員向け福利厚生の一環なのだとすら言えるかも知れない。近年ではこうした看板への対応を手厚くすべく、ホストクラブ内に専属のデザイナーやカメラマンを置くことも増えてきた。

店の宣伝のためではなく、ホストたちの満足のために看板が存在するということは、ホストクラブ経営の特殊性とも関係している。いち店舗あたりの月商が数億円にのぼることはホストクラブの世界では珍しくないが、そうした経営規模の事業体が通常なら取り組むであろうコーポレートアイデンティティ戦略やブランディングといった事柄は、ホストクラブにおいてはあまり重きを置かれない傾向にある。なぜなら、ホストクラブの経営のサイクルは短く、ホストひとりひとりの人的資本に経営が根本的に依存しているためである。経営サイクルの短さは歌舞伎町全体の風潮とも相関しており、店で何か問題でも起これば店名だけ変えて（実質的な経営者は同一のまま）再出発するということが珍しくない。このような経営レパートリーが一般的であれば、再出発のたびにリセットされてしまうブランディングに消極的なこともうなずける。また、ホストの人的資本に経営が依存しているため、そこから離れた店のブランディングというものが考えづらく、店を広報することはホストを広報することになりやすい。それは先述したホストの報酬構造とも関連しており、大きな売り上げを上げるホストには並外れた報酬が与えられる。自分の指名客が注文した飲み物の売り上げが月に五〇〇万円を超えるレベルになると、その売り上げは丸ごとホストの報酬になることもあるという。このことは、ホストクラブにとってそうしたすぐれたホスト人材が持つ意味の大きさを物語っていると言えるだろう。以上の事情が重なり合って、ホストクラブは経営体質として内部留保が少なく、ホストに対する分配比率が極めて高くなっている。

威信-パフォーマンス一貫性理論

それではホストクラブの看板が単にホストに奉仕するだけのものであるかと言えば、事態はもう少し複雑である。聞き取りを行ったホストクラブ経営者によれば、「売れるホスト」は客の好みの流行であるとか、まして顔の美醜で決まるわけではないという。「売れるホスト」はホスト同士のあいだで一目置かれるホストであり、「男社会」のなかで認められた男が、自然と多くの客からの指名を集めるのだ、と彼は言う。

『ストリート・コーナー・ソサエティ』(Whyte [1943]1993 = 2000) のボウリングに関する著名なくだりも想起させるこの分析が妥当であるとすれば、看板の持つ意味はさらに異なる色彩を帯びてくる。ここでは「威信とパフォーマンスが相関する」とする仮説を、「威信-パフォーマンス一貫性理論」と名付けてみよう。[8] ホストクラブはホストの売り上げや指名本数についてランキング（「ナンバー」と呼ばれる）や称号（「幹部」や「主任」など）を付与し、その地位と名声を明確に序列化する制度を広く共有している。キャバクラ等の店舗でも見られるこの制度は、威信‐パフォーマンス一貫性理論と整合する。「男に一目置かれる男」が「売れるホスト」になるその先に可視的な序列化制度を設けておくことによって、「男に一目置かれる男」という不可視の曖昧な評価が明確化し、循環的に強化される。

ホストクラブの看板もまた、この不可視の序列を店舗外に向けて可視化する役割を果たしている。看板に掲載される顔写真にはホストの名前とともに肩書きや売り上げがしばしば併記されるのも、そうした文脈から理解することができる。

しかしもう一歩議論を進めれば、ホストの看板は必ずしもホストのためだけのものであるとは言い切れない。そうした看板を象徴的に重視するようなホスト同士の闘争は、実は客に見られ、感じられ、応援されると同時に消費されてもいるからである。ホストの売り上げを左右する「シャンパン・コール」や「シャンパン・タワー」といった大量消費の祭典は、ホストクラブの華である。こうした祝祭的雰囲気の背後には常に「どのホストに」「どの客が」「いくらのシャンパンを入れたのか」、という競争に関わる意味のコードが横たわっている。客の店での呼び名やシャンパンの種類、そして当然ながらどのホストの名義での注文なのかは、マイクを通して大音量で店内全体にアナウンスされるから、ホストと客はここにおいて潜在的に全員が演者であると同時に全員が観客でもある。ホスト同士の売り上げ競争は、「どれだけシャンパンを注文してお気に入りのホストを応援できるか」という客同士の消費競争でもあるのだ。[9]

ホストの看板の直接的な受け手はホストたち自身であるかも知れないが、看板によって媒介されるホストたちの序列化プロセスは、客とのあいだに微妙な関係をはらんだ相互作用として継起していくのである。

結び――歌舞伎町の居心地、そのよさと悪さ

本稿で論じてきたことをごく手短にまとめると、来街者が歌舞伎町に対して「作り物ではない」オーセンティシティの感覚を抱くのは、歌舞伎町の逸脱的なtransgressive性質のためである、と要約できる。大量の派手な看板は、表示内容に風俗営業が含まれることも相まって、既存のルールや規範を超えて逸脱的に行われる営業の象徴となっている。つまり、営業内容がセクシュアリティにかかわる点と、その広告の方法が必ずしも遵法でない点において、二重にtransgressiveなのである。

8　この理論において重要なのは、言うまでもなく、高いパフォーマンスに高い威信が付与される（A）というある意味で当たり前の事態ではなく、高い威信が高いパフォーマンスを可能にする（B）という事態の強調であり、（B）は当たり前の事態（A）の因果の向きを逆転させたものとなっている。ここでは、いかなる相互作用の機制によって（B）が達成されるのか、という点はさらなるミクロ社会学的な探究の対象として残されている。

9　もちろん、そのエスカレートする高額の支払いにも見て取れるように、ホストクラブにおける消費はホストによる客の精神的支配と無関係ではなく、権力関係なき「応援」ばかりとは言えないかも知れない（武岡 2017: 第4章）。

店舗にとっての看板は、法令に違反してまで最大限に利用しようとする重要なメディアである。規制に反する壁面看板も、無断で路上に出されている置き看板も、いずれもが事業者の営業努力の賜物であると言える。オーセンティシティという論点に照らし合わせるならば、その真摯さはたしかに「作り物」からは遠いものだろう。行政の枠組みにかかれば街の「賑わい」と陳腐に表現されてしまうかも知れない雰囲気の一部は、こうした真剣な営業の熱気によって生み出される。

歌舞伎町の飲食店にとっては看板でいかに目立ち、かつ客に安心感を与えられるかが、多くの来街者に対する宣伝の成否を決する。その意味では、筆者が風俗産業の客引きについて論じた（武岡 2016）のと同様の機能を看板もまた担っていると見ることができる。つまり、看板は客引きと同様に、不透明性の高い営業と客とのあいだを仲介する機能を果たす。不動産業関係者によれば、歌舞伎町の置き看板は内装の写真を使用する点が多いという特徴がある。このことはすなわち、内部の営業を見通すことが困難な、雑居ビルという建築の特質とかかわっている。看板はそのようにして店舗内部の情報を部分的に提供することによって安心感を醸成するとともに、内部に対する期待をかき立てようと企てる。

そうした営業者の狙いとは裏腹に、歌舞伎町における「経験」を論じる上ではそこにおいて看板の果たす役割を過大評価してしまわないよう注意しなければならない。改めて確認すれば、風景／景観は必ずしも視覚に限定されない、人びとにとってのその空間の経験の全体である。目に映るけばけばしい看板の海のほかに来街者の体感を左右する存在として、例えば強引に声をかけてくる客引きたちもまた無視できない。客引きは都市の儀礼的無関心への侵犯transgressionとしてあり、一定の印象を来街者に残す。工学系の研究者たちが着目した看板とは、来街経験を構成するさまざまな要素のうちの、特に建築物に属する部分に焦点を当てたときに浮かび上がってくるものだったが、言うまでもなく来街経験のすべてを建築物に還元して理解すべきではない。

消費者への還元

それでは看板や客引きを含めて、歌舞伎町全体がもたらす印象の内容とは何だろうか？ それは、来街者を徹底的にセクシュアリティの消費者に還元し、セクシュアリティの消費者＝主体に仕立て上げようとする、歓楽街という空間の舞台装置としての力である。つまりこれら看板や客引きなどの歓楽街の舞台装置は、来街者が性的な消費者となるように主体化することを導き、補助することになる。特に看板に関しては、書かれた文字の意味内容と同等かそれ以上に、派手な色彩や明るさ、そして全体として見たときの数の多さなど、メディアとしての特性そのものがメッセージとなっている。

こうした性的な消費者への徹底的還元という経験を、来街者がどのように意味づけるかは不確定である。人によってはセクシュアリティに関連した風俗産業のサービスの消費者と見なされることに困惑を覚え、恐怖や怒りを感じる場合もあるだろう。前節で見た、大きな広告を出さなかった時代のホストクラブに関する語りは、たとえ能動的な消費者にとってであっても、風俗産業サービスの広告が当惑をもたらすものであったことを示唆する。

自らが単なる一消費者へと還元されてしまう経験は一方の人びとにとって忌まわしく感じられるかも知れないのと同時に、他方の人びとにとっては解放として感じられるはずである。一方の人びとの嫌悪感と他方の人びとの解放感は同じ社会的規範の両面の帰結としてある。二〇〇〇年代に入ってホストクラブの看板がよりおおっぴらに、より大量に掲出されるようになった変化が、単に来街者の嫌悪感を増大させるだけのものだったかと言えば、恐らくそうではない。

この場合の解放とは、都市的なまなざしからの解放と、性に関する規範的断罪からの解放という二つの側面をもっている。ジンメル（1903＝2011）やベンヤミン（1928-40＝2003）、見田宗介（2008）らがこだわっていたのは、都市において圧倒的に他の感官に優越する視覚、まなざしの問題であった。都市の主体は耳で聞くことも肌で触れることもなく、目で見る。それは同時に、人びとが見られる客体になるということでもある。吉見俊哉が上演論のボキャブラリーで、盛り場に集う人びとについて「〈演者＝観客〉」という表記を用いているのは、都市の歩行者が主体と客体の交差として立ち現れる事態を端的に表現している（吉見 2008）。行き交う歩行者は舞台装置によって演出されると同時に、また自らを演出して演技するパフォーマーであり、見知らぬパフォーマーとのアンサンブルが視覚を通じて展開される。このことは、パフォーマーである歩行者自身が同時に観客としてその上演を見る、そうした二面性と分かちがたく結び付いている。

ジンメルや見田が論じた都市の視覚性とは行き止まりとしてのそれであり、視覚の向こう側に到達し得ない空間としての都市の息苦しさがイメージされていた。この意味での視覚は主体と対象をむすぶ媒介＝メディアではなく、むしろ直接的な対象＝オブジェの感覚であり、人を何物にも導かない。こうした都市の憂鬱を突破する「盛り場」の可能性は、吉見においては人びとがパフォーマンスの向こう側に何を幻視するか、という点に託されていたのだと言える。

見えない都市の向こう側

これに対して、歌舞伎町における視覚性は吉見が論じたようなパフォーマンスとは異なる水準で、徹底してメディア＝媒介的な位相において存在している。それは、歌舞伎町が体感の空間であり、セクシュアリティにまつわるサービスを提供する産業を擁することによる。これらのサービスは外部からは見通しの利かない雑居ビルの一室で、身体の共在において提供される。歓楽街という地域のスケールでの空間、とりわけストリートの空間は外部に開かれており、人びとの流入を拒むことはない。このストリートに流入してきた人びとを、見通しの利かない、雑居ビル内部の空間へと媒介するひとつのメディアが看板であった。歌舞伎町の看板の多くが一般広告物（第三者広告物）ではなく自家用広告物であるということは重要である。自家用広告物は「一般的な」商品やサービスを表示するのではなく、まさにその建物（あるいはせいぜい付近の建物）の内部にある営業を表示する具体性を備えていることはすでに述べた通りである。

ただしこうした看板の具体性が、歌舞伎町においては集合的にこそ機能するものであることは改めて強調されてよい。「看板を見て来店する客は多くない」とホストクラブ経営者が語ったように、通常考えられるような意味で店の営業を表示するだけの機能なら、看板自体は小さく地味なものでも構わない。むしろ歌舞伎町の看板は個々の看板としてではなく一塊の看板群として、背後にある風俗産業の集積を示してもいる。これが、看板が「集合的に」機能する、ということの意味だ。自治体が歌舞伎町地区の看板を「街の賑わい」と結び付け、その派手な色合いを奨励していたことは、この点に関して全く当を得ていた。

こうした議論からは、ホストクラブの看板が見せた変容は、歌舞伎町のすでに持っていた性格をよりいっそう推し進めたものであったと評価できる。ホストの顔写真が大写しになった一連の看板が投げかけているのは、ある店にそうした容貌のホストがいるということ以上に、「ホスト界」とも呼ぶべき独特な世界が雑居ビルの各室に展開しており、独自の論理と階統秩序とともにセクシュアリティに関わる営業が行われているのだ、というメッセージなのである。それは「秘め事」としてのホストクラブが一定の集積の達成において「ホスト界」という世界を形成し、歓楽街の重要な一翼を担うようになったことの帰結であると同時に、広く歌舞伎町という地域社会が備えていた論理の一層の実現でもあった。

外部からは見通せない内部の「体感」や「体験」が、派手派手しい看板の集積へと変換されて外部に表示される。そのとき歌舞伎町の風景／景観は、視界に広がる街並みの向こう側にある営業へと接続されている。歌舞伎町を歩くということは、「見えない都市」の体感性を、看板を視認するその背後に感じながら、自分がセクシュアリティの単なる消費者として取り扱われることに居心地の悪さや解放感を覚える、そうした当惑する体験なのである。

参考文献

Benjamin, Walter, 1983, *Das Passagen-werk I & II*, Frankfurt am Main: Suhrkamp Verlag.（＝二〇〇三、今村仁司・三島憲一訳『パサージュ論 第1-5巻』岩波書店）

近森高明、二〇〇五、「街路空間における〈光〉の管理化」『社会学評論』五五（四）：四八三―九八

福田泰三・榊原渉・片山里奈・松尾環・菊地牧子・松本泰生・黒岩彩・戸沼幸市、一九九七、「新宿の景観に関する研究――景観から見た歌舞伎町の景観構成」『日本建築学会大会学術講演梗概集F-1、都市計画、建築経済・住宅問題』一九九七：一三九―四〇

萩原京子・門田佳子・門田真午子・立川聖瑠、一九九四、「新宿歌舞伎町の刺激色と景観」『日本建築仕上学会 大会学術講演会研究発表論文集』一九九四：二四一―四

五十嵐太郎、二〇〇六、『美しい都市・醜い都市』中央公論新社

岩嵜博論、二〇〇六、「広告」『10+1』四三：一四四―五

国土交通省総合政策局、二〇〇七、『観光立国の観点から見た屋外広告物のあり方検討業務報告書〈概要版〉』国土交通省総合政策局

李永桓・後藤春彦・李彰浩・福武洋之、二〇〇五、「繁華街の各種照明が夜間景観に与える影響に関する研究――新宿区歌舞伎町1丁目を事例として」『日本建築学会計画系論文集』五九八：一〇一―八

Levitt, Steven D. and Sudhir Alladi Venkatesh, 2000, "An Economic Analysis of a Drug-Selling Gang's Finances," *Quarterly Journal of Economics*, 115(3), 755-789.

見田宗介、二〇〇八、『まなざしの地獄――尽きなく生きることの社会学』河出書房新社

岡田真樹・塩大地・篠崎正彦、二〇一一、「音の種類ごとの騒音レベルと歩行速度についての比較と考察：屋外空間における歩行者の歩行速度と音環境に関する研究 その2（におい・音、建築計画I）」『学術講演梗概集E-1、建築計画1、各種建物・地域施設、設計方法、構法計画、人間工学、計画基礎』二〇一一：九二一―二

坂本浩気・後藤春彦、二〇一一、「屋外広告物のデザインと分布が街路景観に与える影響に関する研究――新宿区歌舞伎町における屋外広告物を対象として」『日本建築学会大会学術講演梗概集F-1、都市計画、建築経済・住宅問題』二〇一一：七七―八

Schivelbusch, Wolfgang, 1983, *Lichtblicke: Zur Geschichte der künstlichen Helligkeit im 19. Jahrhundert*, München/Wien: Carl Hanser Verlag.（＝一九八八、小川さくえ訳『闇をひらく光――19世紀における照明の歴史』法政大学出版局）

Simmel, Georg, 1903, "Die Großstädte und das Geistesleben," *Jahrbuch der Gehe-stiftung zu Dresden*, 9.（＝二〇一一、松本康訳「大都市と精神生活」松本康編『都市社会学セレクション第1巻 近代アーバニズム』日本評論社：一―二〇）

新宿区都市計画部景観と地区計画課、二〇一五a、『新宿区景観まちづくり計画 新宿区景観形成ガイドライン 平成27年3月改訂版（平成

27年6月施行)』新宿区都市計画部景観と地区計画課
――――、二〇一五b、『新宿区景観形成ガイドライン――屋外広告物に関する景観形成ガイドライン』新宿区都市計画部景観と地区計画課
武岡暢、二〇一六、『歌舞伎町はなぜ〈ぼったくり〉がなくならないのか』イーストプレス
――――、二〇一七、『生き延びる都市――新宿歌舞伎町の社会学』新曜社
鵜沢隆・村岡桃子、二〇〇三、「照度からみた夜の街並研究――JR新宿駅東口、歌舞伎町、JR渋谷駅ハチ公口、銀座を事例として」『日本建築学会大会学術講演梗概集F-1、都市計画、建築経済・住宅問題』二〇〇三：三六三―四
Whyte, William Foote,[1943] 1993, *Street Corner Society*, 4th ed., Chicago: Univ. of Chicago Press.（＝二〇〇〇、奥田道大・有里典三訳『ストリート・コーナー・ソサエティ』有斐閣）
吉見俊哉、二〇〇八、『都市のドラマトゥルギー――東京・盛り場の社会史』河出書房新社
Zukin, Sharon, 2010, *Naked City: The Death and Life of Authentic Urban Places*, Oxford University Press.（＝二〇一三、内田奈芳美・真野洋介訳『都市はなぜ魂を失ったか――ジェイコブズ後のニューヨーク論』講談社）

公共空間をめぐる都市社会運動の可能性と課題

――東京都世田谷区下北沢地域における紛争に焦点を当てて――

三浦倫平

I　はじめに

変わりゆく都市の風景に一抹の寂しさを覚えたり、逆に新たな可能性や期待を見出したりする――。都市生活者のメンタリティは両義的なものである。ただ、どのような感覚を持ったとしても、都市で起こっている変化に対して「自分には何かを発言する権利はない」、「その変化に関わる権利はない」と考える人が大多数なのではないだろうか。その結果、資本の論理による都市空間の再編が進む一方で、都市の潜在的な可能性は実現することなく、現実の都市生活においても想像上の世界においても、オルタナティブな都市の可能性は見えなくなってきているのではないだろうか。

本稿[1]では、都市の潜在的な可能性として公共空間を取り上げ、既存の都市計画に対抗して公共空間を立ち上げようとする都市社会運動の可能性と課題について検討する。[2]

公共空間の定義は様々にあるが、本稿の問題意識に近いのは「多様性には創造性を育み生活を向上させる面があることを理解し、差異を持つ者同士が意義のある対話に取り組むように促す」空間としての公共空間である（Bauman 2005 = 2008: 136）。すなわち、誰でもアクセス可能であり、排除されることなく、それぞれの差異が尊重され、交流が生まれるような空間を念頭に置いている。

こうした公共空間が危機的状況にあることが近年様々な論者によって論じられており、特に公共空間が私的空間によって侵食されていることが問題化されてきている（Low and Smith 2006; Mitchell 2003; 園部 2014）。例えば、近年の都市の趨勢として、「疑似公共空間」（ショッピングモールのような私的な空間が「公共空間」を装うこと）と「疑似私的空間」（公園や街路のような公共空間が私的な利害によって整備されること）が増殖しているという状況が指摘される（Mitchell and Staeheli 2006）。

日本での具体的な例で言えば、近年、大都市圏では、ショッピングモールのような巨大で閉じられた「箱」がターミナル駅に併設されると共に（三浦展 2014）、ショッピングモールの原理である「透過性」（若林編 2013）が街にも適用されることで街路や広場などの公共空間が「綺麗で安全で見通しの良いような空間」へと再編成されている。その結果、監視＝管理の機制のもと、消費空間のコードに違反する諸主体は排除されるという動きが強くなっている。その点で、多様な人に開かれる公共空間がまさに縮小しつつある。

多くの都市生活者はこうした都市空間（都市生活）の変化を受動的かつ能動的に享受する一方で、その変化に直接関与しようとはしない。もちろん、公園のような象徴的な公共空間の危機的状況に対して問題提起をする社会運動は存在するだろうし（木村 2019）、直接的な利害関係者であれば問題提起もするだろう。ただ、特に近年の日本においては、その全体的な傾向として、現前する都市空間（都市生活）を自明視して受け入れる傾向が強いのではないだろうか。

このような状況が進行することをかつて危惧していたのがアンリ・ルフェーブルという思想家だった。「差異」が「差異」として認められる出会いが起きる場所であり、使用価値が交換価値よりも優先される場所であり、価値を付与された特定の時間的な厚みが埋め込まれた場所でもあるような都市が潜在化していく一方で（Lefebvre 1968 = 2011: 177）、管理された消費空間で過ごすことが都市のユーザーにとって自明の日常生活となっていくことにルフェーブルは警鐘を鳴らしていた。この状況を変革する上で、彼は「都市への権利」という概念を提唱し、労働者階級が集合的に都市を「我有化」することに期待を寄せていた（Lefebvre ibid: 216）。人々が自らの時間感覚・空間感覚・身体感覚に基づき、様々な工夫を行い、所有権を持たない空間を自分たちなりに利用して「支配する」という「我有化」の視点によって、私的所有権が不可侵視される都市の文脈を相対化していくことを構想していたと言える[3]。

1 本稿の執筆は、平成三〇〜三一年度科学研究費補助金（若手B）「都市空間の再編をめぐるセクター間協働に関する社会学的研究」（課題番号 18K12925 研究代表者：三浦倫平）の補助により行った。

2 本稿では「都市社会運動」をManuel Castellsの定義である「都市の形態や機能のなかに深く組み込まれている社会的利害関係や諸価値を転換することを目的とした集団的行動」（Castells 1983 = 1997: 8）として捉えている。

ルフェーブル自身は、そうした「我有化」がいかにして生起するのか、どのような様態を意味するものなのか、どのような可能性や課題を抱えるのかという点について十分には議論していないが、「概念とか理論とかは、それらの練り上げの当初においては、形成途上の都市現実とともに、すなわち都市社会の実践（社会的実践）とともにしか、進歩することができない」（Lefebvre ibid: 155）と彼自身が述べているように、現代の都市で起きている実践から検討していかなければいけない課題であるだろう。

そこで、本稿では、都市計画の論理や資本の論理に対抗して、街路や広大な線路跡地を「公共空間」へと再編しようとしている東京都世田谷区下北沢地域の都市社会運動に焦点を当て、オルタナティブな都市の再編を目指す運動がいかにして誕生し、いかなる可能性や課題を抱えているのか、という点について分析を行う。

この紛争において、住民・商業者・来街者が主体であった都市社会運動は当初「発言権がない」とされ、街に関わる権利を否定された[4]。しかし、そうした状況においても、この都市社会運動が「来街者」という最も権利性が認められにくいアクターの権利を敢えて主張し続けていった点に、この紛争の大きな特徴がある[5]。

そして、その後、裁判闘争を通して、街に関わる権利が認められた運動は、近年積極的にその権利を行使し、公共空間の維持、再編に向けて「我有化」を行っている。その活動の多様さは他に例を見ないものとなっており、その成果や課題を明らかにすることは今後の都市の潜在的な可能性を検討する上でも重要な手掛かりとなるだろう。

そこで本稿の構成としては、まず次節で下北沢地域の概要と、この地域の紛争の要因となった連続立体交差事業という都市型公共事業の概要について示す（Ⅱ）。この計画がもたらす抽象空間と、来街者・商業者・住民らが作り上げていた街との対立が二〇〇〇年代に表面化することになる。そして、Ⅲでは、都市社会運動がいかにして誕生し、なぜ来街者の発言権を主張するようになったのか、それにはどのような意味があったのか、という点について明らかにする。Ⅳでは、街に関わる権利を公的に認められた運動側がいかにその権利を具体的に行使し、公共空間の維持や再編成に向けて活動を展開しているのか、その可能性や課題について検討する。

3　ルフェーブルは「我有化」の概念については十分に説明をしていないが、「自分にとって疎遠な力が決定した法によって編成された土地、他から押しつけられた土地のうえで何とかやって」いく技法であるセルトーの「戦術」概念に近いものとして本稿では考えている（de Certeau 1980 = 1987: 102）。ただし、ルフェーブルの「我有化」という概念は、既存の秩序の枠組みそれ自体を変えていくことを期待しており、その点はセルトーの「戦術」概念とはやや違いがあるということに留意する必要がある。

4　ここで言う「来街者」とは、「街の外からやってくる人たち」であり、また、「その街に住んでいない人たち」のことである。

5　日本の住民運動論やまちづくりの研究、実践において、住民の位置付けは明確である一方で、「来街者」はほとんど十分な位置付けが与えられてこなかった。例えばかつての住民運動論では、運動の理論的根拠として「居住地の本来的目的（使用価値）、そしてその基礎たる生活者の土地所有・利用の使用価値視点」（松原・似田貝 1976: 365）を意味する「住むこと」が前提とされてきた。

Ⅱ　下北沢地域が直面した「危機」――連続立体交差事業がもたらした波紋

下北沢地域の概要

下北沢地域は、東京都世田谷区北東部に位置する下北沢駅を中心としたエリアを指す。下北沢駅は新宿から小田急線で約一〇分、渋谷からも井の頭線で約一〇分の距離にある。

ここで重要なことは「下北沢」という行政区画が存在しないということである。この地域では一般的に下北沢駅を中心に発展した商業地、それを囲む住宅地一帯が「下北沢」としてイメージされる。そのため、「下北沢」の境界線は人によって多様なものになっている。例えば、下北沢駅の隣の駅である「世田谷代田駅」「新代田駅」「東北沢駅」「池ノ上駅」付近の住民でも自らを「下北沢に住んでいる」とイメージしている場合は多い。それ故に、この地域では「下北沢の住民」というカテゴリー自体が明確なものではなく、また、「住民／よそ者」という境界線も明確なものではない。

盛り場「下北沢」とその物理的背景

「下北沢」という盛り場については様々な言説が存在しており、この街の場所性を説明するのは容易ではないが、例えば、以下のような形で街の特徴を表現する言説は多い。

下北沢は少し変わった街です。街の規模も小さく、ほとんどが北沢二丁目という場所に収まっていて、このなかに、劇場、映画館、ライブハウス、古着屋、洋服屋が、ひしめきあうかのように存在します。また、下北沢はいまも数多くの人が住んでいる場所です。下北沢で生まれ育った人もいれば、違うところから来て下北沢で住んでいる人もいます。こういう狭い街だから、知り合いによく会います。ぶらっと出かけただけで、偶然、何人もの友人に会います。おそらくこんな街は、日本のどこにもないように思います（『下北沢カタログ』[6]フリースタイル、二〇〇七年）。

古着屋・洋服屋が多く存在し、一風変わったお店が多く建ち並んだ「サブカルの街」であり、ライブハウスが多く存在し数々の有名なミュージシャンが羽ばたいていった「音楽の街」でもあり、本多劇場を中心とした「演劇の街」でもあるというふうに、多様な特徴が街について語られる。また、ヒューマンスケールの街であるからこそ、色々な人との「出会い」が可能な点も街の魅力としてしばしば語られる。

そして、このような多様性と共に語られる街の物理的特徴として「細い路地空間」を挙げることができる。下北沢地域は元々が零細農村であり、複数の地主が土地を所有していたことから、各々が宅地開発を進めてきたという経緯があり、その結果として、昔からの細い路地が現在まで残るという特徴が生まれている（三浦 2016）。

細い路地で街が構成されるということそれ自体、大きな特徴ではあるが、この物理的な特徴が更な

6 『下北沢カタログ』は下北沢のガイドブックとしては最も売れたガイドブックとして知られている。二〇〇一年、二〇〇二年、二〇〇七年に出版されている。引用は二〇〇七年版の編集者の巻頭の言葉である。

図１　補助54号線、区画街路10号線、地区計画の計画図
（出典：下北沢駅周辺地区地区計画）

る特徴を生んできた。というのも、細い路地空間によって狭小な物件が多いことで、土地・建物の賃料が安く抑えられ、先取的性格を持つ店主たちが店を構えやすいという状況が生み出されていたからだ。

ただし、その特徴も土地の基準地価格が一九八〇年代を境に急激に上昇し、賃料も増加していく中で次第に失われるようになっていった。多くの借家層が商売を続けられなくなり、八〇年代以降は店の入れ替わりの激しい街となってきたが、それがかえって皮肉なことに「魅力」として語られることにもなっていた。[7]細い路地で迷路のように構成される街であるからこそ、店舗の移り変わりの速さが「新しい店の発見」という形で肯定的に捉えられていたと考えられる。

このように、下北沢という街にとって、細い路地空間という物理的な構造はその多様な店舗の魅力を生み出す根幹をなす部分であった。そうであるが故に、その根幹を揺るがすことになる都市計画が二〇〇〇年代初頭に明らかになると、その計画に対する人々の反発は大きかったと言える。

連続立体交差事業という都市型公共事業

その都市計画とは、連続立体交差事業という都市型の公共事業であった。連続立体交差事業とは鉄道を高架化、もしくは地下化させることで踏切を除却する鉄道事業であるが、立体交差する道路の新設・拡幅が条件となっていた点で道路事業でもある。道路は、建築基準法、都市計画法などで用途地域指定、容積率、建ぺい率など都市の骨格を決定する役割を果たす。そのため、市街地の核である駅付近に整備される幹線道路は、民間投資を誘導することで、駅舎の改築や駅前広場の整備などを核とした市街地再開発を促す働きを持つ[8]。

下北沢地域では、連続立体交差事業で小田急線が地下化し、踏切が除却されると共に、その事業要件として補助五四号線と呼ばれる道路が整備されることが二〇〇一年に明らかとなった[9]。さらに、下

7　例えば、雑誌記事は、「常に何か新しいものを発見することが出来る街＝下北沢」という捉え方をしていった。「歩いているだけで楽しい刺激たっぷりの街」（『週刊プレイボーイ』一九八七年八月十一日号）、「歩けば歩くほど味が出る」（『Hanako』一九八九年十月十二日号）

8　連続立体交差事業によって、都心から放射線状に伸びる鉄道の高架複々線化とあわせた道路網の一挙的整備と土地の高度利用、拠点駅を中心とした超高層ビル大規模再開発が行われてきていたことはこれまであまり注目されてこなかったが、現在に至るまで東京都の空間構造を変化させてきた。特に東京という都市は、鉄道の駅を中心に多くの街が発展してきたため、駅を中心とするエリアの開発は、街やそこで生活したり訪れたりする諸主体に大きな影響を与えるものとして考えることができる（三浦 2016）。

9　補助五四号線は、一九四六年、すなわちアメリカ占領下の時代に戦後復興都市計画のもとで計画線が引かれたまま、事業化されることがない状態で、半ば忘れられていた道路計画であった。また、正確を期せば、一九六四年に小田急線の連続立体交差事業が都市計画決定された際、鉄道を高架化することが想定されていたため、補助五四号線も一九六六年に小田急線の上を高架でバイパスする道路計画に変更されているが、結局事業化されることがないまま残っていた。

北沢駅前の広場と補助五四号線へのアクセス道路から成る「区画街路一〇号線」も都市計画決定された。こうして、それまで車があまり通らなかったエリア、細い路地で構成された迷路性のあるエリアに多くの自動車が往来する可能性が浮上したのだ。

さらに、二〇〇四年十一月には、世田谷区は補助五四号線、区画街路一〇号線を活用した「下北沢駅周辺地区地区計画案」を発表することで、再開発の構想を提示する。具体的には、これは「街並み誘導型」の地区計画案で、補助五四号線と駅前広場に面する敷地は五〇〇平方メートル以上あれば四五メートルの高さまでの建築物を、さらに二〇〇〇平方メートル以上あれば六〇メートルの高さまでの建築物を建てることを可能にするものだった。

Ⅲ　都市社会運動の誕生——「来街者」の権利に焦点を当てて

都市計画をめぐる紛争

街のありようを大きく変えるような一連の都市計画に対し、商店街や町内会などの地域集団は計画推進に回った。町内会、商店会の代表で構成された「街づくり懇談会」（主に地主層）は、小田急線連続立体交差事業を契機に一九八四年に発足し、多くの住民や来街者が知らないところで、世田谷区とこの一連の都市計画について議論を蓄積していた。懇談会は当初から計画の「推進派」であったわけではなく、むしろ世田谷区に利用された側面があるが（三浦 2016）、「交通の円滑な処理」「防災機能の確保」「歩行者・自転車の安全性と快適性の確保」「沿道土地利用の促進」といった点から計画を支持していた。

こうして計画推進側によって正当性が主張された一連の計画であるが、住民・商業者・来街者らを中心にして「Save the 下北沢」という運動団体が二〇〇三年十二月に結成され、反対運動が展開された。運動側は計画の内容的正当性と手続き的正統性を問題にしたが[10]、前者に関する重要な点は、都市計画が多様な店舗、文化、出会いを生み出す基盤となる路地空間を破壊することで、それまでの街が持っていた「公共空間」としての特質が衰退していくことだった。また、都市計画によって再開発が可能となり、そこで得られる空間利益が何よりも計画推進側の目的にあるということを問題提起していた（三浦 2016）。

10　運動側は、計画推進側が主張する計画の内容的正当性に対しては、①地区交通の円滑な処理に関しては、補助五四号線二期工区と三期工区が出来るまでは道路は繋がらないので車交通の円滑な処理は難しく、そもそも、外側に環状道路が存在するので、街の中に道路を通す必要がない②防災機能の確保については、小田急線が地下化した後の線路跡地を有効活用すればいい③安全性と快適性、バリアフリーという点については、車の往来がむしろそれらの点を阻害する④車交通の往来&街の高層化は、この街の特徴を失わせ、中長期的に見れば商業性は向上しない、といった点から批判を展開した。また、手続き的正統性に関しては、世田谷区と「協働」で議論してきたとされる「街づくり懇談会」について、多くの住民や商業者はその存在自体を知らないか、知っていても参加権がなかったことを問題にしていた。つまり、街づくり協議会のようなものとは異なり、不可視化され、かつ、閉じられた組織である点が問題化されていた。

誰に「発言権」があるのか――「当事者」性をめぐる争い

以上のような運動側の主張には一定の正当性があったが、「よそ者には発言権がない」という形で、その主張が推進側に真摯に取り扱われることはほとんどなかった。これは、当時、街に住んでいない来街者が多く反対運動に参加していたことに起因する。

こうして、「街に対して誰に発言権があるのか」「『よそ者』とは誰なのか」という問題がテーマ化することになる。ちなみに、「誰がよそ者なのか」ということについては明確な基準が計画推進側の間でも、街の人々の間でも共有されているわけではないことに留意する必要がある。ただ、図2にあるように、基本的に街に関わる年数が長ければ「よそ者」とは扱われない傾向があり、また、その一方で、来街者であれば何十年街に通っていても「よそ者」として扱われる傾向がある。[11]

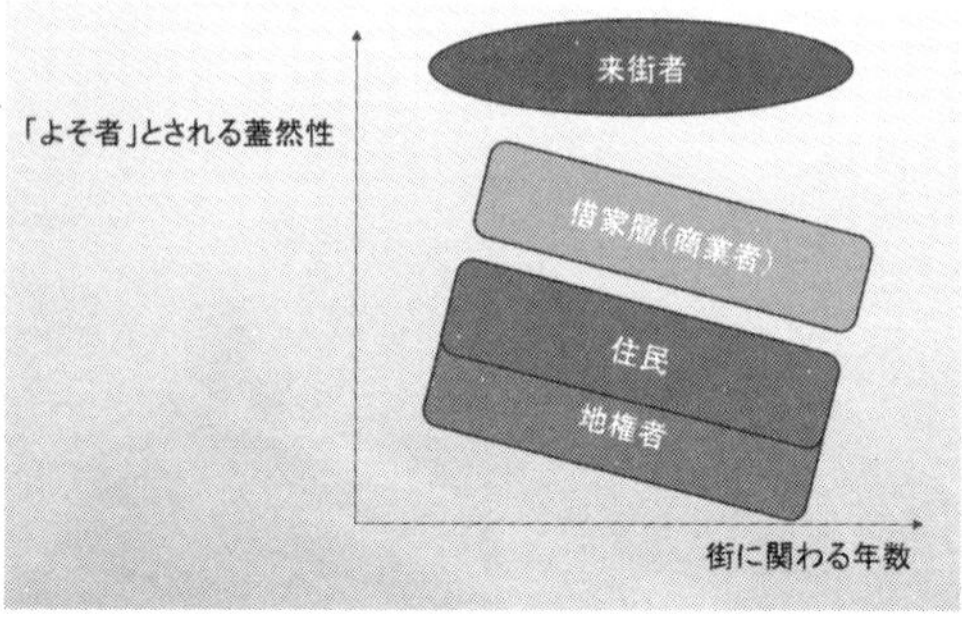

図2　誰が「よそ者」とされるのか

また、商業者や新規住民の多くも、そうした視線を内面化し、「自分たちはよそ者であり、自分たちには発言権はない」という考えを持つ人が多かった。そこで運動側は様々な手段を通じて、「自分たちに権利はない」と考えている商業者や新規住民に対してコミュニケーションを重ね、主体化を促すという活動を行っていった（三浦 2016）。

だが、その後も計画推進側とは十分に対話が進まなかった。こうした状況下で、運動側はさらに敢えて茨の道を進み、「来街者にも発言権はある」という主張を展開した点にこの紛争の特徴と意義を見出すことが出来る。長年地元で商売をしている商業者（借家層）ですら土地の権利を持っていない点で「よそ者」として扱われてしまうこともある場で、「よそ者」として捉えられる可能性が最も高い「来街者」の権利を主張することは運動の正統性を揺るがしかねないものであった。

何故、運動主体の当事者性を争っていたはずの運動組織がそのようなリスクを負ったのか。それは単に運動主体の中に来街者がいたからではなく、運動主体の中で来街者に対する共感が様々な経路で生まれていたことが大きく影響していた。その点について次に見ていきたい。

「来街者」に対する寛容性の背景——その使用価値と交換価値

活動的な運動主体の多くは住民や商業者だったが、運動主体には当初から来街者が求める街（「歩いて楽しめる街」「文化が生み出される街」「安心して歩ける街」）に対する共感があり、来街者も街のあり方を議論できるような場を作るべきだという考えがあった。

特に住民の運動主体には、来街者に対する認識として、以下のような三つの理念型を見出すことが出来る。

11　また、街で商売をしている人よりは住民の方がよそ者としては扱われない傾向がある。住民と地権者の差はかなり微妙であり、人によって大きく異なる。そのため、長い間土地を持っていたとしても住んでいない人の方が、最近引っ越してきた人よりもよそ者だという考えもある。

①昔は自分も「来街者」であり、この街が好きで移り住んできた／商売を始めたので、「来街者」は自分と違いはない

②長い間、街で暮らしているが、一九七〇年代の盛り場となる前の街（「ピンク街」「治安が悪い街」…）が好きではなかったので、今の来街者が求める街のあり方に賛同する

③今の街のあり方については不満もあるが、街の成り立ちを考えると、来街者を無視したら経済的にも、文化的にも、社会的にも街は衰えると考えている

「来街者が自らとどれだけ異なるのか」という、来街者の他者性についての認識は①よりも②、②よりも③の方が強く認識していると考えられる。その点で、単純に「来街者に寛容である」と一括りに分析することはできないが、ただ、どの認識も来街者にとっての多様な使用価値と、来街者が街に対してもたらしてきた交換価値への理解は共有している。換言すれば、来街者がこの街に見出す使用価値と、そこから生まれる交換価値によって、「下北沢」という街が特徴ある盛り場として発展してきたという歴史を尊重している。

元来、使用価値と交換価値は潜在的に対立を抱える側面があり（地権者らが交換価値を追求するあまりに、来街者の使用価値を十分に検討しない形で空間の再編を行うということが起こり得る）、一連の都市計画はこの潜在的な対立が街全体の次元で表面化したものであった。

そして、運動側の問題意識は、一連の都市計画によって結果的に二つの価値が共に失われていく可能性が高いのではないか、という点にあった。すなわち、再開発を誘導する都市計画によって一時的

には交換価値は増加するかもしれないが、長期的に見てみれば、街の「個性」でもある「公共空間」を失うことで来街者にとっての使用価値を失い、街を訪れる来街者が減少し、交換価値も次第に失われていくことになるのではないか、という危惧が運動側にはあった。

そこで、運動側は、計画推進側（世田谷区、商店会、地権者）と、住民、商業者、来街者が顔を突き合わせて話し合うことで、両者が求めている街の間には大きなズレがあり、このまま計画が進めば街に危機が訪れる可能性があるということを計画推進側に認識してもらうべく、計画推進側にラウンドテーブルの設置を要望していった[12]（三浦 2016）。

しかし、結果から言えば、そうした運動側の要望は全く検討されることはなく、その後、半ば強引な形で補助五四号線などの都市計画は事業認可されてしまうことになる。

来街者の権利を主張する背景

事業認可という「挫折」に直面した運動主体たちは、その理想とする街のあり方、意思決定のあり方については共有しつつも、状況認識や目標達成のために用いるレパートリーに違いが生まれ、次第

12　当然、世田谷区を中心に、計画推進側が来街者のことを考えていなかったわけではない（防災性、利便性といったことはむしろ来街者のため、という名目さえある）。しかし、それは来街者に発言権を与えて、何かを決定させる主体として意思決定に参加させるということではなく、来街者はあくまでも客体としてしか存在していなかった。それに対して、運動側はそこに来街者も主体として参加させるべきだという主張を展開していた。

に分裂していくことになる。「来街者の権利」という論点で考えるならば、「来街者の権利をいかに獲得するのか」という目標の達成のための手段に違いが生まれたと位置付けることが出来る[13]。

このように運動が分裂してしまったのは、リーダーシップが明確に存在しなかったことが一因として挙げられる[14]。ただし、そのような形で運動体としては分裂するものの、完全な対立になるということはなく、その後も時折連携しながら、運動は続いていった[15]。その背景には、来街者の権利を主張する根拠ともなっている「誰でも街に対して意見や行動を起こす権利がある」という認識があることが大きく影響している。

例えば、以下の発言は、行政に対して対抗的な主体（A）と行政と歩調を合わせる主体（B）がそれぞれ互いのことを言っているものであるが、お互いにその存在を根底のレベルでは認めている。

A：誰でも街に対して意見や行動を起こす権利はある。納得いかないことに関しては、私は当然文句は言うけど、だからと言って彼らがいなくなればいいとは思わない。例えば私たちが行政に文句を言っている間、彼らは彼らで取れるところを取ってって貰えれば、それは構わないし、それはそれで良いことなんじゃないか。（二〇一七年十一月十八日聞き取り）

B：正直なところ、行政を叩いていくAさんのやり方は少し古いと思うけど、彼がいるから俺たちの話を行政が聞いてくれるということもあるし、行政も下手なことはできないから、空気が締まるというかね。だからある意味、俺とかAさんがいたから、ここまでやってこれたということ

はあると思う。（二〇一八年三月五日聞き取り）

こうした主張は別の運動主体からも聞き出すことができる（三浦 2016）。そうした点に鑑みると、「誰でも街に対して意見や行動を起こす権利はある」という主張が最も象徴的かつ先鋭的に表れているのが「来街者にも権利はある」という主張なのだろう。つまり、「来街者の権利」を主張したのは、単に「顔が見える」特定の来街者の権利を主張したかったからでは決してなく、街に対して意見や行動を起こす権利をあらゆる人に開いていこうとしたからであったと捉えることが出来る。

こうして、下北沢地域の道路計画に対する反対運動は、連続立体交差事業という都市型公共事業に深く組み込まれている社会的利害関係を問題化すると共に、街に対する権利のあり方を転換することを目的とした都市社会運動として展開してきた。

13 具体的に言えば、①都市計画審議会で一連の都市計画が強引に事業認可されたことに対する不満から、行政訴訟を行い、計画を一度白紙に戻してから、来街者の参加も可能にしたラウンドテーブルの設置を目指そうとした運動主体②行政への不満はあるにせよ、行政と争っている間にも再開発は進んでいくので、対話できる余地があるところは来街者も含めた形で行政との対話を志向する運動主体③そもそも来街者は自らの権利性を自覚していないので、街の価値や自身の権利を自覚してもらうように働きかける必要があると考える運動主体に分かれていった（三浦 2016）。

14 塩原勉がかつて主張していたような「統制の原理と合意の原理との間の媒介」、「一貫性の原理と状況適合との間の媒介」といった点が運動体の中で十分にうまく機能しなかったと位置付けることが出来る（塩原 1976）。

15 詳述する紙幅はないが、毎年一回開催されるイベントや、世田谷区長選挙などにおいては連携していた。

表1 北沢PR戦略会議関連年表

２０１４年８月	第１回北沢デザイン会議
２０１５年２月	第２回北沢デザイン会議
２０１５年３月	東京地裁で和解勧告
２０１６年１０月	第１回北沢 PR 戦略会議全体会議
２０１６年１２月	第２回北沢 PR 戦略会議全体会議
２０１７年２月	第１回北沢 PR 戦略会議報告会
２０１７年９月	第３回北沢 PR 戦略会議全体会議
２０１７年１２月	第４回北沢 PR 戦略会議全体会議
２０１８年２月	第２回北沢 PR 戦略会議報告会
２０１８年９月	第５回北沢 PR 戦略会議全体会議
２０１８年１２月	第６回北沢 PR 戦略会議全体会議
２０１９年２月	第３回北沢 PR 戦略会議報告会
２０１９年７月	第７回北沢 PR 戦略会議全体会議
２０１９年１１月	第８回北沢 PR 戦略会議全体会議

Ⅳ 権利をいかに行使するか――公共空間の維持、再編成をめぐって

その後、行政訴訟という局面での争いを経て、補助五四号線の二期工区、三期工区は優先整備路線から外され、「事実上の中止」となった。それは運動がもたらした一つの成果でもあったと言えるだろう。そして二〇一五年の三月には、東京地裁が「官民協働」でまちづくりをするよう和解勧告を行うことで、一連の紛争は一つの区切りがついた。

「官民協働」の具体的な中身は、①小田急線跡地を公共的な空間となるよう整備すること②補助五四号線（二期工区）と区画街路一〇号線を線路跡地利用計画と連続性のある歩行者主体の空間にすること③良好な街並みの維持・発展に向けて必要な対応を取ることの三つである（東京地裁　口頭弁論調書）。

表１にあるように、和解勧告後、世田谷区は線路跡地の利用に関する新たな話し合いの場として「北沢ＰＲ戦

略会議」というものを作ることになる。それまでも住民の意見は、「北沢デザイン会議」という場で聴取していたが、それとは別のルートを用意して、人々の意思を汲み取ることを目指したのだ。それは後述する北沢PR戦略会議の特徴に表れているように、北沢デザイン会議よりもさらに踏み込んだ「協働」の場を目指したからだと考えられる。そして重要なことは、この「協働」の場に誰でも参加できるようにしたという点だ。その点でまさに運動側が長く要求してきた「ラウンドテーブル」が一定程度の実現をみたと言える。[16] こうして、街に関わる権利を要求する局面から、いかにその権利を行使していくか、という新たな局面に下北沢の一連の運動は突入することになる。

以下、後述するように、北沢PR戦略会議という「場」で重要なテーマとなっているのは、既存の都市空間を、いかにして多様な主体が共存でき、かつ交流も生まれるような「公共空間」へと作り変えていくことが出来るのかという点である。

道路に関しては補助五四号線の一期工区が整備されることは決まり、当初運動が反対していた広大な駅前広場も完成し、地区計画によって大きな商業施設も街中に建設されるようになってきた。ただ、そうして出来上がった空間を人々の利用や管理の仕方によって「公共空間」に変えていこうとする試みが北沢PR戦略会議で生み出されている。そうした試みの可能性や課題について、以下検討する。

16 なぜ「一定程度」なのかと言えば、小田急電鉄が日常的に議論の場に参加しているわけではないからだ。ただし、「まちピアノプロジェクト」のようなイベント企画に小田急電鉄も協力しており、これまでよりは運動側と距離が近くなってきていることも事実である。

北沢ＰＲ戦略会議という場の可能性

世田谷区は北沢ＰＲ戦略会議について、「小田急線上部利用施設等の整備によるまちの変化に伴い、地域の皆様による区施設の活用や、上部利用施設及びその周辺の「まちの魅力」を高める活動を検討し、実践していく場」（世田谷区ＨＰ）として位置付けている。

重要なことは、世田谷区はあくまでも後援という立場であり、世田谷区がこの「場」のあり方や方向性をトップダウンで決定していくのではなく、参加者が主体となって、そのあり方や方向性を決めていこうとする動きが強いという点である。その点で、この新たな「場」でまさに運動は続いており、実際、それまでの運動主体の多くがこの「場」に参加して活動を行っている。

その結果、北沢ＰＲ戦略会議は以下のような特徴を持った自立的な「場」として構築されてきている。

第一に、北沢デザイン会議が世田谷区主催の単発のワークショップであったのに対し、北沢ＰＲ戦略会議は参加者主体の日常的な討議の場となっている[17]。第二に、北沢デザイン会議では「何をテーマとするのか」という議題を世田谷区が決定していたのに対し、北沢ＰＲ戦略会議は参加者がテーマを考え、部会を作っていくという形で参加者がアジェンダ設定権を持っている。したがって、当初は四つの部会だったものが、二〇一九年度は一〇の部会にまで増えている。第三に、参加者は誰でも自由に参加できるため、現在は住民、商業者、来街者で構成されている。商店街のメンバーも参加しており、まちづくりの意思を新たに恒常化するための組織づくりが行われつつあると言える（松原・似田貝

1976)。

具体的には、現在までに以下のような部会が作り出され、活動が行われている。

ユニバーサルデザイン部会／下北駅広部会／シモキタ編集部／下北沢案内チーム／公共空間運用ルール部会／リサーチ部会／シモキタ緑部会／イベント井戸端会議／シモキタの新たな公共空間を再考する部会／まちピアノプロジェクト

すべての部会の詳細について記述する紙幅はないが、道路や駅前広場を単純に車交通の機能だけの空間にするのではなく、様々なイベントが出来たり、人々が交流できる空間にしようとする部会もあれば、街全体の諸課題を自分たちの視点で見出し、解決していこうとする部会もある。すべての部会に通底しているのは、北沢PR戦略会議を契機にして、多様なニーズや文化、価値を線路跡地や街路、街全体において共存させていこうとする点である[18]。

そして、これまでの活動から、北沢PR戦略会議は以下の三つの点で、様々な成果を生み出してい

17　月に二、三回それぞれの部会で集まり、議論・勉強会・調査し、また代表者（世話人）全員での会議もしながら、年に四回全体会議を行い、年度末に報告会（提言）を行う。また、それぞれの会議に世田谷区のまちづくり課の担当者がほぼ毎回出席している。

18　もちろんありとあらゆるニーズや文化、価値を共存させることは現実的には不可能であるため、実際にどのようなニーズが優先的に求められているのかを調べるリサーチ部会や、最低限のルールを決めようとする公共空間運用ルール部会などが存在している。

駅ピアノの様子（まちピアノプロジェクト）

く可能性を持った「場」として位置付けることが出来る。

第一に、一連の都市計画に反対していた運動主体たちだけでなく、計画推進側であった地権者や商店会のメンバーも数は多くないが議論に参加している。中には、小田急電鉄や世田谷区に対して批判的なメンバーも参加しているが、そういった人々も部会を作って活動することが可能になっている（シモキタの新たな公共空間を再考する部会など）。権力から自立的な場であると同時に、開かれている場であると言える。

そして、重要なことは、開かれた場であることに対して、「よそ者に権利はない」「来街者に参加権はない」といったかつてあったような批判が今はほとんど聞こえてこないということだ。

その背景としては、東京地裁による「和解勧告」という大きな方針があるという点、計画推進側にとっても線路跡地の利用に関しては幅広く意見を聞いておきたいという点、さらにはこれまでの闘争の過程で少なからず相互理解が進んできているといった点が影響していると考えられる。

第二に、多様な立場の参加者が存在することで、多様な視点が確保されているという点である。

例えば、駅にピアノを設置することで「音楽の街・下北沢」にふさわしい空間を作り出そうとするまちピアノプロジェクトや、障がい当事者の視点からハンディキャップを抱えた人でも不自由なく街を楽しめるようにユニバーサルデザインマップの作成を行っているユニバーサルデザイン部会などのように、様々な視点からの活動が展開されている。

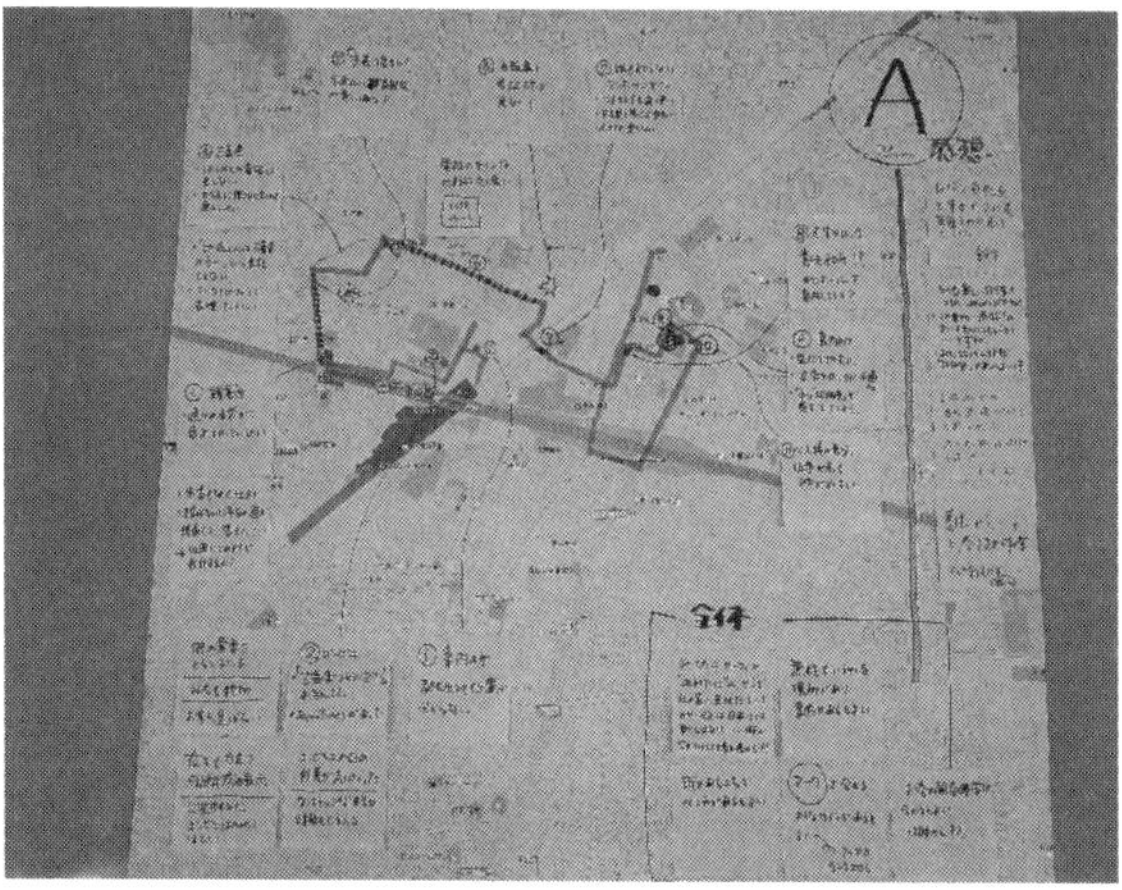

ユニバーサルマップの作成に向けて

さらに、興味深いのは、線路跡地の利用や、街のあり方について検討する際、それぞれが互いの立場を考慮していることだ。例えば、来街者たちは単に「来街者」のための街を目指しているのでは決してなく、「住民」が住みやすい街になるような活動も行っている。リサーチ部会はまさにその代表例であり、「街には生活する上で必要な店舗が足りていないのではないか」という問題意識のもと、街の店舗を調べてその状況を問題化したり、「来街者が捨てるゴミが生活環境を悪化させているのではないか」という問題意識のもと、ごみ調査をして解決策を検討したりしている。歴史を振り返ってみれば、反対運動の時代から運動側は自らの「よそ者性」への反省、自覚から、単に盛り場としての価値を守るだけでなく、周りの住環境のことを意識して、代替案の作成などを行ってきており（三浦 2016）、その姿勢が再

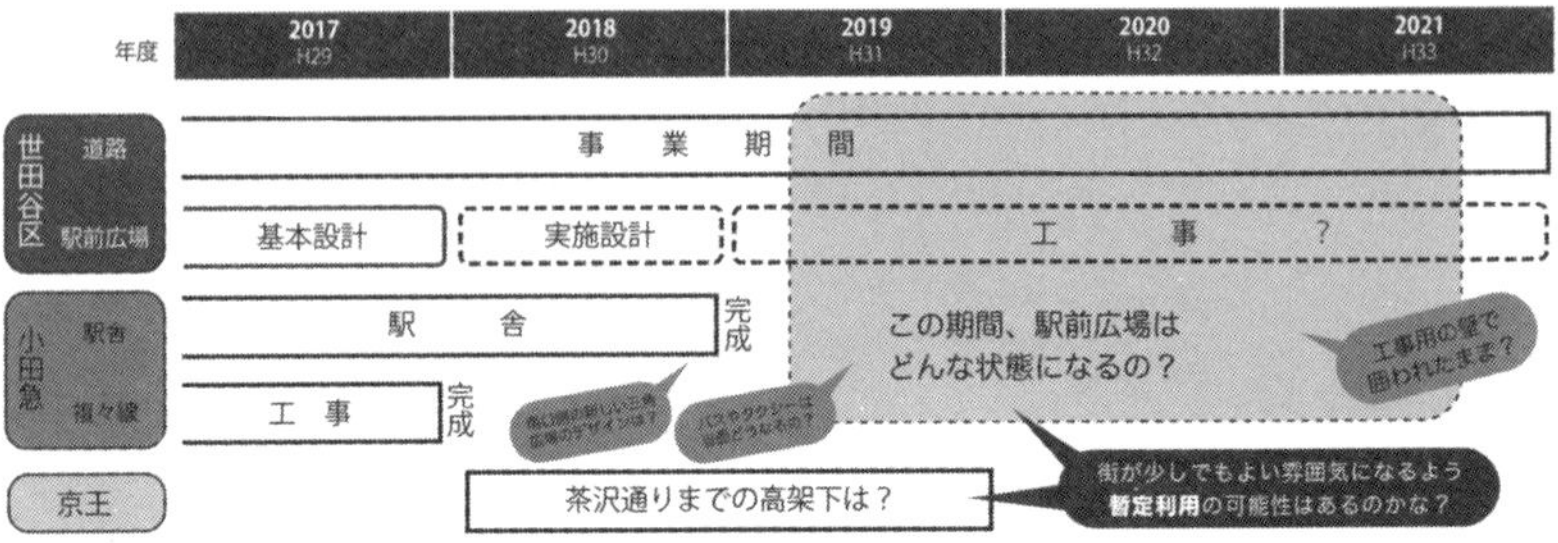

図3　下北駅広部会の問題提起
（出典：「シモキタテーブル　vol.1」（提供：下北駅広部会））

び顕在化しているものとして位置付けることが出来る。

そしてさらに重要なことは、議論の場に出てきていない住民、商業者、来街者のニーズを探り、捉えようとしている点である。そもそも、盛り場のような流動性の高い空間において、「どのような人々が関与して、どのようなニーズが存在するのか」ということは自明なことではない。その不可視化された人々やニーズを可視化すべく、調査をする部会が出てきており（「リサーチ部会」「ユニバーサルデザイン部会」など）、これまで以上に多様な人々の権益を念頭に置くようになってきている。

第三に、既存の制度の隙間を最大限に活用するという運動性が展開されている点である。制度的に決まっている空間の利用の仕方から少し踏み出るような利用を提言し、自分たちの責任のもと、活動を行う部会が出来ている。

その代表的な部会が下北駅広部会である。図3にもあるように、補助五四号線（一期工区）が完成していないという現状において、道路整備予定地と駅前広場が交通機能を持たない「空白」の空間としてスポンジのように街中に存在してしまうという問題がある。そこで、本来は道路として使われるはずの空間を、世田谷区や商店会に交渉して、人々の交流の空間として暫定的に作り変えるという試みがなされている。「下北沢 リンク・パーク」と名付けられたこの空間では、人々が腰かけることが出来るハコを設置したり、タピオカなどのゴミを捨てられるゴミ箱を設置したり、子供の遊び場として開放したりするなど、様々な街の課題の解決も目指されている（街には「座る場所がない」「タピオカのゴミが放置される」「子供の遊び場がない」という課題がある）。

リンク・パークの様子

北沢PR戦略会議という「場」の課題――自主管理に向けて

当然、北沢ＰＲ戦略会議という「場」をめぐって、多くの課題は残っている。

第一に、行政による北沢ＰＲ戦略会議の位置付けが明確ではないという点が挙げられる。特に部会の権限が明確でなく、跡地利用についての最終的な権限は行政や小田急電鉄にあるため、どれだけ部会内で熱心な議論がなされても、それらの議論が「聞き置かれる」可能性は残っている。そうであるが故に、運動側は自分たちでやれることはやり、時に区と交渉しては、制度内で活動できる範囲を広げていると言えるが、今後北沢ＰＲ戦略会議が活動の幅を広げていき、地域の既存集団（商店会や町内会など）と連携していった際に、行政がそうした地域のネットワークにどれだけ権限を与えていくことが出来るのかは行政の課題として残っているだろう。換言すれば、街のユーザーたちの自主管理について、今後行政はどう考えていくのかが問われてくるだろう。

第二に、空間のハード面について運動側がどれだけ要求を通すことが出来るのかという点である。現状としては主に空間のソフト面で創意工夫を図る活動が展開されているが、ハードのあり方によっては、その公共空間の利用のあり方が大きく枠づけられてしまう場合もあるため、問題があるハードについて部会は今後どう考えていくか、どう打開していくかという点が課題になってくるだろう[19]。

第三に、運動の中で、いかに利害の調整を行うのかという点を挙げることが出来る。既存の参加者の主張も多様であるのと同時に、潜在的なニーズも考慮しているために、来街者、住民、若者世代、高齢者世代、子育て世代、障碍者といった多様なカテゴリーのニーズの中で、どのニーズを優先するのか、対立が起きた場合にどう調整するのか、ということが今後大きな課題になることが予想される。多様な人々のニーズを共存させるような公共空間を要望する段階から、実際にそうした空間を作っていく段階に入ったことで、運動主体がプランナーの役割も一部担わなければならなくなってきたからこそ生まれる課題である。

これはかつてルフェーブルが鋭く予見していたプランナー（建築家）の課題と共振するものとして考えられるだろう。

建築家はとりわけすっきりとしない立場にある。建築家は一方で科学者として、技術者として、特定の枠内における生産者として、反復的なものを頼りにする。だが建築家は他方で、使用と「ユーザー」に敏感な創作意欲に富む芸術家として、差異的なものを頼りにする。建築家が位置する場は苦々しい矛盾の中であり、一方の極から他方の極へのかぎりなき往復運動なのである。（Lefebvre 1974＝2000: 567）

このような「往復運動」が出来るかどうかが今後の重要なカギとなるだろう。日本のまちづくりの文脈で言えば、かつて田村明が、様々な利害を「調整」する能力があるかどうかがまちづくりの成否を決定すると述べていたこととも重なってくる（田村 1984）。下北沢地域における都市社会運動は、その調整能力が問われる段階に来ている。

V まとめ

複雑な街路で構成された下北沢という街は、盛り場として発展していく過程で人・店舗の流動性が

19 こうしたハードの問題について部会が全く行動をしていないわけではない。詳述する紙幅はないが、シモキタ緑部会やシモキタの新たな公共空間を再考する部会が中心となって問題提起したことで、幾つかの点で問題を抱えていた立体緑道というハードの整備計画には現状としてストップがかかっている。

増すと共に、多様な文化が生み出され、それが街の魅力となっていた。また、ヒューマンスケールの歩行者主体の街であるが故に人と人との距離が近く様々な出会いが可能となる街でもあった。言わば、多様性が創造性を生み出す街であり、また、差異を持つ者同士が出会う街でもあり、街全体が「公共空間」としての性質を帯びていた。

まさに複雑なバレエのような動きと変化で構成されていたこの街にとって、街を分断する道路整備や広大な線路跡地における開発は街の秩序を大きく揺るがすものとして捉えられた。

しかし、流動性が高い空間の中では、「よそ者／非よそ者」の区別は相対的なものとなり、誰もが「よそ者性」を帯びるため、地権者以外の主体は「よそ者＝権利がない人たち」として排除されやすいという状況があった。また、自らを「権利のない人間」とみなして排除していく人も多かった。そうした困難な状況において生まれた反対運動は、街のあり方に対して発言する権利をあらゆる人に開いていくことを目指し、最も「よそ者」とされる傾向が強い「来街者」の権利を敢えて主張し続ける都市社会運動へと展開した。その背景には、街の「公共空間」としての発展に来街者が大きく寄与してきたという歴史を認識していたことが大きく影響していた。

その後、裁判闘争を通じて、街のあり方に対して発言する権利を公的に認められるという成果を得た運動は、現在は「公共空間」の維持、再編に向けた活動の段階に入っている。発言権を獲得するまでの長い歴史があったからこそ、単に一方的に発言するだけで終わりにするのではなく、実際に自分たちの理想を実現させるべく、オルタナティブな利用によって、道路や駅前広場などの空間を作り変えたり、街全体の多様なニーズを掘り起こし、共存させるための工夫を行ったりするなどの「我有化」が展開してきている。今後はそうした「我有化」の試みが、いかに既存の空間秩序を変えていくことが出来るのか、また、新たに作り出そうとする公共空間の秩序をいかに形成していくことが出来るのかが問われてくるだろう。

多くの都市で潜在化しつつある公共空間の価値を再認識し、顕在化させるべく動き始めた下北沢地域の都市社会運動の動向は、今後の都市社会の可能性や課題を示す重要な指針となっていくだろう。

参考文献

Bauman, Z., 2005, *Liquid Life*, Polity Press.（＝二〇〇八、長谷川啓介訳『リキッド・ライフ――現代における生の諸相』大月書店）

Castells, M., 1983, *The City and the Grassroots*, E. Arnold.（＝一九九七、石川淳志監訳『都市とグラスルーツ』法政大学出版局）

de Certeau, Michel, 1980, *L'Invention du Quotidien. Vol. 1, Arts de Faire*, Gallimard.（＝一九八七、山田登世子訳『日常的実践のポイエティーク』国文社）

木村正人、二〇一九、「〈共〉の私有化と抵抗――渋谷におけるジェントリフィケーション過程と野宿者運動」『空間・社会・地理思想』二二：一三九―一五六

Lefebvre, H., 1968, *Le Droit à la ville*, Paris: Economica.（＝二〇一一、森本和夫訳『都市への権利』筑摩書房）

Lefebvre, H., 1974, *La Production de l'espace*, Paris: Anthropos.（＝二〇〇〇、斎藤日出治訳『空間の生産』青木書店）

Low, S. and Smith, N. (eds)., 2006, *The Politics of Public Space*, Routledge.

松原治郎・似田貝香門、一九七六、『住民運動の論理――運動の展開過程・課題と展望』学陽書房

Mitchell and Staeheli, 2006, "Clean and safe? Property redevelopment, public space, and homelessness in downtown San Diego," in Low, S. and Smith, N.(eds)., *The Politics of Public Space*, Routledge: 143-176.

Mitchell, D., 2003, *The Right to the City: Social Justice and the Fight for Public Space*, The Guilford Press.

三浦展、二〇一四、『新東京風景論――箱化する都市、衰退する街』ＮＨＫブックス

三浦倫平、二〇一六、『共生の都市社会学――下北沢再開発問題の中で考える』新曜社

塩原勉、一九七六、『組織と運動の理論』新曜社

園部雅久、二〇一四、『再魔術化する都市の社会学――空間概念・公共性・消費主義』ミネルヴァ書房

田村明、一九八四、『都市の個性とはなにか――都市美とアーバンデザイン』岩波書店

若林幹夫編、二〇一三、『モール化する都市と社会――巨大商業施設論』ＮＴＴ出版

東京の現在を語る——均質化批判を超えて

田中大介　天内大樹　中島直人　司会＝三浦倫平・武岡暢

たなかだいすけ　日本女子大学准教授。専門は社会学（都市論、モビリティ論）。一九七八年、大阪府生まれ。慶應義塾大学文学部卒、筑波大学大学院人文社会科学研究科修了。近現代都市の公共交通、消費文化、情報環境に関する近代的構造、歴史的展開、現代的様相を社会学的に研究。編著『ネットワークシティ』（北樹出版）、共著『モール化する都市と社会　巨大商業施設論』（ＮＴＴ出版）など。

あまないだいき　静岡文化芸術大学准教授（デザイン論、デザイン史）。専門は美学芸術学／建築思想史。一九八〇年、東京都生まれ。東京大学文学部卒、同大学院人文社会系研究科修了。博士（文学）。日本学術振興会特別研究員、東京理科大学工学部第二部ＰＤ研究員などを経て現職。共著に『叢書アレテイア13　批評理論と社会理論１：アイステーシス』（御茶の水書房）、『博覧会絵はがきとその時代』（青弓社）など。

なかじまなおと　東京大学准教授。専門は都市計画。一九七六年、東京都生まれ。東京大学工学部都市工学科卒、同大学院修士課程修了。博士（工学）。東京大学助手・助教、慶應義塾大学専任講師・准教授を経て現職。著書に『都市計画の思想と場所　日本近現代都市計画史ノート』、『都市美運動　シヴィックアートの都市計画史』（東京大学出版会）など。

評論を無意味にしてしまう渋谷再開発

——東京ではオリンピック開催をひとつの契機として、都市空間の変容が起きています。激変する渋谷などを中心として、都市空間の再編が進んでいます。東京オリンピックが終わったあと、二〇二〇年以降の都市空間を含めた日本社会の行方について、不安を抱いている人もいるのではないでしょうか。

武岡　研究は変化というものを所与として捉えて、価値中立的に記述や分析をおこなっているんですけども、とはいえ、「じゃあ歌舞伎町がどうなったらいいと思ってるんだ」ということを街の人から率直に投げかけられたりする時、ぐっと言葉につまってしまうというところもあって、自分の中でも、それを考える軸みたいなものに思いを馳せることがあります。

三浦　中島先生が、都市計画史で都市はどのようなものであったのかということと同時に、都市がどうあるべきだったのかということも、分析しているとお話されていましたけれども（『都市の変化』を論じるということ」参照）、そういう時に、ある種の価値判断的な面が関わってくるのではないかと思います。

中島　都市計画には構想と計画があって、その背景には時代の価値観があります。都市のあるべき姿についての考え方というのは、例えば、「ヒューマンなスケール」のように時代を超えた普遍的なものもあるのですが、それに加えて、その時代その時代の社会での課題との関係の中で決まってくるものがある。例えば、日本橋の高速道路について言えば、もちろん一九六四年のオリンピックに間に合わさなければいけないということもあったけれども、何よりも当時の交通渋滞という大きな社会的な課題があり、通過交通は高速道路に乗ってもらうという社会的な合意があって、出来たものなんですよね。そして、ある時代の価値観で造られたものが、次の時代に移ったからといって簡単には壊せないというか、残り続けるんです。それでいろいろなギャップが生じる。そこが普通のプロダクトとは違うところで、自動車とかパソコンとかだったら時代が変われば買い替えればいいんですが、都市はそれが非常に難しい。従って、そこをどう作り変えるかとか使い方を変えるかというところが、われわれの介入ということになる。もちろん、将来の変化を見据えて作ったりもするけど、やはり限界があります。渋谷はそれが限界にきていて、ちょっとした使い方を変えるというのでは難しくて、東急が全部作り変えましょうということで、やっていますよね。池袋は、新しい区役所はボンと造りましたが、例えば南池袋公園はかつてオフィス街の中のやや閑散とした都市公園でしたが、それを大胆に作り変えることを選択した。さらに近隣で続けて公園の再生をおこなっていて、それらを連鎖させようとしています。池袋の都市再生は上手くストックを活かしながら面的に広げていっていて、文脈的で持続的な変化が起きているように感じる。渋谷は「かつての渋谷はなくなるんじゃないか」くらいの心配も各所から聞こえてきます。

武岡　無責任なアジテーションになってしまうかもしれないですけど、渋谷みたいなところでそういうドラスティックな変化がある時に、計画的なものの重要性というか、正確さ、ある種の正しさみたいなものが問われる部分が出てくるんじゃないかと思うんですけども。技術的に専門的な職能をお持ちで、計画者として携わることが可能なお立場で、渋谷の再開発に関して何か……。一般論として、こういうことが望ましいんじゃないか、ということでもいいかもしれないですけども。

中島　過去の経験から一般論として言うと、時代を経ながら、いろいろな変化がいろいろなところで小さい単位で変化している分には、時代に対応できるわけですけど、ある時期に一気にひとつ、大規模にバンとやると、一気に全部が再生はするかもしれないですけど、一気に全部がダメになる、という教訓があります。今回、渋谷は変化の単位が非常に大きいですよね。そういう意味で、長期的な視点で見た時に、ある種のリダンダンシーとか、そういうものを欠いてしまう可能性があります。ただ、実際には、将来にわたって上手く変化を受け止めるような作り方とか、技術レベルでいろいろなことを相当考えて、渋谷はやっていると思います。渋谷は東急という大きな資本が駅付近の土地をかなり持っているという構造が根底にありますね。それが池袋になると、「どこかの（企業の）街だ」ということがないわけですよね。大規模な土地持ちがあまりいないから、結果として、公共空間から変えていって、という戦略になる。それぞれの土地、それぞれの街の基本的な性格や構造が違うので、風景の変化の仕方もまた違う。それぞれに合ったやり方があります。

天内　オーナーはやっぱりどうしようもなく強いですね。土地を持っている人に集まってくるノウハウがあって、不動産オーナー達がやろうと思えば、いろいろ出来てしまう。国がオーナーであれば千駄ヶ谷をガッと変えてしまうし、都がオーナーであれば、やり損なっているけれども、お台場を東京にドラスティックな変化を加えるための起爆剤にしかけた。今、編集の方がおっしゃった「オリンピックのあとが怖い」というのは、基本的には経済的なことじゃないかと思うんですけど、ダメージを食らうのもオーナーだろうなと思うんです。

中島　そうですね。

天内　一方で、じゃあ、それで都市が滅んでいくのかというと、そんなこともないんじゃないか、という気もします。例えば一九五〇年代に、防災建築街区が駅前にコンクリートの建築を並べて、それで風景はすごく変わった。彼らはそこに誇りを持っていたけど、駅前の経済的なパワーがシュリンクした時に、建物を潰して再開発をやることもあれば、今も大切に使い続けて、順繰り順繰りテナントが替わっていくような――静岡駅前ってそうなんですけど――ところもある。たくましいところはたくましいっていう気はするんです。いかに匿名的であれ、人がそこに住んでいるのは確かなので。何らかの畑の養分みたいなものがあると思うんですよね。

田中　渋谷で言うと、東京や日本の都市は鉄道資本が街を作ってきたという部分が強くあって、そういう意味ではそれが変わっていないと言えば変わっていないんでしょう。渋谷で言うと、一九八〇年代から西武がスピンアウトしたような形でパルコがまちづくりをしていく。西武側にかなり引っ張られて西側に拡張していたわけですけど、二〇〇〇年代以降東急の逆襲というか、自分達が路線のハブのひとつになっていたことを上手く活用して再開発していく。現在の東急の再開発は駅を中心にかなり南側に引っ張って、動線を南北に引っ張っていくような形の計画のようです。渋谷ストリームももとは線路というか高架のあった部分を商業施設やオフィスにしていくものです。スクランブルスクエアっていう形で建物をコンセプト化してますけど、[1] スクランブル交差点が社会現象として、言説として浮かび上がってくるのは九〇年代後半ぐらいで、それ以前は、スクランブル交差点があるのは知ってるけど、そんなに言われなかった。そういう意味では、スクランブル交差点が観光地になるっていうことには、そこに住んでる人達や商売をしている人よりもそこに来る来街者達が「ここここそが渋谷だよね、東京だよね」っていうような形で象徴的な価値を持つようになってきたものを、東急の側が掬い上げて「スクランブル」という形でコンセプト化している。しかも鉄道資本がやっているので、「シモキタエキウエ」と同じように上手く、人の流れを吸収しようとする中で、渋谷を開発してるんだなっていうのが僕にとって印象的です。それから、内藤廣さんの渋谷駅周辺の再開発のコンセプトの中に「アーバンコア」[2]というのがありますが、あれ、要するにエスカレーターとそれらが作る吹き抜けですよね。大きなビルを建てて、地下を掘って、中心になるのが縦の動線としてのエスカレーターっていうのもなんか、今っぽくて、

1　渋谷スクランブルスクエア。二〇二〇年一月にオープン。

僕にとっては面白い。西武がカルチャーみたいなもので引っ張ろうとしたのと違っていて、モビリティを中心にしているというのは、身も蓋もないけれど、人の流れとモノで作っている感じは面白いな、と。

三浦　東急は開発が上手いというような言説がある印象なんですけど、それは土地の文脈と結び付けた形で開発をやっている部分があるからなのかな、とも思ったのですが。

田中　それも、おっしゃる通りだと思うんですけど、スクランブル交差点なんてどこにでもあるわけですよね、基本的には。だけど、「渋谷のスクランブル交差点」っていうような……。

中島　まあ、あの規模のはないですよね。

田中　ないですけど、施設としてはどこにでもある。109の前も、神南の方だってスクランブル交差点だし、というような形で、どこにでもあるような施設を特別なものとしてアピールするっていうか、特別な場所として捉えられるようになってきたのを上手く流用したというのが、何か面白いなっていう気はするんですけどね。先ほどの話から繋げるならば、ただ交差点を渡っている大量の通行人の動きをスペクタクルとして吸い上げてコンテクストのある空間にしている。

天内　ハチ公前だけが特権化した理由にはQFRONTの存在もあります。都市の変容はどのようなタイムスパンで観察できるかという問いに対して、僕は今や「秒で変わる」と思っていて、建築物や広告看板から広告幕やアドバルーンといった仮設的なものになり、今や、バスや電車も、ラッピングで、週替わりで色を変えられますよね。プロジェクションマッピングだと、ビジョンがなくても、壁面にさえ変化をもたらして、瞬間瞬間で風景を変えられる。それを、引きのある交差点の空間でボンと建物にしたのが、東急の、あの交差点で具体化された演出だと思うんです。

中島　渋谷の駅前の風景からビルを全部消して、ビジョンと看板だけ示しても、みんなそれが渋谷だと分かるんですね。みんなが何を見てるのかがよく分かる。そういう意味では、渋谷ストリームも上手いんですよね。都市計画や建築の卒業設計で、渋谷川はずっと定番でした。十年くらい前まで、渋谷川のあそこの場所で、たくさんの学生がああいう変化を夢見てたんですけど、それが出来ちゃった、みたいな感じがあります。[3] 東急東横線の跡地であれが出来たということは、マーケットが、昔のように、暴力的に文脈を消し去るという話ではなくて、かなり上手く、文脈を読み込みながらやっていると感じます。逆に、あの都市空間に違和感を持ったとした時に、論理的に、どういう風に言説をつむげばいいかというのは、結構難しいところもある。一方で、宮下公園のナイキパーク化が議論を呼びましたが、ブランディングアーバニズムの話は社会学的な対象ですよね。渋谷は公共空間についてもいろいろ提起しているから、その変化が今、いい意味で注目されているんですよね。渋谷は、現実の方が議論よりも先に行っているという感じで。それをどう評価するかとか、評論するかというのが無意味に思えるような状況があるんじゃないですかね。パルコぐらいまでならなんとなく、評価や評論というのがあったような気がするけど、この動きを論じるのはなかなか、難しい……。

2　「エレベーターやエスカレーターにより多層な都市基盤を上下に結び、地下やデッキから地上に人々を誘導する、街に開かれた縦軸空間」のこと。（「東急電鉄渋谷再開発情報サイト」 https://www.tokyu.co.jp/shibuya-redevelopment/shibuya/#anchor01 ［二〇二〇年二月六日取得］）

3　旧東急東横線ホームや線路跡地などを利用した複合商業施設、渋谷ストリームが二〇一八年九月にオープン。渋谷川上空に広場を設け、渋谷川の水の流れを、清流復活水を使った「壁泉」によって再生している。

天内　東急って、遊園地も球団も持ったことはあるけど、拠点と言えるような場所ってあまりないんですよね。西武は逆に、西武園や球場を持ち続け、拠点も一度所沢に置いていたので、拠点に文化を集めるというのをやって、創業者から手放されたあとの継続性が今問われているのかもしれないですけど、東急は最初からネットワークの会社で、都合が悪いと思ったら、目蒲線が分割されたように線路組み替えるわけですよね。渋谷でもまさに街そのものをネットワークとして考えている。自分達はテナントで儲けられるので、上手く交通動線を組めば渋谷は回るでしょう、くらいな感覚なのかもしれないですよね。

田中　そうですよね。そういう意味では、JRも高輪ゲートウェイ新設の話がありますけど、鉄道資本なので、線路沿いに高層ビルをバババババッと建ててっていうのも、オーナーが大きければ大きいほど、大きな変化を、丁寧にもやるけども強引に発揮できるという例なのかな、と。で、「ゲートウェイ」でみんな唖然としたけど、でも、「それでいく」みたいな(笑)。

中島　その対極が銀座的なもので、銀座ももちろん大規模な銀座シックスの開発などを経験してきましたが、基本的には小さな土地割り単位での開発なんですよね、ほとんどが。その上で、地域で議論を重ねて、建物の高さ制限を地区計画で導入し、超高層開発路線とは完全に一線を画したのです。

田中　二〇〇〇年代以降に銀座がドラッグストアとかユニクロとかを入れる時、商店会の人達はどういう動きをしたんですか。

中島　そもそも「銀座はいろいろなものを受け入れてきた」という歴史があります。しかし「銀座フィルター」という話があって、「受け入れても銀座に合わないものは淘汰される」のです。だから、ユニクロが入ってくる時に止めるという風にはしないで、入ってきたあとで、どうするか。で、ユニクロが定着したのは、「ユニクロが銀座のある種の文脈を尊重しながら、商売に関しては一流だ。モノの値段じゃないんだ」「新しいことを開発してやっているある種の一流企業で、ちゃんと銀座に合ったんだ」というような受け止め方があると聞きました。一方で、銀座にかつて、吉本興業が運営する劇場が入ったんですよね。でも四、五年で撤退しました。それはやはり銀座に合わなかったということなので、マーケティング分野では当たり前かもしれませんが、そういうフィルターみたいなものがあるから大丈夫だという話でした。

田中　お手並み拝見、みたいな感じなんですね。

中島　銀座は「革新こそが伝統」という考えのもと、どんどんいろいろなものを受け入れて、変化させてきました。残ったものは銀座の価値に組み込まれていく、そういう構造があります。だから、ユニクロのことはあまり悪く言ってないですね、銀座の人達は。たまたま現場の店長さんがちゃんとした人で、ちゃんとコミュニケーションを取ったとか、そういうレベルのこともすごく大事だと思うんですけど。

天内　地権者がプレイヤーに勝手にやらせているという点では、吉祥寺もそうかもしれないですね。お寺が用水路に垂直な分割で土地を持っていて、再開発ビルであろうが、伊勢丹が入っていたF&Fビルであろうが、ハモニカ横丁みたいなところであろうが、お金を払ってくれればとりあえず大丈夫という感じのところがある。もし下北沢みたいなことが起こったら話は別ですが、お寺が持っている土地で、街の方向性はそんなに狂わないいんじゃないかな、っていう気がします。

均質化批判を再考する

三浦　開発する側もしたたかで、既存の文脈の活用を上手くやった上で開発プランを立てているので、印象としては、渋谷の開発を巡っては宮下公園以外は、今特に、目立った反対運動はないように思います。今の都市空間に対してそう批判的になる必要はないかもしれませんが、一方で今は何かしらの問題提起をするような言説をなかなか紡ぎだせていない状況になっているのではないかという問題意識があります。若林（幹夫）先生達がショッピングモール化の議論で三浦展を批判する時に、ショッピングモール的なものが均質化をもたらしているんじゃなくて、社会そのものが均質化しているから都市空間が均質化するのだ、とおっしゃっていたと思います。[4]今、渋谷や池袋で駅を中心に鉄道資本が、ある種のショッピングモールみたいな商業施設を駅のところに持ってきて開発を進めるというようなやり方が出てきていて、みんな便利だから使うしそんなに問題はないとも言えますが、そういうシステム的な均質化が何をもたらしているのかということは、あらためて考えていくべき論点であるように思います。モノと人との関係性から考えてみると、どういう変化をもたらしているのでしょうか。

田中　三浦展のファスト風土論に対する批判をした、というのはその通りです。「商店街をショッピングモールとかコンビニが駆逐してしまう」という話に対して、「商店街って、昔そんなに魅力的だったっけ？」と。地権者とかオーナーが節税対策で店を維持しているような状態だと魅力的でもないから、コンビニにも流れるしショッピングモールにも流れる。モータリゼーションという流れもあるんでしょうけど、人はそういうところでそこそこ快適に過ごしている、っていうような線で、ファスト風土論批判をある程度やったというところがあります。ただ、ある研究者に揶揄されたんですけど、「それは、デニーズとロイヤルホストの味がちょっと違うぐらいの違いでしょ」と。そこにこだわって「そこに都市がある」って言った時に、「それは本当に魅力的な都市なの？」みたいなところも批判される部分があるし、難しいところなんですけど。

ただ、上手く話を展開できるか分からないんですけど、アーバニズムっていう文脈で言うと、都心とか郊外のコンビニで大量の外国人が働いているって意味では、コンビニとかショッピングモールみたいなフラットな空間が、日本社会においてかつて異質とされていた人達を、「移民的労働力」としてかなり流入させている。そうした時に、さっき天内さんがおっしゃったように、コミュニティとかコモンズとかっていう風に主張すればするほど排他的になってしまうという部分があるとしたら（『都市の変化』を論じるということ」参照）、コンビニとかショッピングモールは、誰でも一応、金持ってたら、あるいは、金持ってなくても出入りできるようなフラットな空間みたいなものになっている。周辺的な労働力として、かもしれないんですけども、均質な空間が多様性を皮肉なことに生んでしまうっていう部分もあるんじゃないかという気はします。

三浦 ショッピングモールは公共空間なのか、という議論に関わってくるのではないかと思います。本当に誰にでも開かれていて、本当に自由な行動が可能になっているのかっていうところがポイントになってくる。

4 若林幹夫編著『モール化する都市と社会——巨大商業施設論』ＮＴＴ出版、二〇一三年

田中　ショッピングモールでデモをやったらすぐに排除されるという。

天内　もともと、縦の百貨店を横にしたら商店街になるというのが基本的なスタンスだったと思います。百貨店だって地元の人達がお金を出し合って作ったものかもしれない。呉服屋から出発した百貨店や鉄道の百貨店はまた別ですけど。結構、地元に根付いていた百貨店というのもあったはずが、経済的な事情ですがなくなっていって、人々がそこで失ったと思うものは愛着などの人文学的な価値を指していると思うんですよね。それがこの先どう担保できるかというと、ローカルルールがどんどんユニバーサルルールに侵蝕される中で、「あの人が商店街のドンだ」みたいな話は今、出来ないわけですよね。特定のイオンモールのドンなんていないわけですよ。ユニバーサルルールに基づいているから外国人をショックアブソーバーみたいな感じで受け入れられることもあるでしょう。そういう、ローカルルールなき世界、ローカルルールを排除するような世界で何が愛着なのか。私達のプライド、私達らしさっていうのは、ローカルルールのない中でどういう風に維持できるかっていうところが、結構難しいって思うんですよね。

田中　ショッピングモールもコンビニも、基本的には古くなれないっていうか、常に新しくなければいけない。そうすると、歴史的な蓄積みたいなものは……「味があるコンビニ」ってのは、なかなか企業としてはやりにくい。都市景観になじむような京都のセブン‐イレブンとかはあるかもしれないけど、味があるコンビニかっていうとちょっと違う。そういう意味では、時間的な蓄積というものを愛着に変えるような仕掛けが、多分、あるコンビニをずっと利用し続けてきた事実とか、そういうような感じになっちゃうのかなと。歴史とアイデンティティっていうような形で話をするとしたら、時間の感覚の違いっていうようなことが、かなりあるのかなっていう気がします。

武岡　古いものに愛着を覚えるということ自体が、人類にとって別に普遍的なことではないわけですよね。例えば、日本でも大阪で工場がボンボン建って、黒い煤煙が上がっているのを、発展の象徴として愛玩していた時期があったと思うんですけども、それは古いから愛着を持たれていたわけではなくて、ある種の希望みたいなものと重ね合わされて、愛着を持たれていた。そういう意味では、古いものに愛着を持とうとするということ自体が、社会的に構成されている。しかも、ポスト開発主義的なメンタリティを反映しているのかなっていう気がするんですよね。そのことが悪いっていうことではないんですけども、そのことすらやはり、所与のものとしては、なかなか受け入れられないっていうような。で、古いものに愛着を持つメンタリティっていうのは、ある種の観光主義みたいなものと非常に共振もしやすい。上手く東急が動いてあげれば、非常に商業主義的に成功する。そこのあたりは例えば社会学者のズーキンが、オーセンティシティっていうものには両義的な側面があるという風に論じていたところだと思うんですけど。[6]

田中　デヴィッド・ハーヴェイが言うのは、都市の個性とか魅力みたいなものを、都市のブランディング競争の中でマーケットが上手く利用するようになったっていうこと。あと、地元の人達が、かなり排

5　新雅史『商店街はなぜ滅びるのか——社会・政治・経済史から探る再生の道』（光文社、二〇一二年）他。

6　シャロン・ズーキン『都市はなぜ魂を失ったか——ジェイコブズ後のニューヨーク論』内田奈芳美・真野洋介訳、講談社、二〇一三年（原書二〇一〇年）

外的に、排他的にそれを利用するようになって、都市の魅力、魅力って言えば言うほど、マーケットに利益をすーっと吸われるということ。あと、排他的なローカリズムに吸われてしまうっていうような副作用もあって、そういう議論は、二〇〇〇年代前後からかなり、社会学でも地理学でもおこなわれていたかなって気はするんですけども。

天内　愛着という中に、古いものだけではなくて新しいものも含めてもいいのかもしれないですね。ビルバオ・グッゲンハイム美術館であるとか、金沢の21世紀美術館とか……。美術館のグローバル化という問題も別にあるんですけれども。

武岡　シドニー・オペラハウスでも……。

天内　いいですね。新しく出来たものが、ある種、アイデンティティを偽造してしまう。エッフェル塔だってそうだったかもしれません。

武岡　偽造と言えば偽造かもしれないですけども、常にアイデンティティは構築されるものだという風にも言えるかもしれない。

ブランディングは歴史より文化

武岡　皆さんが三人とも文章の上で言及されているものに東京駅があって。あれも非常に面白い事例だという風に思うんですけども。

天内　丸の内がすごく変容したのは確かですよね。まさに地権者が長期計画で、街に違う魅力を加えようということで、オフィス街だけじゃなくて、ショッピングにも使える街を作り始めたところから、あの駅の正面が活き始めていると思います。

中島 小泉内閣の時に都市再生特別措置法が出来て、とりわけ東京の都心部で一気に再開発プロジェクトが動き出したんですね。要するに容積の緩和がすごく楽になった。そのスキームの下で、多くの街が変わっていった。経済浮揚策として都市計画が使われるようになったのがその時期なんですよね。丸の内はその力を上手く利用したわけですが、その次の段階が東京駅だったり、三菱一号館[7]だったわけですよね。容積を積む条件として、東京駅の保存があったわけですけど。彼らのブランディングの要点は歴史というよりも文化ですよ。「文化が欲しい」という、そのことだと思うんですよね。三菱一号館は、開発と文化との、資本と文化との関係を象徴している、という風に思うんですよね。

天内 文化施設があることで、容積率の緩和を受けたということですか。

中島 三菱一号館の場合は、歴史的建造物として認定されているわけではないので、直接的な容積の割り増しというよりは、文化施設による街の完全なブランディングですよね。美術館ですから、客層が少しずつ変わって美術館に来る人達が来る。そういう戦略があるんだ、ということかと思います。

田中 東京駅が面白いのは、まず、戦前のを復原するという形を取っているところです。戦前、今回復

7 一八九四年に竣工。ジョサイア・コンドルによって設計された、クイーン・アン様式を用いた赤煉瓦造りのビルディング。三菱が丸の内に建設した最初の洋風事務所建築だった。一九六八年、オフィス需要の増加、建物老朽化などの理由によりこれを解体。二〇〇九年、コンドルの設計を忠実に再現する形で復元。

原された駅舎を使っていたのは二十年間くらいですか。

天内　一九一四年から一九四五年までなので、三十年間ですね。

田中　でも戦後のは五十年以上使ってる。そうすると、使った実績から言ったら、みんな戦後のものの方が愛着があるはずなんだけど、でも戦前のを復原するというのは「歴史じゃなくて文化だ」という風に言われると腑に落ちるな、という感じもあって。ブランディングなんだなと。

　東京駅は、皇居と行幸通りで繋いで帰還兵がそこを凱旋するという、ある種、ページェントの空間だったわけです。そういう意味では、作られた伝統ですが天皇制を敬うような、ベンヤミン的には礼拝価値の空間なんだけど、東京駅に行って「天皇制、素晴らしい」って思える人は今はそんなにいないんじゃないかという感じもしていて。はとバスが停まって観光客がガンガン来て、みたいなことになっている。礼拝的な価値から展示的な価値に移行するというのが、観光とかブランディングっていう文脈の中でかなりあからさまに出てるというのが面白い空間なのかな、と。それもひとつの変化だし、「五十年間使用した」という戦後東京駅の使用価値よりも、ブランディングという交換価値の方が重視されるという典型的な例なのかなという感じもしました。あと、東京駅を高層化するというプロジェクトは戦後十年おきくらいに起きてて、技術的問題もあったようですが、いつもやっぱり駄目で。でも、改築じゃなくて復原だと、今、中島さんがおっしゃった景気浮揚策のところでアリになるというのが……容積率とか空の部分を売ることによってその資金を獲得したという話もありますけど、「改築は駄目だけど復原ならいい」っていう風になる、ブランディングっていうものが二〇〇〇年前後に持った、都市を作る時の力の強さというものが感じ取れる事例だという気がします。

天内　コンクリート建築の技術が入ってきた時に、辰野金吾が迷いに迷ってドロドロしたコンクリートじゃなくて、煉瓦を鉄の箍で締めるという決断をして、その結果東京駅は残ったんだ、というのが僕の議論なんです。つまり、赤煉瓦なので東京駅は生き残ったけれど、コンクリートなので東京中央郵便局はほぼ潰された。

最近の東京駅の変貌で僕が注目しているのは、実は広場なんですよね。交通広場だったところをどかして、真ん中に芝生を植えて、まだ何に使うのかもよく分からないんですけど、それが行幸通りに直結している。東京マラソンとかで、もしかしたら何か脚光を浴びるようなことがあるかもしれないんですが。もしかしたらあそこで、「天皇就任何十周年」とかをやるのか、あるいは、今だって、大使が外国から来るとあそこから出発して馬車で皇居に行きますよね。だから馬車自体がある種見世物になっているし、真ん中の入口が皇室専用だということもみんな知っててあそこの広場に集まっている。だから、展示価値ではあるんだけど、礼拝価値も多少帯びてるのかなっていう気もするんですよ。JRがどういうつもりなのかというのは、まだこれから見ていきたいところですね。

中島　われわれは大学のスタジオで駅前広場の調査をしていて、去年、東京駅の駅前広場をやりましたけど、行動としては、まず写真を撮っている人が多いんですよね。何割ぐらいだったかな、かなりの人達がまさにあそこの広場から、あそこの記念写真を撮る。それだけじゃなくて、外国人のための、インバウンドのための空間になっているんですが、あそこで踊ったりとか、いろいろな行動が見られました。舞台性があるらしくて、そこにわざわざ歌いにくるとか、そういうような空間として使われていたりとかして。厳かな何もしない広場でもなくて、活動を誘起している感じはしましたね。でも空間としては、行幸通り自体も整備し直したので、そういう意味では本当に軸が復活したというか。駅というよりも軸の復活の方が都市構造的には強くて。丸の内は皇室の力を借りてるとは言わないけれども、他の街では絶対あり得ないものがあの街にはあるっていうことがよく分かる。東京駅はブランディングというよりも、歴史的、芸術的な価値がもともと認められている建物なので、復原は他にも選択肢があったにせよ、自然な流れでした。一方で三菱一号館は、ジョサイア・コンドルの設計した建物で、日本で最初のオフィスビルでもあり、建築史的な価値は確かにあるものですが、取り壊されてから半世紀近く経過していて、特に復元をしなくてはいけない理由やタイミングがあったわけではなかった。それが、三菱的な物語を作り上げる際に必要になった。東京駅とはかなり意味が違う。「復原」と「復元」の違いもあります。東京駅はオーセンティシティをしっかりと守って、もともとあったものを復原している。（三菱）一号館の方は、新しい建物なんですよね。レプリカです。

天内　コンドルが初めて作ったオフィスビルを、いったん潰した人達が、オフィスビルとして忠実に新しく造って、それを美術館として使う。（三菱一号館は）キメラみたいな建物だと思うんですよね。

中島　ただ面白いのは、来訪者はそういう経緯は分からないから、今では、すでに（三菱）一号館は、百年以上そこに建ち続けている建物だという風に見られていますよね。ところで、（三菱）一号館を復元するために、本物の歴史的建造物であった（丸の内）八重洲ビル[8]が壊されたことの方が問題だと思っています。八重洲ビルはポルティコの一部だけ残して、消えたわけです。そういう歴史の選択性は、本物の芸術的価値とか、歴史的価値とは全然関係のないところで、決まっていく。文化、ストーリーが大事で、とりあえず八重洲ビルはストーリーに乗らなかったと思うんですよね、三菱の全体の大きなストーリーに。

武岡　その物語も最終的にはプロフィタビリティに繋がっている。伝統化される過去の取捨選択の際にはプロフィタビリティが基準になるっていう。

中島　もちろん、そういうことだと思いますよ。単純に古いものが残っているって言っても、それに繋がらなければ、絶対にやれないわけですよね。

ベイエリアの未来？

中島　皆さんに聞きたいのは、今、「東京ベイエリアビジョン」策定のお手伝いをやってるんですが、これがなかなか難しい仕事です。オリンピック後だけじゃなくて「二〇四〇」を目指しての東京臨海、ベイエリアのビジョンです。いちばんの中心はやはりお台場。まだかなり都の土地が売れ残っていて、二〇四〇年に向けてどういう街にしていこうかという時に、「とにかく稼ぐ都市にしてほしい」みたいなことが基本的には要求としてあるわけです。が、ベイエリアを社会学とか美学とかいろいろな視点で見た時に、どう捉えるか。われわれから見ると、未完成だけど古くなっちゃったというスタイルの街なんです。

8　一九二八年に竣工。小松石の粗石積みによる三層の基壇と尖塔が特徴的なビルディングだった。三菱一号館に隣接するこのビルは二〇〇六年に解体される。三菱商事ビル、古河ビルも同時期に解体され、これらの跡地には、二〇〇九年、丸の内パークビルディングが竣工、三菱一号館が復元された。

天内　横浜のみなとみらいだったら、造船所などのアイデンティティが少しはあるんですよね。みなとみらいも空いているところはいっぱいありますけど。

田中　結局お台場は、箱と箱の隙間の大通りで出来上がっています。基本的には路面店がない街で、路地と言える路地もない。そうすると、やたら、だだっ広い空間に空が広くて、誰も拒否していないんだけど、でも、自分の居場所があるわけでもない。広すぎて、どこにいたらいいんだろうっていうような感じがあって。だけど面白いのは、都市計画的な構想とはまったく関係なく、今は、夢の大橋でしたっけ、あそこがコスプレの聖地になっていたり、何度もフィールドワークをしてると、あそこの会議室とかが、アイドルとか韓流スターとかアーティストとかの握手会で、要するにイベント会場として融通無碍に使われている。情報化社会で情報ツールを通じて、同じ趣味を持ってる人達が実際にどこで集まろうかと考えた時に、ある意味では、やっぱり便利な箱らしいんですね。勝手に集まってもいいですし、空いてるビルを貸してもらえるっていう。そういう風に大量の人達が使って繋がっていて、コンベンションセンターとかが典型的なところですけど、あの茫漠とした箱と空き地の空間というのが、ある意味で人が集まれる場所として、そういうイベント会場的な利用のされ方をしている。だけど、それだけだと収益は出し切れない。しかもそれを街と言っていいのか。路地でもない、箱と隙間の空間を街と言っていいのかっていうのはちょっと微妙なところなんですけども。

天内　かつてサーカス小屋が建っていたような隙間の土地が、東京の中にはもはやなくなって、あらかじめ箱と隙間が設定されたお台場でＴＩＦ（ＴＯＫＹＯ　ＩＤＯＬ　ＦＥＳＴＩＶＡＬ）とかいろいろやっているということですよね。

田中　これは吉見（俊哉）先生の議論[9]とも関わると思うんですけど、かつての都市空間の盛り場的な場所であれば路地があって、あるいは、歌舞伎座じゃないですけど、ある一定の演目が、あるいはジャンルが演出されるような、そういうコンテクストのある文化が上演される。お台場って、さまざまなイベントをわーっと集めて、はい解散、みたいなイベント空間。そもそも世界都市博[10]はイベントだったわけなので、そういう情報化社会のイベント空間としての都市っていうものを、表しているような感じがします。

中島　そうですね、そういうコンセプトで作ってきて、それがこのあと、それで生きていけるのか、というところが問題意識になります。

田中　イベントが文化を作るかっていうと、そこは非常に両義的な部分があるかな、と。

武岡　そして今儲かっていないからこそ、そういうさまざまなサブカルチャーを入れているわけで。

中島　そういう意味では、そうなんですよね。今の使い方としては、それでいいじゃないかということも言えるんだけど。

天内　先例として、つくばは参照できないでしょうか。一九八五年の科学万博があって、開発をして、本当は首都機能を移転しようとしていた。ところがし損なって、研究者と孤独な学生達ばかりがいるという印象を持たれている街ですが。

中島　つくばは公務員宿舎の大幅な廃止削減で大きな転換点を迎えています。県が主導して、つくばな

9　吉見俊哉『都市のドラマトゥルギー――東京・盛り場の社会史』弘文堂、一九八七年
10　世界都市博覧会。一九九六年にお台場を含む東京臨海副都心で開催予定だったが、一九九五年に就任した青島幸男東京都知事が中止した。

らではの新しいライフスタイルを「つくばスタイル」[11]として打ち出し始めています。つくばにもネイティブと呼べる人達が増えてきています。このネイティブ層を中心として、つくばとその周辺、特に自然豊かな田園地帯があるんですけど、つくば本来の「都市」や「知」と、食や健康に繋がる「自然」とを重ねたライフスタイルが実際に選択されているんですよね。多分、つくばの今後はそういう方向かな、と。

天内　じゃあちょっと参考にならないですね。

中島　いや、まあでも、ああいう風に作った都市が、どういう風に価値を転換させていくのかという点で、非常に参考になる。つくばは中心部あたりはすべて撤退しましたからね。唯一、空虚な、磯崎（新）さんのつくばセンタービルだけが残ってますけど、テナントはかなり抜けてますし。

天内　磯崎さんが設計当初に版画として描いたように、廃墟になって（笑）。

中島　そうそう、見事に廃墟としては残る、ということかもしれませんが。臨海部の話に戻すと、都市の個性という時に、臨海部は実は海との関係が薄い。ウォーターフロントが人間のための空間ではないんですよ。それがすごく問題だという議論をしています。センタープロムナードのあり方が注目されますが、そもそも他の街と同様の陸の軸のプロムナードを中心として作ろうとした時点で間違えてたんじゃないかという。最大の資源である海側との関係が、なくなっているわけです。発想を、陸の論理から海の論理に変えていけるかということを今、議論しています。

三浦　ハードの面で変えていくんですか。

中島　結局、海際と街との間に道路があり、建物は全部陸側だけを見ていて、ウォーターフロントの強みを活かした魅力的な建物はほとんどないのです。そういう点を転換したいと考えているんですけどね。

ベイエリアは時間が止まっていて、最初の理想が崩れたあと、次の理想が描けていない。だけど、商業空間としてはそれぞれ、ヴィーナスフォートとかも全部、それなりに儲かっています。特に、インバウンドの人達がみんな来ますから。

田中　そう、むちゃくちゃ多いですね。

中島　現時点で商業的には限界なのかもしれません。もっと儲かるんだったら空いたところが売れるはずだけど売れないですし、このまま十年、二十年続くか……。今、たまたまインバウンドでアジアの人達は来てくれていているけど、彼らはもう、十年経ったら来てくれるかどうか分からないと思うんですよ。そう考えると、サステイナブルじゃないというか、次のことを考えていかないと。今のままの消費都市としてのお台場ではない、先を見た議論が必要です。

天内　最初は国道一六号線的なものがお台場のところに現れて、「東京の間近に一六号線が出来た」みたいな印象で捉えられていて。だけど、一六号線的なものとかイオンみたいなものっていうのは、もはや都市の中にいっぱいあって、茗荷谷にシマムラもありますし、後楽園のラクーアも今やイオンみたいになってますし、お台場はもう用済み、みたいなことになっちゃったわけですよね。

田中　一九八〇年代、ああいうウォーターフロント開発は海外ではロフト文化みたいなものを作ったわ

11　つくばエリアのライフスタイルの魅力を発信する取り組み。茨城県、都市機構、つくば市、つくばみらい市、守谷市により「つくばスタイル協議会」が設立され、個人や企業に取り組みが広がっている。（「つくばスタイル」 https://www.tsukuba-style.jp/index.html ［二〇一九年八月二十九日取得］）

けですけど、結局、お台場はそれが出来なかったっていうのが、難しいところで。最近、東京倉庫運輸の関係会社の方にインタビューできる機会がありました。お台場と反対側の、田町とか品川とかあのあたりに三つか四つぐらい倉庫を持ってるところなんですけど、昔ジュリアナ[12]をやってた会社なんです。海外ではそういう倉庫とか物流施設が、ロフト文化とかクリエイターのような人達を集めて、カルチャーを作る拠点になった。ですが一九八〇~九〇年代の東京では、ジュリアナやインクスティックなどがバブルの記憶みたいになって瞬間的に消費されてしまったように見えることを警戒しているように、インタビューでは感じました。最近だと、自分達の倉庫はもうコンテナリゼーションで、保管業務が物流の中で重視されなくなってきた。そこで余った倉庫をどう使うかっていうことに力を入れているそうです。ですが、ただ娯楽施設を作るだけではなく、アーティストとか、小さな企業の人達のオフィスとして転用して、そこから文化を作っていこうっていう感じになっている。ただ、それこそ、煉瓦造りみたいな倉庫ではないですね。だから、基本的に建物の内側で試行錯誤している。

中島 まあ、それが普通ですよね。

田中 そんな感じなので、街として何かこう、文化が作られているという感じではなくて、建物の中に入ったら、おしゃれですごいカッコいいっていう感じはするんですけど、面的にはちょっと広がっていないっていう感じで、そこも難しいところだなって。そういう意味では、高輪ゲートウェイも、主要な建物が基本的には陸側、都心の方を向いちゃって、海を見てないなっていうところがあります。

中島 でも、竹芝とか、開発が起こっているあたりは、多分、今のコンテナ機能は二十年後ぐらいには大きく再編されて、そういう今おっしゃった方向に変わっていくのかなと考えています。

田中　物流業界の人に聞くと、物流業界はまあとにかく情報化で、景気は良くなっているはずで、人も必要だ、と。だけど物流業界は、「３Ｋ」という風に言われているので、男性で、野郎どもの働く場所というイメージがある。だから、物流施設もちょっとカッコよくリノベーションをしたりして、単に消費空間としてじゃなくて労働空間として魅力的にしなきゃいけない。単にジュリアナ東京を作って消費空間にするのではなくて、労働者がそこで働きたい、カッコいいライフスタイルを演出できる場所にしたいというような。

中島　面白いですね。

三浦　そう考えると、丸の内や、最近のリノベーションもそうですけど、多機能性が都市空間にとっては大事なところなのかなと思います。でも、無限に出来るかというと限界もあるように思うんですね。ちょっと話は変わるかもしれないですけど、ある授業で田中先生の『ネットワークシティ』の本を使って、院生達に「気になるインフラがないか、調べて分析してみよう」ということをやったんですが、いろいろなインフラが今、多機能化してきていることが分かって面白かったです。例えば、神社は今、どんどん寄付も少なくなって経営が苦しくなっているので、改革をしていて、あらためて生活のふれあいの場であったりとか、情報ネットワークのハブになろうとしている。ＰＡＳＭＯでお賽銭が出来るようにもしている。いろいろな機能を合わせるんだけど、やはり宗教組織だから、どんなに多機能でも限界

12　ジュリアナ東京。一九九一年、芝浦の倉庫を改装してオープンしたディスコ。「お立ち台」「ボディコン」など、バブル経済の時代の文化を代表する場所となった。

があるんですね。土地がない時に高層ビルの屋上に置くのはどうかとか、宗教施設としてPASMOはどうなのか、というのが議論になったりする。空間がどんどん多機能化していってるんだけども、無限に多機能化できるわけではなくてせめぎ合いみたいなものも起きる。

田中　人口増大、高度成長によって都市への集積が進んだ二〇世紀の場合、用途地区指定などで機能分化させることが重要でした。土地も限られているので静かに住むことに特化した郊外住宅がスプロール的に拡大する。しかし、人口減少・低成長になると、スキマが出来てくるので、むしろ特定の空間に複数の機能を集めて「にぎわい」を作る必要にせまられます。その意味で神社を多機能的な中心にしてインフラ（あるいはコモンズ）と再び見なすのは面白いですね。JRがエキナカ開発をする時に問題になったことのひとつは、商業なのか交通なのかのせめぎあいでした。つまり、モビリティを効率的に安全にこなすためにはそこで留まって商品を選択したりして、混雑したりしたら、それこそ危険にもなるから、どうやって交通と商業を両立させるか。その辺の矛盾とかパラドクスみたいなものをどういう風に乗り越えていくかっていうのは、人口縮小時代における都市の「多機能性」ってひと口に言われる時の課題にもなるっていうのがよく分かる。

天内　多分、同じことがSuicaという存在そのものにも言えて、運輸収入なのか、商業用の電子マネーとしても汎用的に使わせてしまうのか。今、お寺のお墓なんかも、それこそ物流倉庫のように、お骨が埋まっている倉庫からカードで呼び出すとウィーンって動いて出てくるというのがいっぱいありますね。

三浦　先ほど、物語がプロフィタビリティに還元されてしまう部分があるという話がありましたが、プロフィタビリティに還元されるような物語に合わせて空間が作られてしまうと、空間のあり方を巡るせめぎ合いが、どうしてもそういう物語に強く影響されてしまう部分がもしかしたらあるのかな、と。

天内 かりそめのものであれ、そこにある物語を外から崩すことは出来ないのですね。機械でやってきた仏様を拝んでる家族を笑うことは出来ません。

田中 そうですね。確かに。そういう意味では、ストーリーって言っても、観光客向けの消費のストーリーと、家族の慰霊とかそういうストーリーと、さっきの物流施設だと労働のストーリーもあるわけですね。こういうところで働きたいとか、やりがいを見つけたい、みたいなストーリーがある。複数のストーリーがある中で、消費だけに汲み取られてしまうと多分、短期的な消費というか流行になってしまうというところがあるような気がしますね。

〔二〇一九年三月六日収録／構成　久山めぐみ〕

振り返りながら、進んでいく——東京下町の現在——

金善美

Ⅰ　なぜ今、下町を研究するのか

人はなぜ、絶えず過去を振り返りながら未来へ進もうとするのだろうか。隅田川以東の東京下町における近年の変化を論じる本稿は、このような問いから出発する。

本題に入る前に、まず、本稿でいう「東京下町」が具体的に東京のどこを指すのかを、ここに示しておこう。言うまでもなく、「下町」は「山の手」と対比される東京の一角を指す用語で、主に海や川に近いという地理的概念と、庶民の居住地域という社会的概念を混合させた概念（木村 1980）として、一般的に広く使われてきた。とはいえ、「下町」は近代以降の東京の発展とともにその地理的範囲の拡張を繰り返しており、実際には時代や論者によってその定義は様々である。従ってここでは、都市社会学者の竹中英紀（1992）の定義を参照し、「東京下町」を

①浅草や神田、日本橋など、江戸時代からの歴史を持つ小商人や日雇い層の居住地としての「伝統的」下町

②二〇世紀以降の工業化の産物として、関東大震災（一九二三年）の後に旧東京市一五区の外部に形成された住工商混在地域である「近代的」下町

の二つの類型に分けて考える。

本稿が注目するのは、②「近代的」下町の方である。墨田区や江東区など、都心から隅田川を渡った区部では、「伝統的」下町の性格を一部受け継ぎながらも、近代以降、資本主義の発展とともに新たに出現した中小企業（工業・商業）やその労働者、下層サラリーマンの集住地域が形成されてきた。本稿の関心は、こうした「山の手」とも、「伝統的」下町とも異なる「近代的」下町の現在をとらえるところにある。

その上で、本稿が具体的な研究対象として取り上げるのは、東京都墨田区の北部に位置する向島（むこうじま）という場所である。向島と筆者の関わりは、筆者が日本の大学院で学ぶ外国人留学生として来日した二〇〇八年から始まった。筆者は都市や地域社会の研究者として、これまで都心周辺部の工業地域の変貌や文化による都市再生、住民・市民によるまちづくり[1]の動きなどを研究してきたが、向島はその原点と言える場所である。大学院で学び始めて以来、筆者は「脱工業化やグローバリゼーションが進む中で、工業の成長とともに発展してきた東京下町の地域社会はどのように変わっていくのか」というテーマで約八年間、向島を含む墨田区でフィールドワークを続け、修士論文と博士論文を書き上げた。また、そのうちの四年間は実際、向島で居住し、住民として日常を過ごしていた。

向島の町並み（2009年11月13日）

これだけ長い時間をかけて、しかも調査対象地に何年も住み込みながら一つの場所を研究し続けたのはなぜか。それは、一言でいうと、日々ダイナミックに変わっていく町の姿を観察し、記録する作業が持つ魅力に強く惹きつけられたからである。筆者が向島でフィールドワークをしていた二〇〇八年から二〇一五年までの間は、ちょうど東京スカイツリーの建設や再開発などによる町並みの変化が急速に進み、また、新住民の増加とともに住民の社会的構成が多様化していく時期であった。木造家屋が密集していた一帯はマンションになり、個人商店の廃業による空白はコンビニやフランチャイズチェーンによって埋められた。飲食店や居酒屋、スナックなどでごちゃごちゃしていた駅周辺は綺麗に整備され、新しくできた瀟洒な飲食店やカフェは週末になると賑わいを見せる。古くか

1　本稿における「まちづくり」とは、地域社会が直面する課題の解決や活性化に向けて展開される住民たちの自主的な活動を意味する。

向島の町並み（2018年12月8日）

ら住んでいる人も、新しく引っ越してきた人も、日々の生活の中で町の変化を肌で体感し、それぞれ異なる期待や不安を持ってそうした変化の行方を見守っていた。

まるで生き物のように毎日少しずつ姿を変えていく町を観察し続ける中で、一つ気づいたことがある。それは、再開発や観光地化といった近年の動きの影響が、町を新たに作り変えることだけに留まらない、という点だ。目まぐるしい変化の中、下町ならではの風景と生活の記憶は、忘れ去られると同時に、改めて掘り起こされていた。駅前の再開発でできた大型小売店の売り場の一角が商店街のように作られていたり、長屋をリノベーションしたカフェがあえて昔の内装をそのままインテリアとして活用したりすることがその例である。さらに、過去の記憶の掘り起こしは、新しい商業空間の演出においてのみ見られる現象ではなかった。急速な再開発は住民の地元への関心を喚起さ

商店街のように演出された大型小売店の売り場。各地のご当地サイダーやラムネが並べられている。(2010年11月29日)

せる役割を果たし、名所旧跡をめぐる歴史まち歩きや江戸時代の風習の復活に向けた取り組みなど、近年では地域の歴史・伝統を活かしたまちづくりの展開も活発だ。

このように、その方向性が相反する変化が同時に見られるのはなぜだろうか。再開発によって木造家屋がどんどん新築マンションに変わっていく一方、薄れつつある過去の記憶が事後的に再発見され、様々な主体の実践を通じて部分的に蘇る光景を、私たちはどう理解すればいいのか。筆者がフィールドワークを通じて出会った人々の多くは、かつてそこにあった下町ならではの風景と生活をどこか懐かしく思い出しながらも、同時に再開発によってより綺麗に、そして便利になっていくのであろう町の未来を楽しみにしていた。冒頭の問いは、決して一概には説明できない今日の東京下町の展開を追う中で自然に生まれたものと言える。

今、東京下町を研究するということは、このように、一見矛盾しているように見える町と人の動きに対して、そうした矛盾がどこから生まれ、何を意味するのかを問うていくことを意味する。そしてそのために必要なのは、下町をしばしば温かい人情共同体、もしくは格差社会の周辺部と見なしてきたこれまでの東京論・下町論のフィルターを一度取り外して、変わりゆく町に生きる様々な人々の具体的な実践から、ありのままの東京下町の姿をとらえる視点である。そこには、喪失や郷愁、再生といった分かりやすいストーリーは存在しないのかもしれない。必ずしも一つのストーリーに当てはまらない思いや経験を読み取り、そこから複雑で矛盾に満ちた都市空間としての今日の東京下町を理解すること。さらにそこから、常に変化し続ける東京という巨大都市の断面をとらえることが、本稿の目的である。

本稿の構成は次の通りである。続くⅡでは、本稿の研究対象である向島の地域社会の成り立ちを概観した上で、具体的な調査対象と方法を示す。Ⅲでは、一九八〇年代以降から現在に至るまでの地域社会の変化を、統計データなどを用いながら論じ、現在進行形の動きにも触れる。Ⅳでは、そうした変化の過程が町に生きる人々の主観や経験の中ではどのように受け入れられているのかを、様々な住民の「声」を取り上げながら明らかにする。最後にⅤでは、これらの「声」を踏まえた上で、東京下町をめぐる状況から今日の都市のあり方を考えてみたい。

Ⅱ　向島の地域社会

1　向島地域の概要

本稿の研究対象である向島は、東京都心から隅田川を渡って少し北上したところに位置する。行政区域としては墨田区の北部に当たる場所で、隅田川と荒川に挟まれた、いわゆる江東デルタ地帯の一角である。この一帯は約二万年前の陸地が海中に没した沖積低地で、江戸時代までは自然豊かな郊外の農耕地域として、文人墨客がたびたび訪れる遊覧の地であった。市街地が本格的に形成され始めたのは明治時代以降、とりわけ関東大震災の後で、向島には被災した人々が大量に流れ込み、震災復興の過程とともに都市化が進んだ。

海に近い低地という地理的環境ゆえに、洪水や高潮など、「水」による被害を頻繁に受けてきた向島であるが、近代以降の町の発展もまた「水」の存在とともに進んだ。というのは、近代工業が芽生え始めた明治時代において、隅田川とそれに連なる多くの掘割は用水利用と物資運送に最適だったのである。現在の墨田区南部に当たる本所においてすでに始まっていた近代工業の集積は、震災からの復興や戦争ムードの高まりとも重なり、徐々に北部の向島にまで拡大していった。とりわけ向島で活況を見せたのは紡績業と機械工業、雑貨型工業で、鐘淵紡績（カネボウ）や精工舎（セイコー）、ライオン歯磨（ライオン）、長瀬商店（花王）など、多くの大企業が向島をその発祥の地としている。

「近代的」下町としての向島の地域社会は、主に大正時代から昭和の高度経済成長期にかけて次第に形成されていったものである。資本主義の発展は大量の安い労働力を必要とし、地方から若者が絶え

再開発予定地の長屋群（2010年6月18日）

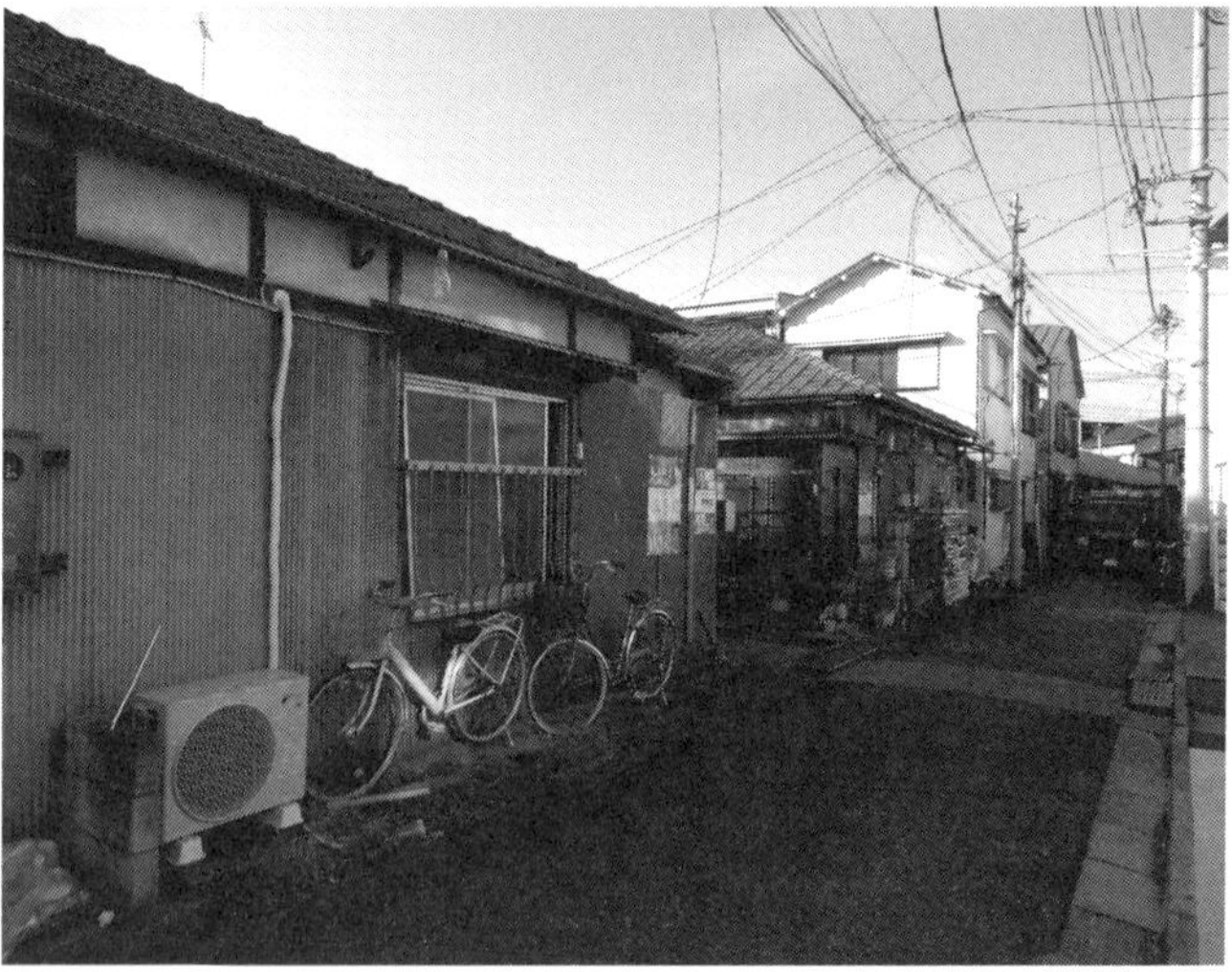

古い木造家屋が残る京島一帯（2018年12月8日）

間なく流入する中、向島では彼・彼女らの生活を支える住宅や工場、商店などが無秩序に増えていった。市街地や都市インフラの整備が都市化・産業化のスピードに追い付かず、とりわけ昭和初期の居住環境の劣悪さはひどいものであった。他人同士が毎日のように顔を合わせながら生活せざるを得ない環境は住民のライフスタイルにもそのまま反映され、向島では今でも旧住民が多く住む一帯を中心に親密な近所付き合いの文化が残る。たとえば、山田洋次監督の『下町の太陽』（一九六三年）は向島に実際あった資生堂の石鹼工場周辺を舞台とした映画であるが、作中では劣悪な居住環境でありながらも人情溢れるいきいきした世界としての下町が描かれている。

敗戦後、軍事工場が集積していた向島は東京大空襲によって甚大な被害を受けたものの、そこからの復興もまた急速に進んだ。道路や河川、公共施設などのインフラが整備され、住宅と工場が再建されていく中、向島はふたたび工業の生産基地としての機能を取り戻し、今度は戦後の高度経済成長を支えるようになる。とりわけ、向島を含む東京東部の工業地帯は主に金属加工や繊維、印刷、皮革産業などの下請け機能に特化した零細企業の集積地としての性格を強めていく。向島は戦後も工場労働者や彼・彼女らの生活を支える零細自営業者など、主にブルーカラー層の町であり続けた。

このように「ものづくりの町」として発展してきた向島に大きな転機が訪れたのは、脱工業化の流れが本格化した一九八〇年代以降である。すでに一九六〇年代末には産業空洞化の兆候が表れ始め、一九七〇年代に入ると二度のオイルショックや円高による国際競争力の喪失、都心への公害規制による工場立地の制限、消費者ニーズの変化などが影響し、向島の工業は衰退の一途を辿る。若年層の人口流出が止まらない中、物的環境の老朽化と空き家の増加、高齢化が新たな地域問題として行政や住民を悩ませていった。

その後、地域社会の総合的な衰退という状況はなかなか劇的な改善が見られないまま、長期化していく。一九九〇年代前後のバブル経済期における地価高騰や都心再開発の影響がなかったわけではないが、地盤が弱い密集市街地という地理的環境ゆえに、向島では大規模な再開発がなかなか難しいという事情があった。[2] この点は、老朽化した物的環境がそのまま長期に渡って放置されてきた原因でもあったが、一方ではコミュニティ[3]の急速な解体を抑制する要因としても働いた。その結果、戦前から続く町並みが残る一帯がいわゆる下町情緒を感じさせる場所、もしくは「ディープな」下町としてたびたび注目されるようにはなったものの、地域全体としてはさほどドラマティックな町の変貌は起きず、少しずつ住宅地化が進んだ。再開発の流れが本格化し、長らく停滞状態にあった町が再び動き始めたのは、二〇〇〇年代に入ってからである。

2 調査方法

変わりゆく町とその行方を見守る人々の意識を追うために、筆者が用いた研究方法は、様々な資料の分析、そして現地における参与観察およびインタビューである。

まず、資料分析の対象としては、統計や史料から地図、東京都や墨田区の行政資料、新聞・雑誌の記事、まちづくりに関わる団体による各種刊行物やイベントのチラシ、インターネット上の記事、テレビ番組、小説、漫画・映画などの大衆文化作品に至るまで、可能な限り多様な素材をかき集めた。

次に、住民・市民を対象にした参与観察およびインタビューは、「まちづくり」を切り口に、筆者が住み込みフィールドワークをしていた二〇一〇年二月から二〇一四年二月までの期間を中心に行った。ここで「まちづくり」という切り口を設定したのは、調査期間がちょうど地域社会変動の過渡期で、様々な方向性を持つまちづくりがかつてない勢いで同時進行していた状況があり、町の変化をめぐる人々の認識を観察する上でふさわしいと考えたからである。結果的に、筆者はまちづくり関係の会合に二二回参加し、六九回（六四人）のインタビューを行った。インタビューの対象者は行政関係者やまちづくり組織の関係者、商店街関係者、工場経営者、自営業者、新・旧の住民などで、主な質問項目としては、向島という場所との関わりの経緯やまちづくりに興味を持ったきっかけ、仕事やまちづくり活動の内容、向島という町の印象、近年の変化についての意見などを伺った。

なお、「向島」という地名は複数の意味を持つため、本稿における「向島」の地理的範囲をここで

2　向島において大規模再開発がなかなか進まなかったことの背景には、地理的環境以外の要因も影響している。戦前からの建物が残る一部区域では土地や建物の所有関係が複雑で、高齢の生活保護対象者など所得の低い住民が多く、道路拡張や建て替えなどを積極的に望まない傾向がある。なお、一九八〇年代後半には住友ベークライトの工場跡地（約三五〇〇〇平方メートル）を利用した大規模再開発計画が浮上したこともあるが、その後のバブル経済崩壊の影響で計画は中止された（「住友ベークライトが向島工場跡地再開発計画発表」『毎日新聞』一九八七年十月九日東京朝刊）。

3　コミュニティという言葉の定義はその文脈や論者によって実に多様であるが、一般的には「地域性」（area）と「共同性」（common ties and social interaction）という二つの基礎的条件から定義されることが多い（Hillery 1955 = 1978）。本章では「人間が、それに対して何らかの帰属意識をもち、かつその構成メンバーの間に一定の連帯ないし相互扶助（支え合い）の意識が働いているような集団」という広井（2009: 11）の定義を用いる。その上で、近年の社会変動の中で常に「地域性」と「共同性」という二つの基礎的条件の変容が見られるものとしてコミュニティを考えたい。

示しておきたい。本稿では、戦前の東京市の行政区域としての旧向島区の全域に、向島・押上の町を合わせたエリアを「向島」とする。現在の町名で言うと、向島、東向島、堤通、墨田、押上、京島、文花、八広、立花、東墨田がこれに含まれる。これは現在の墨田区の北半分、おおむね東京スカイツリー以北に該当する範囲でかなり広いが、とりわけ本稿の主舞台となるのは、向島、東向島、押上、京島の町である。

Ⅲ 「ものづくりの町」の変貌：1980-2019

1 人口構成・産業構造の変化

脱工業化とグローバリゼーションという波の到来は、近代工業の立地とともに市街地が形成され、東京の巨大市場を支える製造業の生産基地としての役割を果たしてきた「ものづくりの町」向島にとって、地域社会が多方面において大きな転換期に入ることを意味した。既存の地域社会の解体が学術研究の対象になると同時に、様々なメディアで取り上げられるようになったのも、一九八〇年代以降である。では、主に零細な商工業者らによって構成されてきた向島の地域社会は、どのようにその姿を変えてきたのだろうか。ここでは、『国勢調査』など統計資料を活用しながら、人口や産業を中心に一九八〇年代から現在に至るまでの変化を辿ってみたい。

すでに触れたように、本稿でいう向島の地理的範囲は墨田区北部の複数の町に跨っており、人口と

図１　墨田区の人口と世帯数の推移

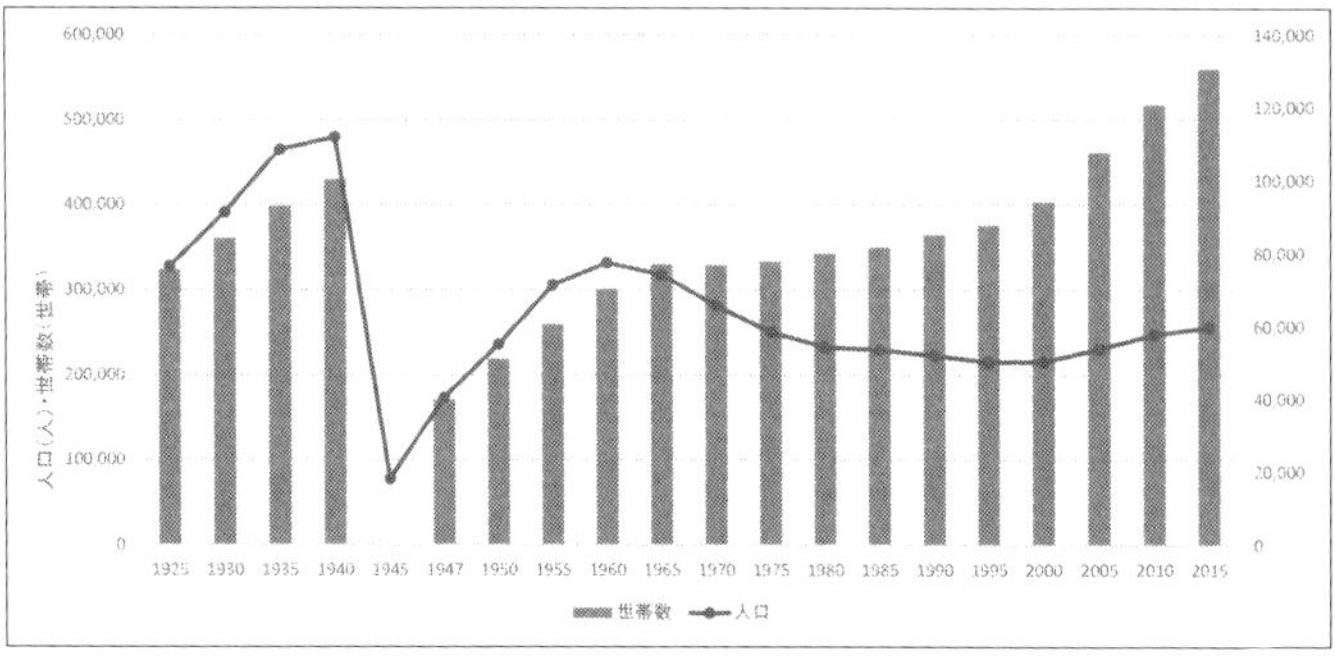

各年『国勢調査』より作成。

産業などに関するデータとしては、町丁目単位で集計が行われる『国勢調査』の小地域集計がもっとも有用な統計資料と言える。しかしながら、小地域集計は一九九五年より始まったため、それ以前のデータは存在しないという問題がある。従って以下では、まず向島を含む墨田区全体のデータから一九八〇年代以降の地域社会の展開を簡単に確認した上で、次に向島の状況に焦点を合わせることにする。

墨田区の人口と産業の変化

二〇世紀以降の墨田区の人口変動は、近代工業の盛衰をそのまま反映していると言ってもよい。高度経済成長期において戦後のピークに達した墨田区の人口は、都心周辺部への工場立地の規制が始まった一九六〇年代以降、工業の衰退とともに持続的に減少してきた。その後、長らく歯止めがかからないでいた人口減少が増加に転じたのは、二〇〇〇年代に入ってからである。二〇〇五年より再び増加し始めた人口は、二〇一九年十二月現在、人口二七万四七六二人、世帯数一五万三六二〇世帯に及ぶ[4]。これには、二〇〇〇年代以降、東京メトロ半蔵門線の延伸（二〇〇三年）により渋谷など都心への

図２　製造業の事業所数と従業者数の推移

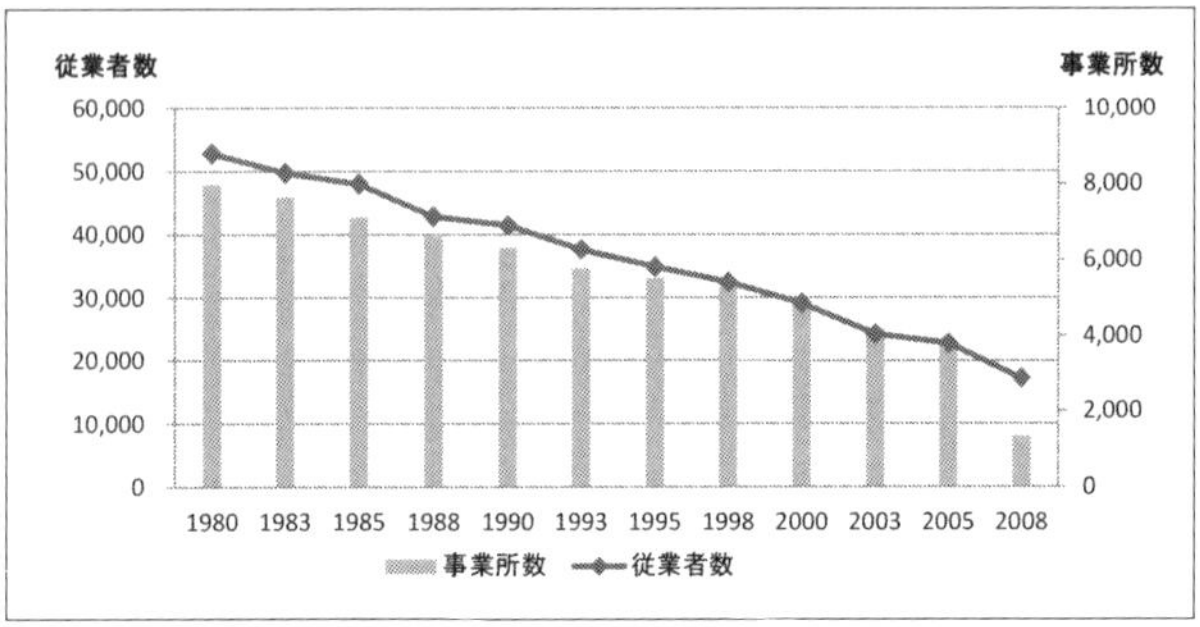

※各年『工業統計調査』より作成。なお、『工業統計調査』は毎年実施されているが、ここでは零細企業の多い墨田区の工業の特徴を考慮し、従業者数３人以下の事務所を含む全事業所を対象とする年の調査を中心に集計した。

アクセスが改善し、また、工場跡地などの再開発によって集合住宅の供給が増えたことが影響した。

一方、「ものづくりの町」としての墨田区の存在感は、持続的に薄まってきた。一九八〇年には八〇〇〇近くあった工業の事業所は、二〇一三年になると一〇〇〇以下まで減少しており、これは墨田区の工場数がピークを記録した一九七〇年（九七〇三）に比べると九割以上の減少にあたる。また、それにつられた形で、工場で働く従業者数も減り続ける一方である。さらに、産業構造の変化は町に住む人々の雇用形態にも反映されてきた。各年『国勢調査』における従業上の地位別就業者数の動向をみると、一九八〇年から二〇一五年までの間に自営業主の割合は全体の一八・六％（二万四〇四四人）から八・一％（九九六〇人）、家族従業者の割合は一四・七％（二万九〇五〇人）から二・三％（二八〇六人）まで減少した。これに対して、同時期における雇用者の割合は六六・六％（八万六一七九人）から八〇・四％（九万八四〇八人）まで増加した。工業をめぐる状況が厳しさを増す中、個人事業主や家族経営による零細企業はますます廃業を余儀なくされており、その

図３　向島の人口と世帯数の推移

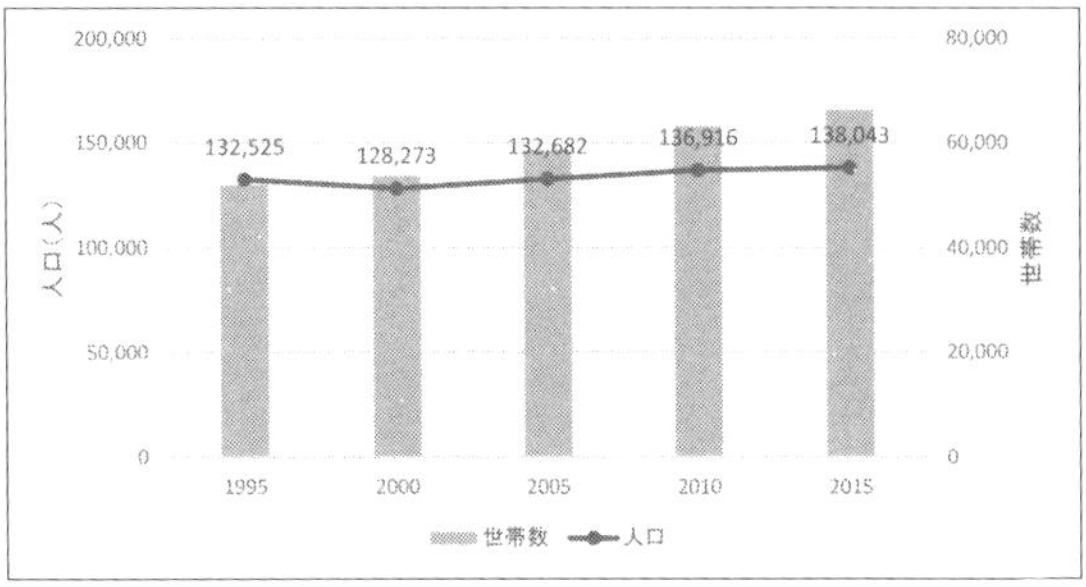

各年『国勢調査』より作成。

減少による空白はサラリーマンなどの雇用者によって埋められていると言える。

向島の人口と産業の変化

続いて、焦点を向島に移して、人口構成と産業構造の変化を見ていきたい[5]。図3は、一九九五年以降の向島の人口の推移を表したものである。二〇一五年現在、向島の人口は一三万八〇四三人、世帯数は六万六二六二世帯に及ぶ。人口は二〇〇〇年以降、少しずつ増加する傾向にあり、世帯数はそれ以上の勢いで増え続けている。ここから考えられることは、単身世帯や夫婦など、二人世帯を中心とする新住民の増加である。実際、向島における一世帯当たりの人数は、一九九五年の二・五五人から二〇一五年の二・〇八人まで減少

4　墨田区、「平成31年度墨田区世帯人口現況　12月分」(https://www.city.sumida.lg.jp/kuseijoho/sumida_info/population/monthly/ta301000.files/monthlyR01nendo12_s.pdf〔二〇一九年十二月二十三日取得〕)。なお、墨田区が『墨田区基本計画』(2006)にあげていた「人口25万人突破」という目標は当初の予想より数年も早く達成されている。

5　ここでは『国勢調査』の小地域集計を活用し、墨田区内の町のうち、本章でいう向島の範囲に当たる向島、東向島、堤通、墨田、押上、京島、文花、八広、立花、東墨田のデータを合算した。

表 1　産業大分類別就業者数の推移

	1995		2000		2005		2010		2015	
	人数	%	人数	%	人数	%	人数	%	人数	%
農・林・漁・鉱業	44	0.1	51	0.1	49	0.1	50	0.1	59	0.1
建設業	6,214	7.9	5,282	7.4	4,808	6.8	3,870	5.8	3,661	5.8
製造業	23,668	29.9	18,101	25.5	14,092	20.1	10,524	15.9	9,712	15.3
電気・ガス・熱供給・水道業	250	0.3	152	0.2	135	0.2	131	0.2	144	0.2
運輸・通信業	4,635	5.9	4,537	6.4	6,998	10.0	7,017	10.6	7,184	11.3
卸売・小売、飲食店	21,963	27.8	19,624	27.7	19,280	27.4	16,325	24.7	14,471	22.8
金融・保険業	2,321	2.9	1,861	2.6	1,779	2.5	1,764	2.7	1,845	2.9
不動産業	1,314	1.7	1,229	1.7	1,451	2.1	1,787	2.7	1,939	3.1
サービス業	16,549	20.9	17,673	24.9	18,171	25.9	15,781	23.8	16,713	26.3
公務	1,059	1.3	976	1.4	1,160	1.7	1,108	1.7	1,243	2.0
分類不能	1,042	1.3	1,482	2.1	2,326	3.3	7,816	11.8	6,500	10.2
計	79,059	100	70,968	100	70,249	100	66,173	100	63,271	100

※各年『国勢調査』より作成。なお、調査年度によって産業大分類のカテゴリーがやや異なるため、ここでは元のデータを一部修正・加工した。

表 2　職業大分類別就業者数の推移

	1995		2000		2005		2010		2015	
	人数	%	人数	%	人数	%	人数	%	人数	%
管理職	3,114	4.1	2,035	2.9	1,520	2.2	1,571	2.4	1,622	2.6
専門技術職	6,479	8.5	7,085	10.0	7,577	10.8	7,795	11.8	9,087	14.3
事務職	15,569	20.5	14,445	20.4	15,148	21.6	13,518	20.4	4,026	22.1
販売職	13,203	17.4	12,410	17.5	11,971	17.0	9,674	14.6	8,998	14.2
サービス職	7,385	9.7	7,741	10.9	8,182	11.6	7,770	11.7	7,380	11.6
保安職	655	0.9	684	1.0	824	1.2	754	1.1	783	1.2
農林漁職	55	0.1	58	0.1	55	0.1	53	0.1	59	0.1
運輸通信職	2,813	3.7	2,726	3.8	2,541	3.6	2,161	3.3	1,887	3.0
生産労務職	25,844	34.0	22,372	31.5	20,229	28.8	15,236	23.0	13,641	21.5
分類不能	950	1.2	1,411	2.0	2,202	3.1	7,641	11.5	5,988	9.4
計	76,067	100	70,968	100	70,249	100	66,173	100	63,471	100

※各年『国勢調査』より作成。2010年以降の調査の場合、職業分類が変更されているため、元のデータを一部修正・加工した。

している。

では、現在の向島の地域社会はどのような人々によって構成されているのだろうか。表1は、向島における産業大分類別就業者数の推移をまとめたものである。まず、全体の就業者数は、人口が微増に転じたとはいえ、少子高齢化の流れの中で一九九五年の七万九〇五九人から二〇一五年の六万三二七一人まで減少している。次に、産業別の割合を見ると、とりわけ製造業の就業者数の減少が目立つ。製造業で働く人々は一九九五年には全体の二九・九％（二万三六六八人）を占めていたが、二〇一五年現在、一五・三％

図4　ホワイトカラーとブルーカラーの構成比

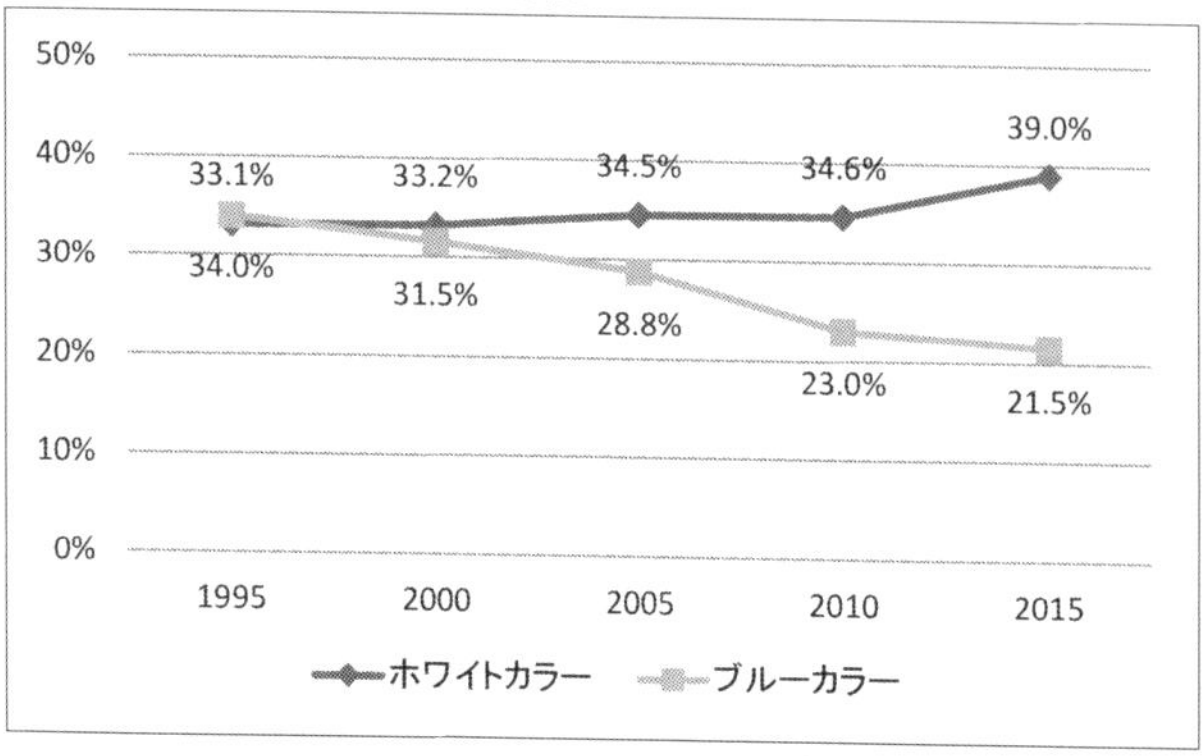

各年『国勢調査』より作成。

（九七一二人）まで減少した。これに対して、相対的に増加傾向にあるのは、サービス業や運輸・通信業、分類不能の職業を持つ就業者である。

産業構造の変化は、住民の職業構成にも反映されてきた。表2で示した職業大分類別就業者数の推移を見ると、一九九五年には三四・〇％（二万五八四四人）ともっとも大きい割合を占めていた生産労務職が、二〇一五年になると二一・五％（一万三六四一人）まで減少していることが分かる。次に、管理職や販売職も、生産労務職ほどではないが、減少傾向にある。一方、専門技術職は一九九五年の八・五％（六四七九人）から二〇一五年の一四・三％（九〇八七人）まで増えている。なお、事務職とサービス職は微増と微減を繰り返している。

さらに、職業別の就業者数の推移からは、住民の階級構成を推測することができる。ここでは、表2のデータを元に、住民の職業を大きくホワイトカラーとブルーカラーに分けて、その構成比の変化を表した。ここでいうホワイトカラーとは「管理職」・「専門技術職」・「事務職」の合計、ブルーカラーとは「生産労務職」をそれぞれ意味する。[6] 図4で示すように、ホワイトカラーの割合は一九九五年を境目にして徐々にブルーカラーを上回っていく動きを見せる。一方、時間経過の中でブルーカラーは減少し続け、二〇一五年現在、ブルーカラーの住民は向島地区に住む人のうち、約五人に一人に留まっている。

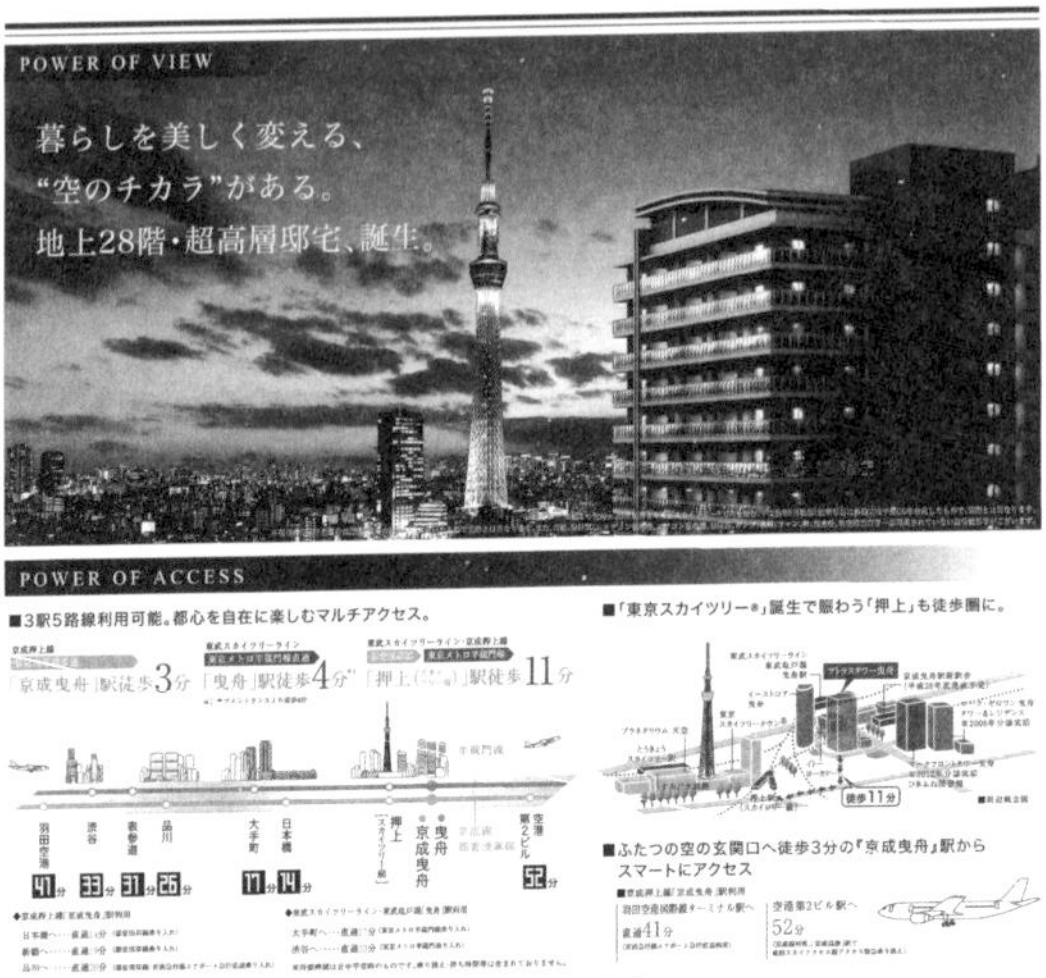

東京スカイツリー付近に立つ分譲マンションの広告
（出典：旭化成不動産レジデンス株式会社「アトラスタワー曳舟」2013年7月、画像一部加工済み）

東京スカイツリー開業直前のあるスーパーの光景（2012年5月19日）

ここまで見てきた人口や産業構造の変化から浮き彫りになるのは、近代以降の「ものづくりの町」から離れつつある地域社会の現在である。かつての向島は相対的に社会的同質性の高い零細な商工業者からなる職住近接型の地域社会であった。それに対して、今の向島は、都心に通勤するサラリーマンなどの新住民や衰退を感じながらもしぶとく残る商工業者、退職した高齢者などが共存する、より多元的な地域社会にその姿を変えつつある。

2　東京スカイツリーと観光地化

一方、実際に町を歩くと、まだ統計などの指標には明確に反映されていないものの、確実にそこで起きている変化を感じることができる。二〇一二年に開業した東京スカイツリー[7]の存在や、急速に進む町並みの整備がそうだ。向島に住んでいた四年間、筆者は築年数の古い木造家屋や廃業した町工場などが取り壊され、あっという間に新築の分譲住宅やマンションが建つ光景を何度となく目撃してき

6　ただし、二〇一〇年以降のデータについては分類カテゴリーが変化しているため、職業大分類の「生産工程従事者」「建設・採掘従事者」「運搬・清掃・包装等従事者」の合計をブルーカラーと見なした。

7　東京スカイツリーは、東京都墨田区押上一丁目に位置する高さ六三四メートルの世界最高の自動式電波塔である。地上三五〇メートルと四五〇メートルの二カ所にそれぞれ展望台が設置され、その周辺には飲食店や物販店などが入った巨大商業施設「東京ソラマチ」およびオフィスビル「東京スカイツリーイーストタワー」がある（「東京スカイツリーを知る」東京スカイツリー公式サイト http://www.tokyo-skytree.jp/about/［二〇一七年六月一日取得］）。事業主体は東武タワースカイツリー株式会社で、現在、東京スカイツリーが建つ場所は東武鉄道の貨物駅の跡地である。

た。駅周辺を通ると新築マンションの広告が目立ち、自宅のポストには土地の売買を勧めるチラシがほぼ毎日、何枚も入っていた。人々がまだ「タワー」と呼んでいた三角形の塔は毎日少しずつ高くなり、その足元には土産店や飲食店などが東京スカイツリーの形や高さに因んだ商品やメニューを次々と並べていたのを思い出す。

では、このような動きは、具体的には向島という町の何をどう変えつつあるのだろうか。まず考えられるのは、向島が持つ下町イメージの変化である。この点は、東京スカイツリーやその「麓」にあたる向島を紹介する観光ガイドブックにおいてもっとも明瞭に表れている。現在、東京スカイツリーやその周辺地域に関する書籍は約二八種に及び[8]、その中で向島は「古いものと新しいもの。変わらないのは人と街の温かさ[9]」「最先端のシンボルタワーと人情あふれる下町情緒、まったく異なる雰囲気が同時に楽しめる不思議な空間[10]」といった表現とともに紹介されている。浅草や柴又のように有名な観光資源を持たず、よく言えば「生活感」のある下町、悪く言えば貧困や過密、赤線の記憶を連想させる下町であり続けてきた向島は、東京スカイツリーの建設を起点に盛り上がりを見せる観光産業の文脈の中で、「古さと新しさの共存」という新たな下町イメージを与えられつつあるのだ[11]。また、これは近年の新築マンションの広告からも確認され、そこにはノスタルジックなイメージに加えて、「古い」と「新しい」、「過去」と「未来」の共存する町という地域イメージが謳われている[12]。

一方、近年の変化は地域内の格差拡大を分かりやすい形で可視化し、変わりゆく町をめぐる社会的緊張を高める要因にもなっている。たとえば、東京スカイツリーによる地域経済の活性化効果は、現時点では向島の中でも東京スカイツリーがある押上・業平橋駅周辺に限られる傾向にある。東京スカイツリーの存在を脅威ととらえる地域の商店街からはさっそく活性化効果を否定する声も上がっており、二〇一二年に墨田区が行った調査では、区内四三商店街のうち、回答した三四商店街の七三・五%が「客足が落ちた」と感じ、六七・六%が「売り上げが落ちた」と答えている。[13] さらに、東京スカイツリーの周辺では町並みの整備が進み、治安維持のために新宿・歌舞伎町を上回る数の防犯カメラが設置される[14]一方、開業の一カ月前である二〇一二年四月には、水辺環境の改善という名目で周辺公園や河川敷からホームレスの追い出しが進められ、それに抗議する市民らによるデモ行進が行

8　二〇一九年七月現在、通販サイト「Amazon」(http://www.amazon.co.jp)において「東京スカイツリー」というキーワードを検索し、その上で「旅行ガイド」というカテゴリーのみを数えた。

9　『ことりっぷ 東京さんぽ』昭文社、二〇一五年、一三二頁

10　『ぴあMOOK 歩く東京』ぴあ、二〇一七年、六七頁

11　赤線とは、戦前の日本社会において売春を目的とする特殊飲食店が集まっていた地区の略称である。当時、風俗営業地区を管内に持つ警察等で地図の上にこれらの地区を赤線で区分けし、特別重要な地域に指定したことから、「赤線」が売春地帯を指す俗称となったというのが通説である(日比 2010)。向島においては玉の井にあった赤線が有名である。玉の井が東京大空襲で全焼した後、赤線は近隣の鳩の街に移っていくが、一九五八年より適用された売春防止法によって売春関係の店は消えていった。なお、玉の井と鳩の街は永井荷風の『濹東綺譚』や吉行淳之介の『原色の街』など、複数の文学作品の舞台として取り上げられている。

12　たとえば、東京スカイツリーに近接するある新築マンションは、「古き良き伝統を継承し、未来を見つめる『新東京未来』」をコンセプトとしている。(「役立つ住宅情報:新東京未来 日本土地建物売買『ラヴィアンコート墨田業平』」『毎日新聞』二〇〇九年五月二十四日東京朝刊)

13　「ツリー人気 衰えず 22日で開業1年」『読売新聞』二〇一三年五月二十日東京朝刊。なお、元データは墨田区産業観光部すみだ中小企業センター(2014)『平成25年度 墨田区産業活力再生基礎調査分析報告書』による。

14　押上・業平地区では東京スカイツリーの開業に合わせ、六六台の防犯カメラが街頭に設置された。これは警視庁が新宿・歌舞伎町に設置した防犯カメラの台数(五五台)を上回る数である。(「人気住宅地の防犯事情――『住んでみたい街』の治安は、どうなっているのか」『週刊AERA』二〇一二年八月二十七日発売号)

われることもあった。[15]下町イメージのポジティブな転換の裏側には、社会経済的にもっとも弱い立場にある人々が静かに姿を消し、東京スカイツリーの存在をめぐる思惑や利害関係が衝突する様子が見られる。

Ⅳ　町に生きる人々の「声」を聞く

では、地域社会を取り巻く変化を、当事者である町の人々はどのように考えているのだろうか。この問いと関連して興味深いのは、向島が様々なまちづくりが持続的に行われてきた場所であるという点だ。[16]都市計画や社会学など、学術研究の領域では広く知られていることであるが、向島では一九八〇年代以降、地域社会の衰退に対応した取り組みとして工業振興や防災、アートに至るまでの多様なまちづくりが展開され、人々は時には互いに対立し、時には連帯しながら、より望ましい町の未来を模索してきた。世間的には「衰退する下町」というイメージが広がる間も、地域社会の内部においては、自らが住む町の未来を自分たちの手で決めようとする住民の強い意志の下で、様々な試行錯誤が繰り返されてきたのである。

従ってここでは、何らかのまちづくりに関わってきた人々の存在とその活動を切り口に、絶えず変わりゆく町とそこに生きる人々のリアリティをとらえてみたい。時代の変化に対応しながら町の青写真を描き直してきた人々はいかなる思惑を持ち、彼・彼女らの主観や経験の中で町の変化はどのように認識されているのか。現在進行形の出来事に対する人々の評価や感想はときおり自己矛盾を含み、同じ人でも数年間でものの見方が変わることもある。しかし、ここではあえてそうした多様な「声」を整理せずそのまま掬い上げることで、一目ではなかなか把握できない東京下町の現在を示したい。以下では、町の変化に関わるいくつかの場面をあげながら、世代も性別も職業もバラバラな人々の「声」に耳を澄ませてみよう。[17]

消えていく世界のゲートキーパーたち

町工場の経営者や労働者、零細自営業者などは、二〇世紀以降、「近代的」下町としての向島の姿を形作ってきた層である。近年では衰退や廃業に追い込まれているとはいえ、彼・彼女らは依然として町内会や商店街組合など、住民組織の中心的存在であり、地域社会に一定の影響力を行使し続けていると言える。彼・彼女らは住み慣れた町の変化をどのように受け入れ、いかに対応しているのだろうか。ここでは、町内会長を務める二人の男性住民有志たちの語りを中心に、この点を考えてみたい。

15　林克明「東京スカイツリーの闇 再開発名目で江東区が野宿者を強制排除、抗議→逮捕→保護房監禁の恐怖」My News Japan 二〇一二年八月二十五日、http://www.mynewsjapan.com/reports/1682［二〇一七年六月一日取得］

16　その詳細な歴史については、金（2018）を参照されたい。

17　インタビュー対象者の年代・性別・職業はそれぞれ、Aさん（六〇代、男性、工場経営者）、Bさん（七〇代、男性、自営業者）、Cさん（七〇代、男性、自営業者）、Dさん（六〇代、男性、自営業者）、Eさん（五〇代、男性、大学教員）、Fさん（六〇代、女性、主婦）、Gさん（二〇代、男性、クリエイター）、Hさん（二〇代、男性、アーティスト）、Iさん（六〇代、男性、自営業者）、Jさん（四〇代、男性、自営業者）、Kさん（三〇代、女性、自営業者）、Lさん（三〇代、女性、自営業者）、Mさん（三〇代、男性、自営業者）。

工場経営者で、ある町内会の会長でもあるAさんは、高度経済成長期の集団就職で東北から上京し、そのまま向島に住み着いた人物である。若い頃は工場労働者として働いていたが、その時身につけた金属加工の技術を生かして個人事業主として独立し、今では家族で町工場を経営している。Aさんは数十年にわたって工業の生産現場に立ち、向島が「ものづくりの町」としてもっとも繁栄していた時期と、その後の長い停滞期をずっと見守ってきた。

この辺も、当時はかなり繁盛していました。会社がけっこうあったんですよ。ゴム屋さんがあったし、あと鐘紡があった。当時ですから、二十四時間営業ですよね。今とは全然違う（笑い）。高度経済成長期だったから、二十四時間回らないと間に合わなかった。機械がなく、全部手作業だったから。

（…）正月には事前にいいもの注文して着るのが流行っていました。だから商店街が潤ってた。今は身につけるもののほとんどが既製品じゃないですか。昔は全部手作りだったから、潤ってたんですよ。今は魚屋さんも八百屋さんもいなくなった。大量生産になってから、職人の仕事がなくなった。内職とかもそう。私はずっと住み込みで働いて、当時はそれこそ夜中までやってたけど、今は（仕事が）ないもんね。（Aさん）

一方、別の町内会の会長を務めるBさんは、先代から続く食料品の店を経営している七〇代の自営業者である。墨田区内で自営業を始めたのは北陸地方から上京してきたBさんの父親で、もともとの店は本所にあったが、東京大空襲の被害を受けたため、戦後になって向島に移転した。Bさん自身は向島で生まれ育ち、戦時中の学童疎開を除けば一度も向島の地から離れることなく生活してきた「下町っ子」(Bさんの表現)である。

(昔に比べると)変わりましたね。料理屋さんがなくなったでしょ。料亭。このマンションも料亭でしたし、向こうのマンションも料亭でしたから。大きな料亭だったんですよ。大広間二つあって、一二〇人は入れましたから。工場ももっとたくさんあったんじゃないですか。(…)取り壊して建て替えてくれればいいんだろうけれど、売られちゃうと困るよね。本当にね。最近、売る人が多いですよね。

(…)もうお店屋さんに行って買う人は、少なくなってるんじゃないですか。今だったらイトーヨーカドーに行くとか、あるいはスカイツリーの下のソラマチに行って買うとか。昨日、どうなってるのかな、と思っ

町中に点在する更地(2012年2月5日)

地区計画が決定し、密集市街地の取り壊しが進む京成曳舟駅周辺（2012年2月5日）

てイトーヨーカドーに行ったんだけど、もう、こんなに作っといて売れるのかしら。時間ももう夕方になっちゃったんですけど。人でいっぱいですよね。お惣菜ですよね、買って食べるのかな。昨日だって日曜日だから、自分で作ったっていいだろうに（笑い）。（Bさん）

AさんとBさんは、日本経済の高度経済成長の中でそれぞれの青年期を過ごし、経済的活況の中で工場経営者と自営業者として一定の社会経済的地位を獲得できた人たちである。彼らにとって、「近代的」下町としての向島の歴史は個人の人生の軌跡と重なるものであり、そのため、過去のことを思い出す二人の語り口にはどこか寂しさが付きまとう。「二十四時間回らないと間に合わなかった」（Aさん）「朝八時から夜十時まで仕事ばかりしてた」（Bさん）日々は過ぎ去り、二人の仕事仲間の多くはすでに引退している。亡くなったり、家や土地を売って引っ越したりした知り合いも少なくない。町内では木造家屋の取り壊しや建売住宅・マンションの建設が進み、顔の見えない新住民は増えつつある。彼らが作り上げてきた世界はゆっくり、しかし確実に消滅へ向かっていると言える。

とはいえ、彼らのこのような思いを、下町をめぐる新しい動きの対極にあるものとして位置づけ、町の変化がもたらす旧住民の喪失感という構図で説明するのは、いささか性急な判断なのかもしれない。というのは、AさんとBさんは彼らが作り上げてきた時代の終焉について、もっぱら絶望しているわけではないからだ。個人的な思い入れはどうであれ、町会長としてのAさんとBさんは、「古き良き時代」の復活を望んだり、既存の地域社会の秩序を新住民に一方的に押しつけたりする代わりに、目の前で進む町の変化に対するより現実的な折り合いのつけ方を模索しているように見える。

たとえば、町内に商店街があり、自営業者の住民が多いAさんの町内会では、既存の町内会とは別の組織を作り、東京スカイツリーをきっかけにした観光まちづくりに取り組むことで、停滞した町に新たな活力をもたらそうと働きかけてきた。Aさんの町内には永井荷風の文学作品にゆかりのある場所が含まれており、それを活かしたまちづくりが始まったのである。若い新住民との付き合い方が分からなかったり、防災訓練への参加者が年々減り続けたりなど、町の変化がもたらす様々な困難に困惑しながらも、Aさんは住民の手で作り上げる未来への期待を捨てたわけではない。


（マンションの住民は）うーん、なかなかそっちまで声かけても（町内会に）入ってくれないですね。管理会社さんもコロコロ変わるから、町会費を払ってもらえない住民は多いです。顔が分からないからね。（…）何というか、今の若い人たちの考えというのは私としてはちょっとつかめないところが多いですね。全員じゃないですけどね。結局、会社勤めですから。昼間いない、夜だけでしょ。（…）観光という言葉が出てきたのは、タワーができてからでしょう。町歩きの人は、だいたい高齢の方が多いですね。一部の若い人も来ますけどね。結局はこの辺で育ったり働いてた方がいますから、それを懐かしがってくる人が多いかな。（…）スカイツリーの効果も、これからですよね。やっぱり、我々がどう仕向けていくかですね。せっかく親から預かった店ですから、何とかしてね。店をやめても、商店街というのは残りますから。全部がなくなるわけじゃないから。（Aさん）

一方、住宅街の中にあるBさんの町内会では、中・小規模のマンション開発が活発に進んでおり、Bさんはその対応に追われている。とりわけ、二〇〇〇年代以降、新‐旧住民の間、あるいは旧住民‐開発業者の間でトラブルが発生した際に両者の間に入って問題を解決するのは、町内会長が果たすべき役割の一つとなった。Bさんは町内会長となって以来、自ら進んでマンション建設反対運動を起こしていく一方で、賃貸住宅の居住者や女性などを町内会の役員として積極的に受け入れる体制を作って実践してきた一面を持つ。

いちおう町内のマンション建設反対運動はしています。二二階建てを七、八階建てにしてもらうとか、そういうことは言ってありますけど、だいたいそれは通らないですね。建築許可が出ちゃってるものは通らないですよ。だから町会としてはもう二、三回話し合いをして、町会費を払ってもらうことと、近所に迷惑をかけないでください、ということを要求する。

（…）賃貸だって、手伝ってくださる方だったらいいですよ、どういう人でも。うちの町会はそういう点は割とあるでしょう。だってこれからマンションがどんどん建ってくる時代ですからね。「賃貸住宅の人はダメです」というわけにはいかないでしょう。（…）女性にオープンしたというのは、私の考えです。環境部、少年部、文化厚生部……。だんだん上にあげて行かないと、女性が育たないでしょう。うちの町会は年寄りが多いから、先のことを考えないとね。（Bさん）

新住民や観光客は、AさんとBさんがそれぞれ作り上げてきた世界にとっては異質的な他者であり、これまでのやり方が通用しない存在である。とりわけ新住民は都心などに通勤し、買い物には近隣商店街より大型小売店を利用するなど、物理的には旧住民と同じ空間に共存しながらもそのライフスタイルは大きく異なる。こうした理解しがたい他者との共存は決して簡単ではなく、住民の入れ替わりに対応しようとする地域有志らの努力は時に無力感と懐疑を生み出す。彼らが青春をかけて作り上げてきた世界はその姿を大きく変えつつあるが、それでもなお、彼らはできる範囲でその儚い世界を守ろうとしているように見える。

ある種の芯の強さ、あるいは柔軟性とも言えるこのような姿勢は、向島の地域社会が「どこの何者かわからない」他人同士が極めて人口密度の高い町で共存せざるを得ない環境の中で形作られてきたことと無関係ではない。地方から上京した「田舎者」（Aさん）と「下町っ子」（Bさん）は町の発展とともに大人になり、工場経営者や自営業者としてそれぞれ小さな成功を成し遂げた。その過程で彼らは見知らぬ他者と共存する知恵を身につけ、それは二人が住民組織のリーダーを務める立場となった

防災上の高い危険性が指摘されてきた路地の町並み
（2018年12月8日）

今でも発揮されている。彼らにとって馴染み深い世界は少しずつ消えていくが、その世界が教えてくれたものまでもがすべてなくなるわけではない。

「負の遺産」の再解釈

町工場の経営者や労働者、零細自営業者などが「近代的」下町としての向島を象徴する人々だとすれば、くねくねした狭い路地や築年数の古い木造家屋は、そうした人々の暮らしを象徴する風景である。路地の町並みは向島が辿ってきた近代以降の歴史がそのまま反映された空間であり、東京下町をめぐる近年の変化を圧縮して見せてくれる空間でもある。

震災・戦災による被害を免れた一角が残り、また、緩い地盤の上に乱開発が進んだ向島については、一九七〇年代後半から防災上の高い危険性が指摘され、国や都による防災事業が始まった。とりわけ、密集市街地という土地利用の特徴や大規模再開発に対する住民らの反対[18]などのため、それまで一般的だったスクラップ・アンド・ビルド式の防災事業とは異なる方向性が模索されていく。その結果、向島では「住み続けながら、住民の力で少しずつ安全性を高めていく」という目標の下、住民と行政、建築・都市計画の専門家グループの連携による住民主導型・修復型のまちづくりが進められるようになる。こうした一連の過程の中で、防災まちづくりは災害から命と財産を守るという住民の切実な要望に基づいた動きでありながら、それまで負の側面ばかりが強調されていた路地の町並みが見直されていくきっかけを作った。

では、向島の路地の町並みに関する従来の認識とはどのようなものだったのか。この点について、長屋や築年数の古い木造家屋で半生を過ごしてきた住民らは、次のような言葉を語っている。

> 墨田区は戦後すぐの頃から防災訓練を真面目にやってきた。子供の頃は分からなかったけど、あの頃にあれだけ真面目に防災訓練をやってた地区はなかったと思う。（…）いざとなった時に消防車が来てくれるとか、自衛隊が来てくれるというのは期待できない。近隣の人が「あれ？ あのお婆ちゃんの顔が見えないんだけど、もしかしてまだ家の中にいるんじゃないの？」と言って駆け出してくれるというのが人命救助の最短。自衛隊が来るまでなんて、はっきり言って三日かかっても来ねぇよ。消防車だって道がアレだから通れない。（Cさん）

18　東京都の「江東再開発基本構想」の下、一九七五年に着工した墨田区北端の白鬚東地区第一種市街地再開発事業では約三八ヘクタールの地区内に住宅や小・中学校、コミュニティ会館、病院などの建設が行われ、向島における最大規模の防災再開発となった。しかしながら、地域社会では密集市街地から再開発地区に移った住民を中心に「古くから暮らしていた住民のコミュニティが破壊される」という批判が多く寄せられ、こうした意見がその後の防災まちづくりの展開にも影響を与えた。

この辺はね、マンションと言ってもね、出世した人が住む場所じゃないよね、という思い出があるから。よっぽどの落ちこぼれじゃないと来ないよね、という（笑い）。こっちに来るのは恥だというイメージがあるみたいなのよ。だから都心への距離からして不動産価格も非常に低い。（…）それだけ貧しい人とか、かなり限界の人が多いからね。でもそれがいいか悪いか言ったって、しようがないんじゃないかね。（Dさん）

このように、災害時の高い危険性だけでなく、貧困や過密とも結びつくものとして認識されていた路地の町並みに新しい観点から注目し始めたのは、防災まちづくりに関わっていた建築・都市計画の専門家グループであった。彼・彼女らは路地の町並み＝解決すべき課題ととらえてきたそれまでの都市計画の見方をひっくり返し、路地の町並みに蓄積されてきた助け合いの近隣関係を積極的に活かした防災まちづくりを提案した。そのうちの一人である専門家のEさんは、自らが向島と関わりを持った動機を次のように説明する。

（一九八〇年代の日本社会の状況は）大規模な開発事業に対して「もうそういう時代じゃないでしょ」と言いながらも、「こういう問題を抱えている市街地は、やはり手術していかないとダメでしょうね」という動きがあって。（向島の防災まちづくりは）斬新なものでした。ちょうど東京論が流行って開発が進められていった時に、町の残された生活の爪痕を守るという、面白おかしいところがあった。（…）あんなバカでかい土木建築物ばかり作って、本当の地域の文化というものを無視して、それでは何もいいことはないと思っていた。（Eさん）

専門家らの提案は瓦版の発行や雨水の再利用、防災地図づくり、防災ワークショップの開催といった形で次々と実現され、防災まちづくりは一九八〇年代から一九九〇年代前半にかけて大きな盛り上がりを見せる。それまでの一般的な防災まちづくりの手法が道路の拡張や建物の建て替えなど、物的環境の整備を中心としていたのに対して、向島での取り組みは、地域社会の自力の活動を防災の中心ととらえるところにその革新性があった。この点は社会一般からも大きく注目され、行政‐住民‐専門家グループの連携による住民参加型・修復型という新しいまちづくりの「先進事例」として、向島の名前が広く知られていった[19]。また、これには高度経済成長期以降、スクラップ・アンド・ビルド式の都市開発が批判され、町並みの保存をめぐる社会的認識が高まっていたことや、江戸・東京論ブームの中で下町が持つ個性や魅力が見直され始めていたことも影響した。

Eさんとともに防災まちづくりに取り組んできた住民のFさんは、防災まちづくりの動きに触発された町の変化を、次のように思い出している。

19　たとえば、次のような報道があった。「街づくりに建築文化賞　東京・墨田区の東向島地区」『朝日新聞』一九九一年五月三十日東京朝刊、「雨水の有効利用解説のガイドブック、大きな反響　先進的な取り組み――東京都墨田区」『毎日新聞』一九九一年九月二十三日東京朝刊、「街づくりに防災の思想　東京・墨田区の中のある試み」『読売新聞』一九九〇年八月三十一日東京朝刊、「川の手倶楽部　向島流、粋な街づくり　楽しく元気な勉強会」『読売新聞』一九九二年三月六日東京朝刊。

それまでは（行政と住民、専門家などが）「パートナーシップを組む」なんてなかったから、すごく注目されちゃった。それがうまくいったから、みんなが見にくるようになって、そういうのを支援する大学の先生とか建築家さんとかがいっぱい来て、「支援するよ」という形で入ったわけ。（…）新聞には書きたてられるし、NHKも来るし、何かあるとわいわい人が来るわけですよ。それまでは「こんな死んじゃったような町」と自分たちは思っていた。それが、外から来た人が「この町はいい町だ」って言ってくれるから、周りの人も「あ、自分たちの町はそんなにいい町なのか」と再認識したわけ。（Fさん）

さらに、路地の町並みをめぐる認識の変化は、防災まちづくりが予算不足や担い手らの高齢化によって停滞していった一九九〇年代後半以降も続いた。まちづくりの一環として空き家を活用した若手アーティストの展示会やワークショップなどが行われたことがきっかけとなり、相対的に家賃が安く、自由に改修できる居住空間とアトリエを求めるアーティストやクリエイターの移住現象が起きたのである。このような流れの中で登場したアートのまちづくりは、防災まちづくりから派生した動きでありながらも、既存の住民有志らと専門家グループにアーティストやクリエイターや市民などが新たに加わった形で行われていく。アーティストらの緩やかな制作活動は二〇〇〇年代以降、地域芸術祭の形で徐々に定着し、近年では東京スカイツリーの存在とともに注目を集めてきた。[20]

興味深いのは、防災からアートへという、まちづくりの一連の展開を経る中で、路地の町並みに対する評価が大きく変わってきた点だ。その災害時の危険性自体はさほど改善されていないものの、アーティストやクリエイターたちにとっての路地の町並みとは、向島の町が持つ個性や魅力の象徴として語られることが多い。

最初は、コミュニティがあるとかというのは全然知らずに入ってきて、古い町にスカイツリーという新しい開発が行われているということしか知らなくて、それが魅力的に聞こえて。スカイツリーが魅力的という意味ではなくて、大きな負荷が町にかかろうとしている、みたいな状況が。開発されてない町が開発されたらどうなるのかを、間近で見てみたかった。（…）なんか、ここら辺って開発しようとしてもしきれないところがあるじゃないですか。ああいうのがすごく特徴的だと思って。まっさらにできない、みたいな。○○駅の方でもマンションが建っててその前にバラックがあったりして、なんか消せない歴史みたいなのがすごく残るのが面白いな、と。（Gさん）

私は郊外の子供だったけど、ニュータウンに住んでた時に、それがけっこう気持ち悪かったというか、好きじゃなかったの。子供の時はそこまで気づいてなかったけど、それを何となくそう

20　二〇〇〇年代以降、向島で行われた主な地域芸術祭は、「アートまち大学」（二〇〇五～〇六年、文化庁「文化芸術による創造のまち」対象事業）、「向島芸術計画」（二〇〇七年、アサヒ・アート・フェスティバル参加事業）、「墨東まち見世」（二〇〇九～一二年、東京都・東京都歴史文化財団「東京文化発信プロジェクト」対象事業）などがある。なお、これらの地域芸術祭の担い手となったのは防災まちづくりから派生した市民団体（NPO法人）の「向島学会」である。

思うようになったのは、この町に来てから。（…）この町は今の都市的世界の中でも違うのがけっこう見えて。（…）私が思うこの町の良さというのが、すごいヒューマンスケールというか、人間のサイズだなと思ったの。路地とか。（Hさん）

GさんとHさんの語りは、アーティストやクリエイターらが路地の町並みで半生を過ごしてきた旧来からの住民とはまったく異なるまなざしを持っていることを示している。それは向島の町に財産や生業を持たない流動的存在ならではのまなざしであり、そこには下町の密集市街地に対するロマンチックな理解も見え隠れする。彼・彼女らの数は決して多くはないが、その存在や活動が変わりゆく町において新たな人のつながりを作り出し、場合によっては向島という町の対外的なイメージの変化にささやかながら影響を与えていることも事実だ。向島の町や東京スカイツリーに関する作品を制作・発表したり、地域の商店街や行事などを取材してインターネット上で発信したりすることがその例である。ある住民が「路地や長屋の暮らしは、今から思うと懐かしい。だからといってそこに戻りたいとは思わない」と語っているように[21]、長らく暮らしてきた人々が人生の様々な節目をきっかけに古い家を手放して引っ越していく一方で、片方では新しい住民によってそうした町並みが持つ価値が再発見されつつあるのが、向島の現在である。

スカイツリーを眺めながら

様々な新住民の流入は、町の変化を眺める視座もそれだけ多様化していくことを意味する。とりわけ、東京スカイツリーをめぐっては、墨田区への誘致が決定した二〇〇六年以降、停滞した地域社会に新たな活性化効果をもたらすだろうという期待と、観光客が増えるとはいえ、その波及効果は町の一角に限られるのではないかという懸念が交差してきた。墨田区は基本計画や産業・観光・都市計画などに関するマスタープランを次々と書き直し、区全体をあげて積極的な観光振興策に取り組んできたが、町の人々、とりわけ観光地化の影響を直接的に受けざるを得ない旧来からの自営業者層の間では、懐疑的な意見も多い。

だからもう、みんな大型店に負けたの、我々は。はっきり言って。だってそうじゃない？（…）（スカイツリーに関しては）全然そわそわしてない。人によって温度差がすごくある。商店街は個の集まりだから、自分に何ができるのかを自ら考えなきゃいけない。一過性のお客さんよりも、リピーターのおばさんたちが大事。間違いなく経済効果はあるんだから、七〇％はいいこと。（Iさん）

どうなんでしょうね。スカイツリーは。まあ、やっぱり地域の商店街とかはどんどんどんどん下がって、減っていくんでしょうね。ちょっと僕も建ったときいろいろ調べたんですけど、なか

21 向島におけるまちづくりを取り上げたドキュメンタリー映画『ふれあうまち 向島・オッテンゼン物語』（一九九五年、熊谷博子監督）の中で登場する住民の語りである。この映画は路地の町という共通点を持つ向島とドイツのハンブルク・オッテンゼンの両方における地域コミュニティや住民の日常生活、まちづくりの取り組みに関するドキュメンタリー作品で、日本全国一四〇カ所以上で上映された。

なか地域の方が……たとえば地方にイオンとかが入って、最初は地域の商店街と共存状態にいるんですけど、だんだん吸収されていって。まあ、残念だなとは思うんですけど、そういう大きい方も儲けるためにやってるんで。その、もしかしたら共存できる例になったら面白いんじゃないかな、とは思っています。確率としては……五%ぐらいじゃないですか（笑い）。（Jさん）

一方、多くの自営業者が東京スカイツリーの存在を町の零細自営業に対する脅威として受け止める中で、それを何かしらの転機としてとらえる人々もいないわけではない。たとえば二〇〇〇年代以降、初期費用の相対的な安さに惹かれ、向島において新たに小規模自営業を始めた三〇〜四〇代の比較的若い自営業者らがそうである。カフェやレストラン、バー、洋服屋、雑貨屋など、それまで向島にはあまりなかったような種類の個性的な自営業を営む彼・彼女らは、高齢化によって活力を亡くした既存の自営業者層の代わりに様々な地域活性化イベントを企画・実行することで、まちづくりとも一定の関わりを持ってきた。再開発や観光地化、都心への交通アクセスの改善など、外部的な状況の変化は、停滞していた商業を少しずつ活気づける要因となった。

三〇代の自営業者であるKさんは、そうした人々の一人である。東京スカイツリーからほど近い場所で数年前から雑貨屋を経営しているKさんは以前、フリーのウェブデザイナーなどをしながら生計を立てていたが、向島の町で予算に合いそうな物件を見つけ、長年の夢だった雑貨屋のオーナーになった。

まあ、町は変わるだろうな、とは思ったけど、観光客への期待を持ってここにお店を出してはいないのね。そういう期待は全然してなかったけど、蓋を開けてみれば、って感じかな。（スカイツリーが）建つ前から注目度がどんどん高くなってくるんじゃない？　まだ出来上がってない時から取材がすごかったの。（…）スカイツリーははっきり言って関係ない気もするけど、むしろそれがあるからこそ「負けないぞ」みたいな。（…）だってうちもお店やってるけど、「弱小だな」と思うのね。あの大きいところに入ってるのに比べると（笑い）。大きいところがやることもすごいと思うし、真似できないと思うけど、逆に

商店街の広場で開かれた古本市の様子（2009年4月2日）

ある神社の境内で開かれた地域活性化イベントの様子（2012年4月1日）

小っちゃいからこそできることもすごくあるような気がしてるのね。（Kさん）

店を開いたばかりの、「弱小」な自営業者であるKさんの背中を押してくれたのは、当時建設中であった東京スカイツリー効果であった。Kさんの店は東京スカイツリーが開業する前から「スカイツリーの麓」にある個性的でお洒落な店として注目され、本人による積極的な情報発信もあいまって、ガイドブックなどに頻繁に登場するようになったのである。「そういう期待は全然してなかったけど、蓋を開けてみれば」と語っているように、このことはKさんにとって意外な展開だったが、Kさんが一人の自営業者として町の変化に関心を持ち、近隣に店を構える他の若手自営業者などと交流しながら様々な地域活性化イベントを企画・実行していくきっかけとなる。Kさんの働きかけに影響されて地域活性化イベントに関わるようになった別の自営業者のLさんは、若手の新規自営業者同士のつながりの形成について、次のように話す。

なんか一緒にしゃべってると面白いというか、「頑張らなきゃ」という気持ちにもなるし。刺激はすごく受ける。（…）スカイツリーができてから、向こうも知り合いだからこっちに人を流すとか、こっちに来たら向こうのお店を紹介するとか、なんか関係性を作ろうよ、という感じで。Kさんがいろんなイベントをやってるから、そういう頭を借りて、ちょっと今回は「おんぶにだっこ」じゃないけど、向こうにチラシとかいろんなイベントの内容とかを考えてもらって、いろいろ教えてもらって、勉強だね。だから、ちょっともっとつながりが必要かな、と。（Lさん）

Kさんや Lさんのような若手の自営業者らは、東京スカイツリーに対する一種の抵抗意識を抱いている点では旧来からの自営業者層と同様であるが、一方で「スカイツリー効果」による注目という恩恵を受けている点で、より複雑な立場に置かれている。Kさんが「『なんだよ、あんなでっかいの建って』とか思うけど、やっぱり便利に利用してるから。便利っていいな、とは思うよ（笑い）」と冗談交じりに話しているように、東京スカイツリーの存在とそれがもたらす変化に関する彼・彼女らの認識には、両面的な態度も見られる。

長らく停滞状態に留まっていた地域社会の状況は、既存の自営業者層からすると、衰退と危機の局面として受け入れられてきた。それに対して、これらの新しい自営業者らは、向島の地域社会がそうした衰退と危機の局面に置かれていたからこそ小規模自営業を始める機会を手に入れた人々である。これらの人々にとって、不動産価値の低さは家賃など初期費用の安さを、放置された空き家・空き店舗の存在は自分の手で自由に改装できる物件が容易に入手できることを意味した。さらに、アーティストやクリエイターなどが点在し、東京スカイツリーの建設とともに大きく変わっていく町の環境も、彼・彼女らを勇気づけた側面がある。要するに、転換期にある町が持つ不確実性や不安定性は、危険要素というよりはむしろ可能性として受け入れられたのである。

自分はある時点からアンチ資本主義みたいになってしまったので。そう逆算していくと、選ぶものも段々変わってきたりとか、生き方につながるような気がするんですけど。（…）再開発に負けない個人商店や、これから何かを始める若い人たちがいるかわからないですけど、そういう人たちを応援したり。食事をする時でさえもサイゼリヤはやめておこうとか、もちろんマクドナルドは食べないし、とか。だからまあ、大きな町だけど意外とそういうコミュニティは生きてくるのかな、と。この店に集まる人たちが、みんながみんなそういう人たちであるわけではないんですけど。（Mさん）

近年では向島を東京スカイツリーで象徴される大規模な都市開発や企業中心社会の対極にある場所と見なした上で、新たな生き方を追求する若手の自営業者もいるが、Mさんはその一人だ。音楽活動をしながら小さな飲食店を経営しているMさんは、「誰のために仕事をしているのかわからない」サラリーマン生活に懐疑を感じ、向島で小規模自営業を始めた人物である。Mさん自身の言葉からもわかるように、Mさんにとって自営業とは、単なる生活のための方策である以上に、自らが追求する生き方の実践そのものである。それは利便性と効率化が求められ、大量生産・大量消費が果てしなく繰り返される資本主義システムに対する個人なりの抵抗である。Mさんはそのような生き方が可能な場所として向島を選び、価値観やライフスタイルを共有するアーティストやクリエイターの仲間らと緩やかな人のつながりを形成しながら生活している。

このように、東京スカイツリーの存在やそれがもたらす変化を見守る町の自営業者層の意識は、様々である。それは賛成／反対と明確に二分できる性質のものではなく、また、批判的な意見を持つている人でも、その背景にある考えは一概ではない。旧来から店を営んでいる人でも、新しく店を始めた人でも、向島の自営業者たちはそれぞれの経験や信念に基づいて「スカイツリーの麓」となっていく町を意味づける。とりわけ、若手の自営業者らにとって東京スカイツリーとは脅威であると同時に転機でもあり、向島という町で自営業者として生きていくことの意味は町の変化とともに見出されていく。彼・彼女らは大手小売店やフランチャイズチェーンに比べると微弱であり、旧来からの自営業者層に比べると流動性の高い存在であるが、両者のどちらにも完全に同化しない独自の思考を持つ存在として、少しずつ向島の地に根を下ろしている。

V　分節化する過去と「見えない」下町

前節では、町に生きる人々の多様な「声」を借りながら、それぞれ異なる立場にいる人々の主観や経験の中で町の変化がどのように受け入れられているのかを論じた。冒頭で示した町とその変化に関する人々の両方向的な認識は、個々人の実践や行為を通じて具体的に表れていた。町内会長のBさんはマンション建設反対運動を組織化する一方、賃貸住宅に住む新住民を町内会の役員として積極的に受け入れようとする。「こんな死んじゃったような町」と言っていた住民のFさんは、防災まちづくりの成功を経て密集市街地に関する自らの評価をひっくり返すが、Fさんの不安の原因が完全に消え去ったわけではない。若手の自営業者であるKさんは、大型商業施設に対抗する町の零細自営業者という自己意識を持っていながらも、「スカイツリーの麓」としての恩恵をそれなりに受けている。一見するとある種の自己矛盾を抱えているようにも見えるこれらの言動は、日々の生業と生活をめぐる様々な変化に柔軟に対応しつつ、より望ましい未来を思い描く人々の努力の中で生み出されたものである。

では、このことは何を意味するのか。ここでは、変わりゆく町に生きる人々の実践が、「ここはこういう町なんだ」という歴史性・地域性の認識と常に一定の接点を持つことに注目したい。零細な商工業者からなる「近代的」下町としての地域社会の姿は大きく変わってきたが、とはいえ、現在の町の風景や人々の暮らしはそうした時間が積み重なった地層の上に成り立っている。これまで通りの対応では時代の変化に追い付かないが、だからといって長い年月を経て形成された歴史性・地域性を無視することはできない。町の変化に対応する取り組みは、それがいかなる性格のものであれ、常に過去との連続性を意識せざるを得ない。現在の向島において、町の変化に何らかの形で働きかけようとする主体は、過ぎ去った過去が残したものとこれからやってくる未来がもたらすものをいかに接続させながら現在を作り変えていくかという課題に直面することになる。

要するに、過去は単に上書きされていくのではなく、実際には現在の変化のもとで書き直されている。過去の風景と暮らしの記憶は現在の町に生きる様々な主体の目的や認識、利害のもとで呼び起こされ、場合によって切り捨てられたり、現在と繋げられたりする。密集市街地での暮らしは画一的な再開発への批判という現代の都市計画の文脈において新たな価値を与えられ、大企業中心社会に振り回されてきた零細事業者らの集積状態は現代の資本主義社会への抵抗という生き方を根拠づける。ある主体にとっては恥ずかしい過去の断片が、他の主体にとっては魅力的なものとなる。転換期にある町の行方はまだ明確に定められておらず、様々な主体が描く青写真は、それぞれ異なる過去の断片を材料に下書きされる。

その結果、震災と戦災を免れた路地の町並みと、最先端の科学技術で作られた東京スカイツリーという、町の風景が示す明確なコントラストとは対照的に、町の変化をめぐる人々の意味世界は、複雑で把握しにくいものとなる。昭和の雰囲気が残る町が新築マンションやフランチャイズチェーンによってどんどん浸食されていくという分かりやすい構図から「見える」下町の裏には、必ずしも一つの方向性に収斂しきれない無数の「声」が浮遊する、「見えない」下町が存在するのだ。このまま衰退していくことを望んではいないが、安易な郷愁の対象にもなりたくない「見えない」下町の人々は、分節化された過去をそれぞれの方法で書き直しながら現在を生きている。

言うまでもなく、東京下町は日本社会における巨大な共同幻想としての「下町」イメージが付きまとう場所である。ほのぼの、懐かしい、温かい、人情……。特定の地域や場所が持つイメージの中でも「下町」にまつわる幻想はとりわけ強力であり、東京下町に足を運んだ経験はないがイメージとしての「下町」はなんとなく知っている、という人は多い。東京スカイツリー内の土産売り場があえて「ソラマチ『商店街』」を名乗り、分譲マンションの広告に「洗練と温もりの融合」などといった表現が登場することからも分かるように、東京下町は「下町」イメージが実際的な力を持って現実に介入してくる場所である。そのため、幻想は幻想の領域だけに留まらない。「下町」イメージの生産と消費は東京下町を突き動かしてきた動力の一つであり、そうした意味で、東京下町では「下町」イメージが想起させる過去が常に現在と共存してきた。

　これに対して、本稿で見てきた「見えない」下町の人々による過去の掘り起こしは、ノスタルジーをともなう「下町」イメージの生産・消費[22]という文脈からは説明しきれない、複合性を持つ営みである。人々は時には「下町」にまつわる幻想を都合よく利用し、時にはそれを冷笑しながら、地域社会の転換期を生き延びてきた。変わりゆく町を見つめる人々の思惑は多様であり、その実現はときおり自己矛盾を含む。良かれと思ってやったことが意図せざる結果を生み出したり、気まぐれな実験に過ぎなかった試みが新たな可能性を切り開いたりすることもある。東京下町の現在における過去の存在感は目新しいものではないが、重要なのは、それが単なるノスタルジーの次元を超えて、流動的で複雑な現代社会を生きる多様な主体の戦略の一部として用いられているということだ。町の変化に対応する人々の取り組みは「下町」イメージの生産・消費という文脈から完全に自由ではないが、とはいえ、人々はそれに束縛されてはいない。逆説的にも、「近代的」下町としての地域社会の面影が薄くなったからこそ、人々は分節化された過去の断片を自由に選び取って活用しているようにも見える。

　そこから考えられるのは、東京下町における時間の多層性である。現在、向島を含む隅田川以東の「近代的」下町は、東京の中でもっとも早いスピードで過去が消えていく場所であると同時に、それが凄まじい勢いで蘇らされる場所でもある。新たな変化は常に過去を参照しながら成立し、過去との連続性の上で方向づけられていく。長らく東京を取り巻く変化の「圏外」に留まってきた町には、大規模な都市開発の代わりに、時代の変化に対応しながら小さな成功と失敗を繰り返してきた個々人という動力があった。町の人々は未来に進みたいがために過去を振り返り、それぞれの信念と経験に沿ってそれを呼び起こしていく。過去に関する様々な主体の認識は不揃いで分かりにくいものであるが、それは画一化されないモザイク状の都市空間としての東京下町を成り立たせる要因でもある。変わりゆく向島の町と人々の姿は、資本や権力によって突き動かされる世界ではなく、時にはそれらに振り回され、時には抵抗しながら生きる個々人の実践からなる複雑な世界として都市を眺める視点の必要性を示している。

22 メディア論・文化社会学の研究者である日高勝之は、このような動きを「昭和ノスタルジー」と名付けている。日高によると、「昭和ノスタルジー」とは「昭和30年代、40年代を中心に、主に昭和中後期の文化、生活、社会、風俗に焦点をあてたメディア文化関連のもの――映画、テレビ番組、音楽、雑誌・書籍、テーマパーク、展示、観光、食、ファッションなど――が主に21世紀の初頭前後以降に大量に生産され、幅広い人気を集めている文化現象」を指す（日高 2014: 19）。

参考文献

日高勝之、二〇一四、『昭和ノスタルジアとは何か』世界思想社

日比恆明、二〇一〇、『玉の井――色街の社会と暮らし』自由国民社

Hillery, George A., 1955, "Definitions of community: Areas of agreement," *Rural Sociology*, 20: 110-23.（＝一九七八、山口弘光訳「コミュニティの定義――合意の範囲をめぐって」鈴木広編『都市化の社会学（増補）』誠信書房、三〇三―三二一）

広井良典、二〇〇九、『コミュニティを問いなおす――つながり・都市・日本社会の未来』筑摩書房

木村礎、一九八〇、「東京の下町――その形成と展開」地方史研究協議会編『都市の地方史――生活と文化』雄山閣、二九二―三一三

金善美、二〇一八、『隅田川・向島のエスノグラフィー――「下町らしさ」のパラドックスを生きる』晃洋書房

墨田区、二〇〇七、『墨田区基本計画――新タワー関連事業編　平成18年度〜平成27年』

――、二〇一〇、『墨田区史　通史編』

墨田区産業観光部すみだ中小企業センター、二〇一四、『平成25年度　墨田区産業活力再生基礎調査分析報告書』

竹中英紀、一九九二、「インナーエリアにおける社会移動と地域形成」高橋勇悦編『大都市社会のリストラクチャリング――東京のインナーシティ問題』日本評論社、九一―一二四

多摩ニュータウンの五十年を振り返る

インタビュー＝成瀬惠宏　聞き手＝三浦倫平・武岡暢・久山めぐみ（本書編集）

なるせやすひろ　一九四五年愛知県生まれ。一九六八年に名古屋大学卒業、日本住宅公団（現UR都市機構）に入所。多摩ニュータウン開発に十五年半、立川基地跡地再開発に二年半、八王子みなみ野シティ開発に四年間従事。一九九一年、（株）都市設計工房を設立し日本の大規模都市開発・再開発に関与。東北津波復興（陸前高田市・山田町）支援、アフガニスタンなど海外プロジェクトへの技術支援にも関与。

多摩ニュータウンの理論的背景

武岡　あらためて、多摩ニュータウンの理論的背景とされる近隣住区論というものについて、ご説明いただけますか。どういう理論だと理解すればいいのでしょうか。

成瀬　昔からなかったわけではないと思うんですけど、それが整理されたのは一九二四年で、クラレンス・ペリーの概念[1]が適用されたアメリカ合衆国ニュージャージー州のラドバーンなどが有名です。ラドバーンのニュータウン開発で歩行者と自動車を分離する手法が採用されました。当時、T型フォードが一九〇八年に発売されて自動車が急激に普及し始めていて、今とはくらべものにならないけれど……。まだ交通ルールが出来ていない時代です。（信号機の代わりに）旗を振って走っていた時代ですから、新たに出現した機械に対して、防衛的に街（特に住宅地）を作らなければいけないのではないかと考えたのが始まりだと思います。

幹線道路に囲まれた交通上安全で快適なコミュニティ空間を形成するというのが近隣住区論の考え方です。西欧社会では教会が中心になったイメージで、教会を中心とした日常生活圏です。この理論と、ラドバーンの住宅計画を考えた人は同じ国の同時代人ですから、諸々の交流はあったのではないかと思います。で、戦前の日本でも適用しようと考えた人達もいて、「日本では教会がないから、何だろう？・神社？・」とか言って。半分冗談で「銭湯」と言う人達もいたらしいです（笑）。

近隣住区論は、車に対する部分は新しいと思うんですけど、その他の部分はそれ以前の理論に依拠しています。例えば、一九世紀末に、エベネザー・ハワードの田園都市論[2]が出ていますね。彼は都市計画の専門家ではなくて、何かを発明したくて仕方がなかった街のオッサンです。そのハワードのアイディアを具現化したのが建築家で後に都市計画家となるレイモンド・アンウィンらです。こうして、世界の近代都市計画の流れが出来るわけです。彼らはレッチワースという街を作るための田園都市運動をおこない、都市デザイン会社を作り、一部はアメリカに渡って、わずか二、三十年の間に世界中で近代都市計画が確立されてくるんです。

また、大きな戦争が起きると、戦争に行っていた人達が新しい文化を学んで帰ってきます。彼らは昔いた田舎町に戻るのではなくて、大都市に止まることも多かったですから、都市人口が突然増えて住宅需要が高まるということが、第一次世界大戦のあと、世界中の大都市で起きていたんです。その受け入れ先として、世界中で田園都市という概念が流用されて、住宅地開発や新都市開発が出現してきたんです。

遡って、第一次世界大戦前に起きていた最初の都市問題はスラムの存在で、田舎から出てきた連中が非衛生的な暮らしをしていた。それゆえにコレラなど伝染病が蔓延して膨大な人々が死んだんですよ。日本でも、年間一〇万人とかいうオーダーに達したこともあり、今の交通事故の比じゃないくらいの数が亡くなっているんです。戦前の日本の住宅地開発では、「健康」「衛生」というキーワードを付けると住宅が売れたらしいんです。快適よりも基礎的な衛生や健康であるというのが重要だったんです。そういう時代だったので、第一次世界大戦後くらいから「大都市が肥大化することは危険だ」という考え方が出てきます。その解決策としてハワードが既に出していた「田園都市」の概念を流用しました。国際都市計画会議が出来て、戦前のアムステルダム大会1924では、大都市の膨張を止めなければならないという話が出てきて、大都市の環境改善に手を打つ緊急対策は不可能に近いので「衛星都市論」というのが出てくるんです。当時、今で言う乗り合いバス（オムニバス）や、郊外電車も出てきて、都市圏を広げるツールも整ってくるんですね。そういう背景を受けての田園都市論だったということです。

田園都市論が出てきた直後の一九〇三年ぐらいには、最初の田園都市レッチワースの建設がスタートするんですね。それは、近隣住区論が出てくる三十年近く前、自動車も普及していない時代の話です。それから十年ぐらいでレッチワースなんかはほとんど作り終わるんですが、レッチワースにコミュニティ概念がなかったかというと、そんなことはなく、一応あったんですね。「コミュニティ」という概念は、最初に誰が言い出したか知らないですけど、普遍的にプランナーの頭の中にはあった概念です。それを自動車問題と結び付けたのがクラレンス・ペリーの近隣住区論だと私は思っています。それまでのコミュニティ論はそんなに明快ではなく、誰がどこで始めたのかも明快でないです。何となく近隣住区論みたいなものが出来上がってきたということですね。

三浦　欧米のコミュニティですと、形態的にも、教会という宗教的なシンボルを中心に作り上げられている。ただし日本の場合は神社を中心に作られている街は多くないですよね。そうした違いもあって、近隣住区論を日本にそのまま適用できなかったのかなと思うのですが。

成瀬　「近隣住区」というのは、基本的に「歩いて行ける」範囲での概念です。そうすると、日本では必然的に小学校区が近似的な街の構成単位になります。日常の買い物の場となる近隣商店街も有していますね。となれば、何となく人口規模・面積規模も自ずと決まってきます。日本の古い小さなコミュニティとは別だけど、「何々町何丁目」と付ける時の町名が、何となく近隣住区の概念と似たり寄ったりになります。

西欧のように教会がない日本の住宅地計画の際に重視されたのは、小学校だったんです。そういう考え方は戦前からあったとは思いますが、公団が「住宅団地を造る」となった時に、小学校を手掛かりに住宅団地を計画し始めたようです。特に同世代の人が住むので、子供の発生率が高くなるということもあって、学校というのは、いちばん重要なコミュニティ施設として無視し難い存在になるわけです。学校をどうしたら良いのかという研究は公団の調査研究部門の中で、とりわけ大きなテーマだったと思います。

1　クラレンス・ペリー『近隣住区論――新しいコミュニティ計画のために』倉田和四生訳、鹿島出版会、一九七五年（原書一九二九年）

2　大都市の周辺の田園地帯に建設された住宅都市。居住環境が良好で、利便性とともに田園的要素を備える。エベネザー・ハワード『新訳　明日の田園都市』山形浩生訳、鹿島出版会、二〇一六年（原書一九〇二年）

武岡　そうですね。他にも、心理学者とか社会学者も、団地調査をしていますね。

三浦　成瀬さんは以前（多摩ニュータウンは）近隣住区論を常に超えたいと思っていた」とおっしゃっていましたが、どういった意味でしょうか。

成瀬　私が若い頃から、都市計画界、もしかしたら社会学界でも「近隣住区論批判」というのが出ていたんですよ。黒川紀章あたりも言っていたと思います。当時は「コミュニティ」と「アソシエーション」が対語になっていて、近隣住区というのは閉鎖型コミュニティで面白くない、という批判です。「アソシエーション」のようなつきあい方が都市的であって、「コミュニティ」というのは古い時代の名残りであると主張する人達がいて。そういう議論を受けて、われわれの中で「コミュニティ」を否定するわけではないですけど、それをオープン化しようという議論もあったんです。それを、私の先輩達は「オープンコミュニティ」と呼んでいたんです。

また、ハワードの流れを汲んだイギリスの新都市計画は、新都市を作ったら、そこには必ず働く場所を作る、というものでした。日本では「ベッドタウン」という造語があるように、「都心部に通えば良い」とされていたんですが、イギリスの新都市計画が理想的なようにも思えたんですね。イギリスの新都市計画は、大都市の過密環境の中に人々を住まわせるべきではないという論調です。従って、人口だって三万人を超えたら良くないとされているくらいです。イギリスとの対極が好きなフランスの新都市計画は、日本と同様にその一〇倍ぐらい。多摩ニュータウンと似たり寄ったりで、しかも都心に通うことを前提にしています。

三浦　根本的な質問で申し訳ないのですが、なぜ（働く場所が）必要なのでしょうか。働く場所がないとコミュニティの性質が変わってくるということですか。

成瀬　そもそも大都市の肥大化を抑制したいと考えているのに、通勤手段を考えないといけない――つまり、都心に通勤しないといけなくなるということです。多摩ニュータウンの場合は、鉄道を整備させる、でも小規模だと鉄道経営が難しいから三〇万人という人口を整えることによって鉄道が経営できるという論を導き出すんですね。イギリスの三〜五万人の田園都市は多摩ニュータウンの永山駅圏とほとんど同じですよ。米国のコミュニティ型ショッピングセンターの商圏と似たり寄ったりで、それだと教育施設は高校ぐらいまでですね。イギリスのニュータウンでは「それで良い」とし、働く場は、近くに仕事があれば良いという態度です。ところが、日本の場合は、都心での仕事が先にあるんですね。フランスなど他国もほとんど同様です。

少し話を先に進めますけど、イギリスのニュータウンは、その後に「ニュータウンブルー」と言われる問題が生じるんです。イギリスのニュータウンはホワイトカラー寄りじゃなくて、ブルーカラー寄りらしいんですよ。だから、イギリスのニュータウン住民は、ほとんどロンドン都心まで通わないらしいんです。もちろん、日本では鉄道定期券は割引がありますが、イギリスでは通勤通学定期券割引というシステムもない、などと聞いたこともあります。だから、この「ニュータウンブルー」の意味は、若者達が文化の最先端に触れたいのに「ニュータウンに閉じ込められちゃう」という不満らしいんです。アメリカの小さな新都市開発でも不満を持つのは中学生で、彼らがコミュニティの中で問題を起こしやすいと言っていましたね。そういうことで、職場がニュータウンには欲しいんだけど、その職場というのは、彼らを辛うじて雇えるというだけでは駄目なんですね。多摩ニュータウンでは、ベネッセみたいな企業の進出で、大量に住んでいる高学歴の女性達が自慢できる働き方が可能になるわけです。すなわち、多摩ニュータウンに移り住んだことが自慢になる形じゃないと、多摩ニュータウンを積極的に選択してくれるということにならないわけです。

武岡　人口が三万人から五万人で自立している都市を作るというのは階級社会的な発想かもしれませんね。

成瀬　日本でも人口三万人ぐらいの都市ってあるけど、そこにどんな産業があるかというと、そんなに大した産業は出来ていないですよね。今ならば、その土地で作ったものを世界に売れないことはないんだけど、そういう時代じゃなかったですから、近所で消費できるものだけを作るというわけですから、何となくコミュニティは閉じるという形になります。昔は、三万人ぐらいの地方都市はたくさんありましたよね。田園好きのイギリス人向けにハワードが考え出したのは、ロンドン周辺にそんな田園都市を何個も作れば良い、という発想です。だから、イギリスの田園都市というのは三万人とか五万人という小さな人口規模なんです。最後の今も作っていて最もイギリスらしくない「ミルトン・キーンズ」というニュータウンだけ人口は二五万ぐらいで、まったくの例外です。イギリス人の何人かは、この街を田園都市の発展形と言っているけど、田園都市の伝統はまったく受け継いでいないと私は見ています。

必要悪として始まった

三浦　一九六〇年代なかばから、多摩ニュータウンの建設に向けた動きが始まりましたが、そもそも、なぜ多摩ニュータウンが必要とされたのでしょうか。

成瀬　多摩ニュータウン開発の着想は、東京都の初代首都整備局長の山田正男[3]です。ワンマンだったので、皆から「山田天皇」とも言われていた人ですけど、彼いわく「東京の都市問題を解決できないから仕方なくニュータウンを考えた」ということです。アムステルダム会議での議論と同じなんですけど、口悪く言うとそういうことになります。本来ならば東京の中心部の都市改造をやる方が良いと思うけれど、人口増加に追いつかない。つまり、東京の都市政策が失敗したからニュータウンを計画したというのです。多摩ニュータウンは必要悪だ、というのです。必ずしも東京の中だけで解決できるわけではないんだけど、地方から大量の人が上京してくるので、東京が一定程度の責任を持つしかない。手早くニュータウンでも作って対処しようという話です。

武岡　多摩ニュータウンを見ているだけでは分からないというか、東京全体の帰結として多摩ニュータウンがあるということですね。

成瀬　そうそう。それからもうひとつの理由として、このエリアが都市計画法・建築基準法の適用もなく無法地帯になってスプロールが進行していたらしいんです。ある意味で、悪徳業者の草刈り場みたいになっていたらしい。南多摩丘陵って都心からそんなに遠くないわけで、八王子よりは相当近いわけです。でも、鉄道の便が悪いから大きく残っていて、その薪炭林は燃料革命で二束三文化していたようです。「この辺を放置するとたいへん不味いことが起きる」と心配されていたみたいです。

武岡　悪徳業者としては、買い叩いてどうとでも建物を建ててしまえば、その時代には住宅が欲しい層が分厚く存在していた、ということですね。

成瀬　多摩ニュータウンの初期、昭和三十年代後半すなわち一九六〇年以降は、土地価格の急上昇で公的な土地買収は追いつかない状況だったようです。予算は付いていても実際に価格で折り合える土地は少なかったらしい。東京都が多摩ニュータウンの土地買収のために用意した予算は、まったく執行できずに繰り越していた都営住宅用地の予算だったといいます。当時、東京都にとって、都営住宅が建てられる場所は、もう多摩ニュータウンしか存在しない状況だったらしいんです。

武岡　この時、新住宅市街地開発事業[4]の枠組みで買ったんですね。

成瀬　いや、正規の法手続きをする前に任意で買っています。極端に言うと、一ヵ月待つと土地の値段が上がってしまう時代ですから、法的な手続きがされる前に「ここは行けそうだ」と思ったら直ちに土地買収予算は付いたらしいんです。

武岡　その時は土地収用ではなかったんですか。

成瀬　法手続き前ですから、土地収用は出来ませんので任意で売ってくれる人からの土地買収のみです。諏訪・永山[5]の七、八割は民間の持ち込み物件だったらしいです。当然、多摩ニュータウン開発計画があることも知らなかったようです。

久山　当時の住宅公団[6]の職員は、多摩ニュータウン計画という東京都の意向を内々で知っていて動いていたんですよね。

成瀬　東京都は内緒で三年ぐらい調査をしていて、本格的にやると決めた途端に当時の公団にマスタープランづくりを頼んだ形です。つまり、最初の頃の話は、まったく知らなかったらしいんです。そのマスタープランづくりも内緒でやるために、当時の公団本社内に秘密の一部屋を作って、外から見えないように、窓は紙が貼ってあって「七人衆」と呼ばれる有能な人物を諸々の職場から引き抜いてきて仕事させ、その内容は他人にしゃべってはいけないという缶詰め状態だった

3　都市計画家。一九三七年、内務省都市計画東京地方委員会に勤務し、第二次世界大戦後は東京都首都整備局長などを務める。首都高速道路の建設を主導するなど、東京のインフラストラクチャーの整備事業において権勢を振った。

4　住宅需要がきわめて多い地域で、良好な住宅市街地を開発することを目的として実施される。宅地の造成だけでなく、公共施設の整備などにより、住区を形成し、街路や事業所などを備えた住宅市街地を開発することを目的とする。事業手法は全面買収方式。

5　一九七一年三月に入居が開始された、住宅公団施行による住区。諏訪は第5住区、永山は第6住区。多摩ニュータウンでもっとも最初に開発が始まった区域である。永山団地や諏訪団地など、当初の住宅政策に沿った、大量に廉価な住居を提供する建物が立ち並ぶ一方、オイルショック後には、タウンハウス諏訪など、良質でデザイン性もすぐれた住宅が建てられるようになった。

6　戦後の住宅難を解消するために日本住宅公団が一九五五年に設立される。一九八一年、宅地開発公団と統合され、住宅・都市整備公団となる。一九九九年には都市基盤整備公団に改組され、二〇〇四年に独立行政法人都市再生機構（UR）となる。

らしいです。私が入社するよりも五年ぐらい前の人達ですね。私は昭和四十三年（一九六八年）入社だから、その人達は三十八年（一九六三年）ぐらいから始めていたんです。

美濃部都知事の翻意

久山　成瀬さんが当時の公団に入られたのは、多摩ニュータウン開発が始まったあとに美濃部都知事が就任してからですよね。

成瀬　そう。私が入った頃は、美濃部都知事が当選後しばらくして多摩ニュータウン開発は止めようと言い出した一年後です。多摩ニュータウン開発を着想し推進してきた当の東京都が手を引くという話ですから、それで、多摩ニュータウンの司令塔が弱体化してしまうんですね。その頃、発案・推進者の山田正男は建設局長に追いやられて、何の権限もなくなっていたんです。でも、私が入社した頃に東京都の当初メンバーで、何とか多摩ニュータウンを成功させたいと思っていた人々が自分達の思いのたけを残しておこうということで、後日、公団メンバーがバイブルと呼ぶ青表紙の『多摩ニュータウン構想―その分析と問題点』（一九六八年三月）という遺言みたいな報告書を残したんですね。美濃部都知事時代に出たんで、これを美濃部都政の方針と勘違いした発言も後に出ますけれど、それは大間違いです。

そんな状態で司令塔であるべき東京都が躓いている一方で、当時の公団は美濃部都知事の直接の傘下にあるわけではないですから、国と相談しながら勝手にやることになったんです。だんだん東京都にも相談しなくなって、司令塔であるべき東京都の権限が何となく失われるみたいになっていったんです。その後、昭和四十四～四十五年（一九六九～七〇年）ぐらいになって、ようやく、美濃部都知事が「多摩ニュータウンも何とかしなければならない」と言い出すんですが、次の選挙戦間近になってからです。

久山　何故、知事の意向が変わったのでしょうか。

成瀬　こんなことじゃ困ると、裏で動いていた多摩ニュータウン関係者がいたらしいんですね。それで、美濃部亮吉という学者をかつぎ出し、革新都政が躓かないように裏で軌道修正していた東京都政調査会の小森武専務理事に相談する人々が増えていたんです。で、ある時期からは「小森詣で」という現象が裏で起きていたんです。美濃部都知事が多摩ニュータウン開発を止めてしまうと、「美濃部都政が行き詰まる」

と小森さんも心配して応じてくれたんですね。小森さんに相談に行った東京都の多摩ニュータウン関係者の話では「土地買収済みだから不味いです」と伝えると、小森さんは「それなら美濃部は学者が言うことなら聞く耳があるから、誰か学者に言わせよう」というアイディアを出してくれて、都留重人一橋大学教授（経済学者）を座長とする「東京問題調査会」（美濃部都政の下での東京の都市問題は何かを議論する）に「多摩ニュータウンについて」という特別テーマを検討させるんです。その結果、「多摩ニュータウンを前知事は単に都市政策として始めたかもしれないけど、私達は住宅政策として考え直す」という趣旨で、「多摩ニュータウンは低密度の人口三〇万人でなくて、高密度の四〇~四五万人にすれば、多数の人々に住宅供給できる」という革新知事らしい論調の文章を書いてくれたんです。「それならば庶民のためになるから、開発を進めても良いんではないか」というわけです。で、多摩ニュータウンの計画人口を三〇万人から四〇~四五万人に増やしなさい、という経済学者の計算が出されるんです。実際はそう簡単には増えないはずですから、当時の公団はまったく協力しなかったんですけど、東京都は、机上の計算で「じゃ、四一万人にする」として、それが今日まであり得ないような計画人口が長らく変えられなかった理由なんです。後々の事情も加わって、多摩ニュータウンの実人口は今二二万人ぐらいで将来も二五万に届くかどうか怪しい感じです。

しかし、それだけでは足りないと見た小森さんは「美濃部さんは外国人も好きだから」ということで、英国のエンジニア系ではない都市計画学者のウィリアム・A・ロブソン教授を呼んできて、日本の多摩ニュータウン開発の悪口をいっぱい言わせて、その中に「イギリスのニュータウンと比べると東京都心に通うことになる」からよろしくなく「ニュータウンの中に職場を設けるべきである」、つまり職住近接と言い始めるんです。われわれとしても、もちろん本当にやれるんだったら悪くないから、これは受け入れたんですが、その後も長く続いた美濃部都政の中で、本件について東京都が何かしたということはほとんどなかったと見ています。それでも、このふたつの学者提言を受けることによって、多摩ニュータウン開発は、何となく前へ進みそうになります。

ところが、ひとつ大事件が起きちゃったんです。当時の公団が勝手に大規模ニュータウンセンターの開発運営を担う第三セクター「新都市センター開発株式会社」（一九七〇年設立。以下、新都市センター開発（株）と表記）を全国会社として設立しようとしたんです。大規模ニュータウンセンターのマネージメントをやるのには、そんな新会社があると好ましく、その運営利益を地域還元したかったんです。で、美濃部都知事に「全国会社で作ったのがけしからん」と、猛反発されたんです。この議論が一年間くらい長引いていたんですが、当時の公団だけでは解決できない別問題も浮上してきて、当時の公団総裁と美濃部都知事とが話し合うことになったんです。公団総裁は「新都市センター開発（株）を多摩ニュータウンでの地域限定会社にする」と宣言し、また、美濃部都知事が座長となる「東京都南多摩開発計画会議」という場に参加させることになりました。そこには関連市町の首長を入れたんですが、その新会社が勝手なことをやらないようにという意味も含めて、新都市センター開発（株）の社長もメンバーに入れたんですよ。

なお、別問題というのは、住宅供給する際に学校建設への財政支援を巡る問題が生じていたんですね。当時の多摩町のような小さな自治体にとっては、恐ろしいほどの財政負担だという主張で、これを解決できずにいたんです。当時の多摩町は約十年で一〇〇億円の赤字が出て今日の夕張市みたいになってしまうという試算をして抵抗していたんです。これに対して、真の解決策じゃないんだけれど、本来なら学校用地は買ってもらうのが筋なんだけど、「当面、無償貸与するからどうか」と提案して一応の結着を見るんです。また、当時町田市は『団地白書』を発表して、公団などに厳しく「団地お断り」と言っていたんですが、とりあえず何となく握手できて着工し、一年後の一九七一年三月に初期入居が実現したということです。

で、多摩ニュータウンで東京都が最初に土地買収したのは愛宕[7]の辺りなんですが、美濃部都知事が突然「イエス」と言ってくれても、今さら間に合わない状態にあったから、公団開発エリアに都営住宅を建設させてくれと申し出るんですね。都営住宅を大量かつ早期に供給することは、革新都政にとっては素晴らしいということから、相互乗り入れのコミュニティミックスを提唱してきたんです。

武岡　「都市政策」と「住宅政策」のニュアンスの違いはどういったものですか。

成瀬　住宅を供給する政策には、国や自治体からお金をもらえるんですよ。しかし、都市を開発する政策は、郵便貯金の使い道である財政投融資という形でお金を借りられるだけです。だから、最終的には土地価格としてエンドユーザーに負担してもらって借金を返すことになります。巨大な住宅団地を供給するならお金はもらえるけれど、都市らしい魅力要素を付加するにはお金に苦労するんですね。法律上も予算上の仕組みも、住宅系制度の方が手厚いんですよね。だから何か都市的な魅力要素にお金を使おうとすると、土地価格に加算できるかを考えるんです。

武岡　住宅というのは福祉的に考えられているのですか。住宅困難層がいて、という風に。

成瀬　そのとおりです。特に、公営住宅（都営住宅・県営住宅）というのは、完全に住宅福祉なんです。金融公庫や公団・公社住宅まで含めて、そこそこ福祉の意味合いが含まれていますが、それらは、いずれも土地がないと始まらない話ではあります。

多摩市が解決を求めた四つの問題

三浦　その後、二期目の開発に進むにあたってはどのような困難があったのでしょう。

成瀬　多摩ニュータウン第二期住宅建設を前にして、多摩市から四問題を提示されたんです。これら四問題は極めて都市的な問題だったんですね。多摩市にとっては、（住宅公団の）住宅建設部門が住宅団地のことしか考えずにやるのがけしからんということになってもいたんです。典型的だったのが、住宅団地を造っても駐車場をきちんと作らないから路上駐車がいっぱい出てしまったんです。また、鉄道なし入居になったからバスが大渋滞で、それで多摩市が要求したのは、まずは鉄道を開発させてくださいというのと、それから病院がないと困るというのと――それから、次の地域の課題だったんですけど、行政境界が跨がった住宅団地になりそうであるというのと、最後がいちばん大きかったんですけど、従来からの要請であった自治体財政支援です。その四つを解決してくれ、というのですが、これらは単なる住宅団地問題じゃない

7　東京都施行区域。一九七一年に都営住宅と公社住宅の建設が始まり、諏訪・永山に続き、一九七二年に入居開始した、最も古い入居地区のひとつ。八王子市にまたがる第17住区に属す。映画『耳をすませば』（スタジオジブリ製作・近藤喜文監督、一九九五年公開）の主人公の住宅のモデルとなったとされる団地がある。

ですよね。多摩町には住宅建設部門には常々不信感があって、多摩ニュータウンの土地開発担当の都市開発部門に出てきてくれと要請してきたんです。

武岡　多摩ニュータウンの土地開発担当部門というのは、成瀬さんがいらっしゃったところですよね。

成瀬　そうです。当時の公団には「住宅建設部門」と私が所属していた部門の「都市開発部門」がありました。本当は「都市開発」でなく「土地開発」の方が分かりやすいんですが、自分達では「都市」と言いたかったんでしょうね。

この間に、日本社会全体では交通事故や公害や自然破壊とかいろいろなことが起きてくるんです。一九六九年、二子玉川のショッピングセンターとして高島屋が出てきたこととかも含めて……。多摩ニュータウンでもいろいろなことが起きるたびに美濃部都知事もだんだん乗り気になって、「職住近接」とか「緑三〇パーセント」とか言い出したんです。そして、美濃部都知事の側近からは「マンモス学校やプレハブ校舎なんてもってのほか、学校も理想的にしたい」などと、百家争鳴状態にもなってきたんです。その前に、多摩市は、次期の住宅建設を止めていたんですが、何か思いつく毎に言葉が出てきて、誰も何も解決しないから、単に標語だけがいっぱいという状態が続いていたんです。

そんな中、第4住区（聖ヶ丘）を次の土地開発エリアとして協議していた一九七三年、多摩市議会が突然「自治体財政支援が出来ないなら、自主財源を確保することにしたいから、あそこは産業団地にしてください」と自治法に基づく意見書を突然に決議してしまったんです。そうなって初めて、それが多摩市にとっての最重要課題であることを理解したんです。それまでは「日本全体で他市を含めて決めた標準ルールなんだから……」と高をくくっていたんです。すでに四問題のうち三つ解決したから、もう合格点だと思ってたのに、最後の問題を解決しないと駄目なんだと初めて認識したんです。

それで、東京都で百家争鳴状態になっていた問題と、多摩市からあらためて問われた問題をまとめて解決するしかないと覚悟し何人かと相談して、早速ケーススタディを始め、皆が言っていることを統合すると、こんな実態が生じるはずであると関係者内で発表したんですよ。もし産業用地も確保して、緑三〇パーセントも実現させると住宅用地が減るから、人口は減るしかなく、そうすると、人口は三〇万人ぐらいにしかなりませんから、昔掲げた四一万人目標は実現できないんです。ただ、人口を減らしすぎると、美濃部都知事の号令で昔、三〇万人から四一万人に増やした面子が立たないんですね。われわれは絶対に三〇万人を切ると思ったんですけど、再び実現不可能な「三三万人」とか言い出し、さらに四一万人という目標も残したままの二重計画人口が存在し続けるんです。それはまったく笑い物なんですけど……ね。

久山 それが、一九七四年の十月に決まった「行財政要綱」[8]に反映されたということですね。

成瀬 そうです。早速、専門委員会を作って一年かかって議論し、その時には美濃部都知事はもう何も言わなくなっていたんですよ。これらはもともと次の第二期住宅建設への課題対応だったんですが、ニュータウン全体ルールにしても問題ないと判断するようになるんです。それらを多摩市ともやりとりしながら、結局、最終答申が一九七九年七月ぐらいには出て、十一月ぐらいに多摩市を含めて皆で合意したんです。そうしたら、多摩市は一、二カ月のうちに第二期住宅建設へのゴーサインを出してくれたんです。結局、そこまでに三年ほどかかってしまいました。

まあ、人口については嘘っぽいところがあるけれど、他の諸々の問題は全部点検し、全体的なバランスもチェックしていましたから、問題解決の方向が具体的になったんです。ということで、結果的に、多摩ニュータウン開発の今後の基本方針を全面的に変えることになりました。その後に追加されたのは、戸建住宅地を少し入れるぐらいのことでして、基本的な枠組みが確立したんですね。

量から質への転換

久山 オイルショックが起こった一九七三年、日本全体で「一世帯一住宅」が実現していますね。その時、住宅供給に関する行政の方針がそのために変わるということはなかったのでしょうか。

成瀬 統計調査ですから、そのことに気付くのは分析してか

8 「多摩ニュータウンにおける住宅の建設と地元市の行財政要綱」。第九回東京都南多摩開発計画会議により策定。「多摩ニュータウンの居住計画人口は、三三万人」「緑とオープンスペースは、住区面積の三〇パーセント以上を確保する」「住民の利便と職住近接に寄与するため、すでに予定されているもののほか、業務施設用地をできるだけ確保する」などのように取り決められた。

タウンハウス諏訪

らで、結局は二、三年後だったと思うんですね。それとオイルショックと同時だったから。最初はオイルショックで売れないと思っていたんです。当時、物価が三割ほども上がったオイルショックについて計りかねてもいたはずです。最初は知らなかったけど、もし住宅需要が満足しているのであれば、長期的に駄目だということになります。

久山　そのことが分かったあとにも、開発スケールを縮小しようという提案は出なかったのでしょうか。

成瀬　すでに土地買収済みですからね。住宅よりも産業の方が売れるのであれば、仮に住宅供給は減っても土地が売れる方を選びます。

武岡　世帯数と住宅数がだいたい均衡したという話ですけど、それは全国の話でしょうか。

成瀬　全国、どの都道府県でもすでに……という話です。

武岡　で、現に売れてなかった、と。

成瀬　そうそう。だから、単に「今なお住宅が極端に足りない」と楽観視していたのに、それがどうも通用しないなという感じを持ち始めたところだったんです。

武岡　そして、計画を縮小しようという話ではなく、良質な住宅を供給しましょうという話になった、と。

成瀬　当時、広大な多摩ニュータウンなのに高層と中層の集合住宅しか建たないのは不味いなと思っていて、昔のテラスハウスの復活を企んだんです。そんなことで、公団内の住宅建設部門に相談を始めたんですが、それまでは五階建ての公団住宅を造ってきたのに、当時の都市計画法・建築基準法の改正で、今後は高さ一〇メートル制限で三階建てまでしか建たなくなった土地が随所に出現したんです。これは大変な時代になる、ということで、三階建てなのに五階建てと同じ戸数密度が実現できる技術開発を始めたばかりでした。名古屋市の八事や千葉県の浦安とかでやったらそこそこいけるということが分かって、それで、それらの新技術を統合したニューモデルを作ったんです。それが「タウンハウス」でして、そこの総集編モデルを「多摩ニュータウンに作りたい」ということで、私に場所を探してくれと頼んできたんです。皆に見せるモデルだから、そこは「鉄道駅から歩いて行ける」「多摩ニュータウンらしい自然が豊かである」という条件で選んだんです。

久山　入社されてからどれぐらいですか？

成瀬　多分だいぶ経ってますね。昭和四十三年（一九六八年）に入社しているから、タウンハウス諏訪[9]の計画が始まったのは、恐らく昭和五十年前後で私は三〇歳ぐらいだったです。当時の公団は、結構、自由闊達な組織でして、オープンな雰囲気の集団だったから、必要なことはやらなきゃいけないんだけど、多少選択できて「こんな仕事をやりたい」と言って始めたり、ときには別チームを組んでやることも出来たんです。自分の専任テリトリーはあったけど、そういうことも出来る組織でした。私が関わっていたのは次の入居があるという緊迫感のある時期・場所だったので、ずっと先じゃなく、今考えて結論を下すと即着手するみたいな部分が多かったですね。だから、何か方向転換を提案すると、それがすぐに実施に結び付きやすい時期・場所だったんですね。

それで、当時タウンハウス諏訪を供給したら、思いのほか人気が出ちゃったんです。オイルショック後では何が正しい値段なのかも手探り状態だったんです。社会的には建設原価で売れないから、値下げして売る時代だったんですね。それでも、応募倍率〇・一～〇・五倍という住宅不況時代だったんです。そんな時に、今までまったく見たこともないタウンハウスを出す羽目になっても、誰もが値付けがしっかり出来ない状況で、建築系の人はデザインに自信があると発言するので、経営系の人から「そんなに自信があるなら原価で売ってみろ」と言われたらしいんです。だから、応募倍率は当時の他物件並みかと覚悟してたら、非常に調子よくて、間取りによりますが、約六〇～一五〇倍となったんです。で、私達は「世の中は変わったのかな」と思って、当分は、この路線に追従すればタウンハウスは売れると直感したんです。それ

9　一九七九年に入居開始。住宅専有面積八三～八六平方メートルの低層高密度住宅。多摩ニュータウンでは最初に建てられたタウンハウスであり、「量より質」の時代への転換を象徴する公団住宅である。

ゆえに、そこから多摩ニュータウンでの住宅供給の方針が大きく軌道修正されました。

新都市開発は福祉ではない

三浦　二〇〇一年におこなわれたシンポジウムの中で、多摩ニュータウンについて、「未熟な〝計画者〟が金と時間の制約の中で決断した街」だとおっしゃっていますが、具体的にはどういうことなんでしょうか。

成瀬　それは、大方二、三〇代の若者がやっていた、急いでいた、ということです。それから、すべてが居住者負担になる、新住法（新住宅市街地開発法）という制約の中でやることになったことも尾を引くんですよ。これは国民に良質な住宅を原価供給できる新住宅市街地の開発を支援する法律で、新都市の開発を支援する法律ではないんですね。そのために強制収用権を付与されていますが、無理をすると土地返せ運動に繋がる可能性があるから、どうしても躊躇するんです。一方で、地元の自治体の要望は、「自分達のは良くして」ということであって、何も東京全体で住宅に困っている人のための住宅を私の街に造ってほしい、などとは思っていないんです。

加えて、都市計画をやっている専門家も、他人の力を借りて、「良い街を作ってみたい」と思ったりする。単に住宅を安く造るだけでは物足りないので、自治体の力を借りながら少しでも良い街に近づける努力をするんです。

ところが、のちのちになると、一般の人は「何で理想的なニュータウンを志向しないのか」と詰問してくるんですね。理想のニュータウンを作るためには、お金はどこから出てくるかというと、エンドユーザーである居住者が負担できる範囲内ということになるんです。だから公園のグラウンドに「夜間照明を付けてくれ」という話が出た時は、「それは多摩市の税金で対処してくれ」と返したんです。そうしないと、多摩ニュータウンの居住者は二重負担になってしまうからです。同様の理由から、パルテノン多摩も、その建設費は多摩市に準備してもらいました。仮に一時的に立て替えてあげることはあっても、最終的にはそれは税金から返してくださいね、という仕組みになっています。そういう形でやっていますが、どの方法がいちばん好ましいかは、物差が違う人々からは詰問されるという事態も生じるんです。

武岡　居住者負担というのは、何年かの家賃で街灯などを建てる建設費を回収するということですか。

成瀬　基本的には土地開発原価に加算されるということですが、マーケットプライスを超えないようにしないといけないんです。もしマーケットプライスに収まらなければ売れなくなってしまうから……です。

武岡　そういう意味で言うと、福祉として新都市開発をやっているわけではないということになりますか。

成瀬　そうそう。公営住宅は完全に住宅福祉で、公団住宅も国から家賃に対して利子補給が入って安め設定になっていますが、土地開発は完全に不動産事業の視点でやっているんです。国の財政投融資というのは借金そのものです。国が債務保証をしてくれるというけれど、必ず利子を付けて返済しなければいけないことは、まったく変わらないんです。それも郵便貯金からの借金は当時七〜八パーセントの高利息です。民間からの借金の方が利息が二パーセントほど安いという時代も出現し、しばらくは本当に割高で困っていたんです。

武岡　その二パーセントの違いは大きいですね。

成瀬　多摩ニュータウン開発においては、鉄道建設も民間がやっているし、ショッピングセンター開発も民間がやっているし、住宅建設も公団や民間がやっているから、私達がおこなってきた土地開発費そのものは、上物を含む総投資額の四分の一から三分の一で、それほど大きくはないんですよ。土地開発に伴って東京都や公団・公社が直接支払った利息は、名目上は約三割ですけれど、実質上は過半にもなるんですね。もし利息を除けるなら、土地開発原価なんて総投資額の一五パーセント内外なんですよ。だけど、その仕事は新都市生活の舞台づくりであり、将来的に建物建替えや土地利用転換などが生じても、土地開発された新都市の舞台は大きく動かないと思っています。

三浦　もしかすると、人によってはもうちょっとお金持ちの街にしてもらいたいという人がいたかもしれない。

成瀬　貧乏人のために作った街が貧乏人のためであり続けるのが失敗かというと、そうではないんですが、お金持ちのニュータウンに変質していると、「成功している」と思う人が世の中にはいるんですよ。

武岡　社会全体の中でのニュータウンの位置づけがあまり考えられていない。だから、全体で見ると、タウンハウスが売

10　成瀬惠宏「イベント学会『リボンフェスタ多摩２００１』記念シンポジウム用／当日配布レジュメ」（二〇〇一年八月二十五日）

れたり付加価値的な方向になるわけですよね。じゃあ貧困層がどこに住むのか、ということですね。

成瀬 そういう意味では、低所得者向けの住宅は初期の頃は造ったけど、その後はミドルクラスにシフトしました。そういう住宅需要が顕在化しない時代になってきたこともあって、多摩ニュータウンは庶民のための住宅を造っていないじゃないかという批判も受けなくて済んだんですね。

武岡 日本全体が住宅を貧困層に提供すべきだという発想に乏しいということもあるのかな、と。

成瀬 日本全体では、持ち家主義を標榜し、そちらを優先していたから、住宅提供という形で福祉を構築しなければいけないという感じではなかったんですね。そもそも、本当に住宅提供という形で福祉をやらなければいけないのか、という議論もあるんですよ。生活保護みたいな総合福祉をやって、どこに住んでも良い、しかし一定家賃補償をする、という手立てもあり得るからです。

武岡 「多数派」とか「平均像」に向けた住宅を、という話は、初期がそうだったということで、その後は良くも悪くもそうではなくなってくる。タウンハウスの成功によってクオリティ志向になっていく、それによってターゲットにする社会階層が上方移動していくということが良かったのか悪かったのかというあたりですけど。公団というのはそういう事業体だったんだと言えば、まあ、それまでかもしれないんですけども。

久山 そういう風に変わった時、共有している目標が初期から変わったことについて、公団の職員の方々は目的意識やモチベーションの変化を、どう感じていたのですか。

成瀬 私が在籍していた組織は、どちらかというと、「公団という仕組みを使って、自分が考える都市計画を実現させたい」タイプの人が多かったから、多様な街づくりがやれるのは有り難いと思っていたでしょうが、住宅建設部門にいて、住宅福祉に生きがいを感じていた人達にとっては、ちょっとずれたかもしれないですね。住宅建設部門は「住宅を供給する」ことにすごい意義を感じていたと思いますから……。

多摩ニュータウンの都市軸

三浦 永山に連れて行っていただいた時に、歩行者専用道（遊歩道・緑道）ネットワークを繋げようとしていたのが、すごく面白かったです。

成瀬 人々の生活空間づくりでは、ご近所同士というコミュニティ形成は否定するわけにいかないですが、それをもっとオープンにし諸々の住民交流が可能になるようにしたかったんです。それらが自分の町にとどまらず、隣町の人と気が合うという場合もあるわけだから、オープンコミュニティにしていきたいと考えました。単に隣同士だとかご近所同士だから住民交流できるということだけでなく、共通の趣味で住民交流できるという仕組みに持っていけないかなと思ったんです。今で言えば、それは「テーマ型コミュニティ」と呼びますが、昔は「アソシエーション」と呼んで住民交流の形を促進したかったんです。

三浦　歩行者専用道ネットワークに関して、成瀬さんは「都市軸」「環境軸」「景観軸」というキーワードを挙げられていましたが、どういうことですか。

成瀬　歩行者専用道というのは、簡単に言えば、人と車が分離できれば良いわけですよね。それが最初に導入された米国のラドバーンでは、基本的に平面分離で済んでいて、必ずしも立体分離までは求めていないんですよ。だけど、多摩ニュータウンでは、「幹線道路を乗り越えて隣と繋げたい」と思ったので、随所に立体交差を導入したんですね。歩行者専用道ネットワークは、近隣住区内で閉じるネットワークではなくて、隣の近隣住区にも繋がっていくように伸ばしていったんです。

普通の道を舗装して「車が通れません」と言えば、それで済んじゃうし、幅も二メートルあれば歩けちゃうかもしれないですけど、多摩ニュータウンの歩行者専用道は緑豊かで、言わば緑道（遊歩道）なんです。緑道（遊歩道）沿いに砂場やブランコやベンチなどがあって、子供が遊ぶ場があっても良いという感じで、道幅を拡げて、ときには「道広場」なども造ってしまうというような考え方です。公園でしか出来ない遊びでなければ、子供が遊ぶスペースなんて小さいから、道の中に入れてしまえば良いと考えたんです。

そうやっているうちに、この緑道（遊歩道）に「もっと違う意味も付加しよう」という考えが出てきて、誰かが「都市軸」という言葉を使い始める。都市軸というのは都市の発展形の軸として認識できるような軸ですね。いろいろな場面があって、長い場合も短い場合もあるんですね。例えば、多摩センターのパルテノン大通りとかは典型です。

自分達は都市計画をやっているというかやりたいから、何とか「都市」という言葉を使いたくて仕方ないんです。また、都市という大スケールの魅力も欲しいんですね。当時の公団

落合・鶴牧の富士見通り（宝野公園内）

の中では、主力の住宅団地の設計をやっている人達に大きなデザイン力、技術力があるんですよ。もともと住宅を造る組織だから三分の二か四分の三は住宅団地を造る人です。予算もたくさん付いたんですね。しかし、土地開発は予算が少ないんです。そんな中で、都市計画をやりたくて、土地開発をやっている人が、何をもって実力を誇示できるのか——実際、それが出来るようになったのは、多摩ニュータウン開発の当初からではなく、オイルショック後のことなんですよ。最初の十年間は団地設計の発想・技術を借りていたんです。

職住近接の理想が実現

成瀬　普通の住宅団地を造っても、入居者を募集すれば高倍率で集まるわけだから、最初は余計なことをしなくても住宅用地は売れていたんです。ところがオイルショック以後は、なぜか住宅用地が売れなくなって、たまたま売れたのが産業用地だったんですよ。職住近接は確かに理想なんですけど、簡単には実現できないな、と悲観していたんですね。それが、最初は港北ニュータウンだったんですけど、何となく売れると分かり、多摩ニュータウンでもやってみたら、産業用地は売れたんです。すでに二子玉川をはじめとして郊外デパートも出てきて、郊外が必ずしも不便でなくなってきたということもあり、職場が郊外であっても良いという気運も出てきて、大学も郊外に出すという政策もあったから、それに伴って、一九七五年から一九八〇年前後には、郊外にもチャンスが出てきたんですね。日本で難しいかなと思っていたニュータウンの理想目標である職住近接が、本当に実現できるかは非常に不安だったんですが、何とかなりそうになってきたんですね。

武岡　そうなってくると、単なる住宅団地という話ではなく、都市を目指すということになった。

成瀬　そうそう。当時から「住宅だけで都市は作れるか」という議論がありましたが、本当にデザインを上手にやると、住宅団地っぽくなくて都市らしいものが出来るのではないかという議論です。多摩センターの南側の落合・鶴牧[11]エリアではそういう感じのものを造ったつもりです。産業立地や大学立地が大きく期待できるわけではないですから、都市らしい空間を住宅だけでも造れないかと考えたんです。それまでの住宅団地では各住戸を設計して、それを配置設計して、身近な環境がそこそこ良ければ良いじゃないのと思っていたものが、都市軸に沿って、素晴らしい景観の住宅がレイアウトされるようになってきた、というわけです。

武岡　「都市らしい空間」と言う時に、都市計画をやっていた方々というのは、都市じゃない領域というのをどう考えていたのでしょうか。基本的には農村をイメージされていたんですか。

成瀬　基本的には、ハワードの田園都市論を念頭に、都市と農村という概念で考えていましたね。ハワードの田園都市論が面白いのは、人口三万人の田園都市の周辺に農村があって、そこに二〇〇〇人の人が住んでいるから、三万二〇〇〇人であると言っている点です。その境目はきっちりしている感じで、拡張しないようにグリーンベルトを配し、侵食防止する発想です。日本の感じだと、これはなかなか難しいですけど……ね。

三浦　新都市内でも人々の多彩な交流が少ない住宅団地内というのは「アーバン」と考えられていたんですか。

成瀬　そこは、アーバンという感じではないですね。多摩ニュータウンで言うと、駅前はアーバン性が出てくるけど、奥まった場所は単なる住宅団地かなと思っていて、そこはアーバンであるとは思っていないです。だから、多摩センター地区と各駅前くらいに、その様相が出てくると思っているんです。尾根幹線道路沿いの各地区公園などに人々が行ったか

11　落合・鶴牧地区（第10・11住区）は公団施行で、これらは一体の開発による。多摩センターに隣接する地区で、住区全体に大観的な構造が意識され、オープンスペースによる基幹空間を中心とした都市設計となっている。富士山が中央に見える緑地空間や、残土を利用し築かれた人工の山などがある。

らといって、そこのアーバニティが高まるとは思えないです。

「もし百貨店が進出したら」

三浦　成瀬さんが、多摩センター地区[12]について、「街全体に『総合ＳＣ（ショッピングセンター）』の概念を展開しようと」した、と一九八二年のシンポジウムで発表されていたのを読みました[13]。これは、具体的にはどういうことを意味するのですか。

成瀬　私が「総合ＳＣ」と言った理由はですね、恥ずかしいからあんまり言いにくいけど、「多摩センターは（多摩ニュータウンの）都心だ」と言い張ろう、と思ったんです（笑）。そういう場所を建築的に造ろうとした例でもあるんですよ。ところが総合ショッピングセンターを開発運営しているデベロッパーからは「へたくそな道路なんかを入れないでくれ」ということがあったんですね。確かに、総合ショッピングセンターのデベロッパーは上手くデザインして、人々の交流を生み出すような空間を作り出しているんです。今で言うと、イオンモールなんかは完全にそうですね。かと言って、多摩センターにまったく公共空間を入れないというわけにもいかないですから、道路で分断されてしまうということがないように「総合ＳＣ」をプランニングしたいと思っていた、という意味です。

　ともすると、各街区の個々の建物毎に閉鎖的になって街がバラバラになりかねないからです。総合ショッピングセンターでは、店舗を外向けには作らないのが彼らの原則ですけど、もっと「道沿いに店を出してくれないか」とか、百貨店にも「外向け店舗を作ってくれ」と注文するんですが、なかなかやってくれないんですね。「外向け店舗は、折角囲い込んだお客を外へ逃す」と思っているんですね。当時は、「喫茶店だけでも外から入れるようにしてくれ」と言っても「嫌だ」って言っていましたね。しかし、最近は、そうでもなくなってきているんですけど。多摩センターでは、店を外向けにさせるのに苦労しました。

三浦　この時代だと、多摩ニュータウン以外の場所で、好ましくない商業開発の事例にはどういうものがあったのでしょうか。

成瀬　新宿副都心なんかは、道路でバラバラになっていますね。全建物が自分の内側へ向けて店をやっている感じです。大量に土地を提供すると、あのパターンに陥る恐れがありますので、ああならないようにしたい、と思ったんです。

三浦　個々の百貨店にとっては、その方が儲かるわけですよね。どうやって説得されたのですか。

成瀬　次の第二期施設建設戦略の中では、私は「三位一体」と言い続けたんです。百貨店とレジャータウンとホテルはワンセットで同時建設する、という戦略だったんですが、その中でいちばん言うことを聞いてくれないのは百貨店ビルでした。

武岡　百貨店は、自分達（だけ）でひとつの総合ＳＣだと思っているわけですからね。

成瀬　そうそう（笑）。それで、その立地を提供して、他でやったら商売にならないという場所を作りたいわけですよ。極論すれば、門前町が出来るのは歓迎せず、門前の店と中に入る店は徹底的に差別化し、高い家賃が取れるようにしたいんですね。百貨店って、基本的に〝場所貸し業〟ですから……。

武岡　そういう意味で言うと、百貨店と多摩センターは根本的に矛盾するというか、利害が対立する部分があるような気がします。

成瀬　百貨店はね、この頃ですら、ある種の「百貨店限界説」みたいなのがあって。当時、日本にもブティックなど専門店に人気が出てきて、若者は大型店には行かないという時代だったんですね。当時、日本の百貨店業界はかなり落ち込んでいて、その中で生き延びている例外と言われていたのは伊勢丹くらい。百貨店業界には将来性があるとは思わなかったんですが、一応未だ百貨店ブランドも生き延びていたし、公団という組織の集団合議制で物事を決めるには、百貨店など大型店でしか勝負できないような感じがあったんですよ。小さなブティックが次々と……ではやりにくかったんです。

　大型店で言うと、当時はスーパーマーケットが少し発展したイトーヨーカドーなどを「スーパーストア」と呼んでいたんです。もうちょっと大きいのはＧＭＳすなわち「ジェネラ

12　多摩センター駅周辺に設けられた、商業・娯楽・業務などの機能を集約した「新都市センター」のこと。多摩センターには、ベネッセコーポレーション東京本部、東京海上日動システムズ本社などのオフィスビル、京王プラザホテル多摩、サンリオピューロランド、パルテノン多摩などの施設がある。

13　成瀬恵宏「第5回都市計画シンポジウム　景観整備とまちづくり　新都市のタウンセンターにおける景観整備手法について『多摩センター地区』を事例として」（一九八二年六月二十五・二十六日）

ルマーチャンダイジングストア」と呼び始めたんですが、日本では未だ成立していないという議論もありました。次は「特に買い回り品をどこで買うか」という視点で都市間競争に勝たないといけないと思ったんです。当時の多摩ニュータウン住民は、もう若者でもなかったから、「とりあえず百貨店で行くかな」と見込んだんです。野村総研は石橋をたたいて渡る会社だったから、「百貨店は今は成立しない」と言い張ったんですけどね。

武岡　何だったら成り立つと思っていたんでしょうか？

成瀬　「次もスーパーストアだ」と言うんです。でも私は、「ふ

（上）（中）多摩センターの商業施設（下）パルテノン多摩

たつ目のスーパーストアは要らない」と考えたんです。それで、嫌がる野村総研にオルタナティブを書かせて、その第二案に「もし百貨店が進出したら」という仮シナリオも書かせて、第一案を無視したんです（笑）。そして東京百貨店協会（加盟十四社）に行って、彼らに非常に丁寧なアンケートをお願いし、現地案内では多摩ニュータウン周辺のお金持ちの家を見せて（笑）、多摩センターに進出しませんか、と聞いたんです。

風を読む

成瀬 公団関連の第三セクターである新都市センター開発（株）は、最初に総合SCのグリナード永山を上手く開発したんですけど、その後に変なマネージメントを始めて、いちばん大事な時期に機能不全に陥ってしまうわけです。多摩ニュータウン開発の進展に合わせて、今や多摩センターにも住民が満足する総合SCを作らなければいけない時期ですけど、何やら「先行投資のリスクが高い」と言って、取りかからないんですね。挙句の果てに、「公団が住宅を造ってくれたら、その下で下駄履き店舗なら出来る」みたいなことを言い出して。多摩センターのイトーヨーカドーのところに超高層住宅を造らせて、その足元にスーパーマーケットを入れれば、建設費も要らないという話が出てきたんですよ。そこの住民が隣の駐車場やパチンコ屋に反対するなんてことになると、多摩センター建設が躓くこともあり得るので、結局、その計画は止めさせたんですが、そんな会社に街の将来を任せられないということになって、センター会社の業務範囲を思い切って縮めることにしたんです。当時、テナント集めも出来ないと主張するので、結局、百貨店一社のテナントビルだけをやらせることにし、百貨店業者は私が探したんです。そんなセンター会社は、京王や小田急が出たいとか言っているのに他業者に決めて、両者から抗議文をもらったり、京王百貨店を桜ヶ丘に追いやったりしているんです。で、京王や小田急のみならずサンリオ、ベネッセなども参加することになったんです。

武岡 歴史の偶然という感じで、そういうことになってしまった。今、時間が戻るとしたら、第三セクターのセンター会社は作らないということになるんですか。

成瀬 当初は、商業開発で利益が出ると思ってたのに、そうでもなかったんですね。でも、私が知る他の第三セクターと比べると、経営状態は圧倒的に良いはずです。次にやるべき投資をしていないから経営的には安全なんですね（笑）。本当は、次々と何か作ってほしいんですけど……。実は、南大沢の三井アウトレットは「多摩センターに来たい」と言っていたんです。商店競合が……などと言って決断しないから、三井側がしびれを切らして「南大沢でやる」と言い出したんです。

武岡　じゃあ、その第三セクターがボトルネックになっていなかったら、アウトレットも多摩センターに来ていて、今以上の魅力が形成できたかもしれないですね。

成瀬　そういうことです。実は、百貨店の進出も長らく決心できず、小田原評定を見かねた担当部門が遂に建築確認申請を出しちゃったということで、やっとスタートしたらしいんです。

大事な時期に優柔不断な人達による集団合議制では有効に機能しないわけですよ。こういうことは、世の中にはときどきあることで、それをときにはバイパスする手立ても必要なんです。花を持たせてやりたいんだけど、あまりにひどい時はバイパスも必要で、結果が上手くいきそうになると、尻馬に乗ってきますから、追い詰めてはいけないです。

武岡　三井の話なんかは、かなり、現実の街に影響を及ぼしてしまっているわけですよね。ひとつの偶然と言えば、偶然だと思うんですけど。

成瀬　私はよく言うんだけど、偶然に追い風が吹く時があるわけですよ。都市計画って力がないですから、風を読まないといけないんですね。大学立地、企業立地が可能だと思ったら、その大学、企業が「立地しても良い」という時にまとめないと駄目なんですね。それらは、街の大きな資源になってくるわけですから……。それが、都市づくりの天・地・人ですね。

ニュータウン法があれば良かった

三浦　今の点とも重なるのですが、街ににぎわいを作り出していくことについて、現時点で多摩ニュータウンについてどう評価されていますか。

成瀬　残念ながら、私は多摩ニュータウンは大味だと思っているんです。大方は、集団合議制で物事が決まっていくわけですが、巨艦だから、適時の軌道修正は大変なんですね。不幸なことに、役所体質は時間コストを無視しがちで、適時に物事が決まらない、つまり、誰か突っ走っちゃうということが出来にくいんですよ。だから、全土地が管理下にあったりすると、全体主義国家みたいな動きになってしまうんです。

個々人の創意工夫が生かせるとか、全員が「良い」とは言わないけれど、本人がリスクを取って、「街のために良かれ」と思うことをチャレンジする（失敗したら本人が責任を持つ）ということがあった方が面白いんじゃないかなと思うんです。何もかも予定調和でしか成し得ないのではなくて、予期しない新しい商業施設だってあり得るはずだから、それを誰か読んでチャレンジしてくれれば、その方が新鮮味がある街になるんじゃないかと思ってたんです。それが、ここ多摩ニュータウンではやりにくいんですよ。港北ニュータウンは区画整理であるがゆえに、大量の民有地において、地主がそこそこのチャレンジをしてくれるわけですね。ところが、多摩ニュータウンは、大方の土地を公が持っているので、そこが物事を決めないと何も進まないんです。本当に小さなことでもそうなんですよ。だったら、天・地・人に恵まれた際には大きな方針を一挙に決めた方が良いということになります。そうなると、百貨店を呼んで一挙にドンと進めるという形なら出来るんですが、小さなブティックを少しずつ出すというのは、不得意になってくるんです。

少し話は飛びますが、一階の住居の一室が街路に開かれて設計されたプラスワンという住宅、あれもどちらかというと、自己責任の発展形なんですね。多摩センターに近接していてアーバニティが少し滲み出す住宅地とはいえ、商業ポテンシャルがあるとは言い難いですから、自己責任でやってくれる店舗や事務所などがあって良いのではないかと考えて、遊歩道（緑道）沿いにフリースペースを一部屋付けるんです。そのプラスアルファのフリースペースが道行く人に何か語りかけて交流を促してほしい、と用意したんです。各自が出来る範囲で道行く人と交流を図ってほしい。自分の趣味を見せ付けるのでも良いし（笑）、何かモノやサービスを売っても良い、と。それで生活が成り立つかどうかは自己責任で判断し、やってみてください、と。売りたくなくて見せるだけなら……という人もいても構わないという感じです。

昔、私は国立市に住んでいたんですよ。そこに変わった家があって、骨董品みたいなのが見えるように置いてあるんだけど、絶対、売らないんですね。道行く人に話しかけて、見せびらかしているだけでして（笑）、それでも良いかなと思ったんです。

久山　プラスワンの部分は、居住者によって実際にどのような使われ方がなされたんですか？

成瀬　娘さんがピアノをやってピアノ教室を開いていたり、おばあちゃんがネクタイ作ってたり、最近本人は亡くなってしまったんだけど、バイオリン工房もあったんです。最初の頃は上手く使われていましたね。わずか二〇戸余りに、応募者が八〇〇人ぐらい集まるというすごい倍率で。それゆえに「自分ならもっと上手い使い方が出来る」と思った落選者が「使い方が悪い」とプラスワンの使い方に苦情を言うこともあったようです。われわれも、あそこにああいうのがあります、何をやっていますという紹介パンフレットを作って、PR支援していたんです。

三浦　都市計画の歴史の中でプラスワンというのは特徴的だと思うのですが。

成瀬　そうです。何でプラスワンを考え出したのかと言うと、多摩センターの南側に住宅地を造る際に、本当は超高層住宅でも造りたかったんですよ。ところが、その時、住宅が売れない時代で、ようやく、タウンハウスだけが売れ始めた時代です。超高層住宅は、装置が多い分、割高ということで、高層がまったく造れない時代になってしまったんです。駅最寄りだから「超高層を建ててくれ」と言っても、「今は駄目だ」と言うんです。ならば「今はやらなくても良い」としばらく空き地のままにしておいたんですが、そのうちに「超高層住宅」という言葉に代えて「都心型住宅」と言ってみました。多摩センターが都心だとして、そういう立地にある住宅は他と違うべきであるから、それにふさわしい住宅を造ってくれという言い方に変えたんです。アーバニティの高いところにあるべき住宅って、どうすべきかという議論をしている時に、苦し紛れに、「住宅とはいえ、仕事を出来るワークスペースが欲しい」みたいなことを言っていたら、超高層まではいかない高層住宅で、足元にワークスペース付きの住宅をやってくれるということになって、それが「プラスワン」になりました。マンションオフィスなどがミックスしている建物が世の中にはあるじゃないですか。ああいうのをやってくれ、と言ったわけですよ。ところが、マンションの中で商売をやらせるのは公団ルールで駄目なんですね。それじゃあ道沿いだけでも構わないから……ということで具現化したんです。本当は今出来ている何倍も作ってほしかったんですけど、彼らとしてはリスクが高いから最低限の戸数を作った形です。最初は「アトリエハウス」とか「アルファルーム」と言っていたんです。単なるLDK生活から脱する、という意味で、

「ＬＤＫプラスα」だったんですが、住宅建設部門が商品として売り出す際に「プラスワン」という名称になったんです。

武岡　誰が言い出したかは分からないけど、ワーキンググループの中で出てきた案だったということですね。（多摩センターに）超高層を造りたかったということについて、もうちょっと詳しくうかがいたいんですが。

成瀬　それなら見た目にシンボリックということもあって、多摩センターに向かって、単純に「駅寄りには高い建物が建ってほしい」と思ったんですね。マンションオフィスみたいになって、誰かが仕事をやっても構わないではないか、と思いました。その後、公団ではＳＯＨＯ住宅を編み出すんですけど、当時はなかったから、何とかやりたかったんです。当時、多摩ニュータウンでは公団住宅や都営住宅ばかりを造っている時代でしたし、そのためなら、民間マンション業者を入れても構わないとさえ思いました。しかし、民間マンション業者もあまり複雑なことや、特に賃貸部分はミックスしないんですね。最近になって大和ハウスが賃貸も始めていますが、他のマンション業者はやらないんですよ。

プロムナード多摩中央のプラスワン住宅

　その後よく分かったんですけど、私が言うようなことが実現できるのは、結局、地主の建物なんですね。それには、新住よりも港北ニュータウンのような区画整理の方が手っ取り早い。地主ならば土地コストはオンしなくても経営できるわけで、時折変わった物件も出てくるわけです。もともと自分が稼いだんじゃなく、親から相続しただけだから、そんな採算ラインで構わないわけです。

武岡　いったん公団の方で持った土地を払い下げることは出来ないんですか？

成瀬　不動産投資ビジネスとしては、美味しくないということです。加えて、大組織は予定調和でやろうとすると、常に集団としての合意形成が必要になってくるんです。

武岡　公団の組織体質が変容してきたということがあるので

しょうか。成瀬さんが入った当初はスピーディーだったとか。その後、組織として成熟してきたというのもあるのかなと。

成瀬　最初の頃は合議重視ではなかったかもしれないですけどねえ。例えば、近隣センターの賃貸店舗が空いて、次を入れようとすると大変なんですよ。住宅団地を管理している部隊は店舗経営のことは詳しくないので、前と同じ業種に指定するから、時代変化を読めず、空き店舗だらけになってしまいます。私が入店希望者を紹介しても、大方はらちが明かず、二〜三回行ってもイエスかノーかも分からないから、入店希望者も「あの人達と話をしたくない」と言い出すんです。区画整理区域内の地主のところに行って交渉した方が手っ取り早いんです。だから、近隣センターの店舗管理なんか、住宅管理から離して、どこかに丸ごとサブリースした方がいいと思ってるんです。

武岡　パブリックプライベートパートナーシップみたいな感じで。

成瀬　最近、公が自らやっているサービスを、民間にアウトソーシングすると安くなるのを、役所の人が当たり前だと考えるのはどういうことか、と思いますね（笑）。昔は「民間と比べて、公は利益を上げなくていいから、安くサービス出来る」と言っていたはずなのに……何でしょうね。

何かと融通が効きにくい新住事業主体の多摩ニュータウンで、何がいちばん良かったかというと、区画整理区域内で諸問題が上手くリカバーされている点ですね。そういう点では、区画整理方式の港北ニュータウンの方が苦しまずに上手くいっている部分もあるんです。

武岡　皮肉な話ですよね。新住という枠組みはなかった方が良かったということはありますか。

成瀬　日本にも「ニュータウン法」というのがあれば良かったという話は、昔から言っていることです。新住法に縛られて、その枠組みのために苦しんでいるという実態があったんですね。

武岡　新住法というのは、想定している規模が小さいんですよね。

成瀬　そうです。近隣住区は通常一〇〇ヘクタール前後ですから、せいぜい二〜三住区の住宅団地イメージです。だから、大規模ニュータウン、すなわち新しい都市を作るという法律ではないんです。ただ、多摩ニュータウン・千葉ニュータウン・千里ニュータウン・泉北ニュータウンなどで新住法を使ったのは、強制収用権があって全面買収しやすかったからなんですね。

武岡　難しいですよね。最近のアメリカやイギリスだと強制収用権を民間主体が持つことが出来るというような枠組みがあるらしくて、森ビルが強制収用権を持つみたいなことがおこなわれている。それはさすがにまずいんじゃないかということになっていて、一応自治体はお墨付きを与えるらしいんですけど。そういう意味で言うと、新住ぐらいの強い制限もやむをえないということもあるのかな、と。

成瀬　日本では、大半の新都市開発や住宅地開発は土地区画整理事業でやっているんです。新住宅市街地開発事業でやっているのは少なく、基本的には例外です。当時の公団の区画整理は、任意で売ってくれる人から土地を買うだけなんです。建前上、誰からということではなく、全体的に約四〇パーセントほどの土地を売ってくれれば約四〇パーセントの減歩[14]で区画整理できる。そのように地権者に申し出るんですよ。約三分の一の土地は地主の土地として換地されるはずで、公団は崖状の土地でも構わず、バラバラに買った土地を区画整理で集約するんです。その上で、住宅団地を造ったり学校やショッピングセンターなどを造ったりする。というのが先買い型の区画整理という仕組みです。それに便乗して、地主さん達は自分の換地上で商売をしたり、アパート経営をしたりするんです。

　加えて、日本の区画整理というのは、単に土地の区画形状を整えるという意味だけじゃないんですよ。国の補助金は多少あるんだけど、全地主の費用で開発する仕組みなんです。名古屋市などで始まって、日本の市街地の相当量はそれで出来ており、日本の自治体は、区画整理では地主達が街を整えてくれる、と推進しています。

武岡　ロジックとしては、地主達にとってもちゃんと整理されて、道幅が拡がると資産価値も上がるから、と。

成瀬　そうそう。地価上昇の局面、人口増加の局面においては上手くいきます。だから、今、土地価格が下落して困っているんです。

14　土地区画整理事業で土地所有者の土地の面積が従前より減ること。この時に提供された土地は公共用地などに充てられる。また、開発により宅地の価値が上がるため、所有者の損失にはならないと考えられる。

住宅公団の雰囲気

武岡　諏訪・永山を作りながら、落合・鶴牧のことを考えていたという感じなんですか。

成瀬　そうですね。諏訪・永山や貝取・豊ヶ丘を具現化させる一方で、同時並行的に落合・鶴牧のプランニングを進めていましたね。三〜五人ぐらいのハード（フィジカルプランニング）チームがあって、都市・土木・建築・造園といった絵描きタイプの人達で、各チームが競争するみたいな感じでしたね。法律や文系の人達でプランニングに関わりたいという七〜八人ぐらいのソフトチームも別にあって、全部で二五〜三〇人ほどもいたんですよ。課長も三〇代半ばで、大半が二〇代だったですね。まだ結婚していない人達が多かったです。

当時、そういう時代の中で、土木、建築が出来る人材が必要になって、都市工学科が要請されたと思うんですね。一九五五年発足の住宅公団は一九六二年発足の東京大学都市工学科より先に発足していますから。だから、東京大学都市工学科出身の優秀な人が同期に二人ぐらいは配属されていて、彼らには「東大の都市工学科は住宅公団の幼稚園部」と笑い話している人がいたぐらいです（笑）。都市開発をやりたい学生には、当時、住宅公団に就職するのは有望な選択肢だったみたいです。最先端のことが実験的に出来る。お金も付いてくる……というわけです。当時「今年の予算は二〇〇億円しか使い切れない」と言っているのに「何とか四〇〇億円使ってくれ」と札束で引っぱたかれている感じでしたね（笑）。最近の人に話を聞くと「お金がない」と言われるんですけどね。私がいた時代はそうだったんです。何か考えてから行動するというのではなく、常に「歩きながら考えろ」「走りながら考えろ」などと言われていて、それを先方の多摩町職員にも求めていましたね。

武岡　こう言っちゃいけないのかもしれないですけど、文化祭の準備をしているみたいですね（笑）。先例がないというのは面白いことですよね。

成瀬　そうそう。日本は新幹線や高速道路を造る時代だったけど、上司は、多摩ニュータウン開発の仕事を人工衛星を上げるＮＡＳＡの仕事と比較していたんです。当時、人工衛星打ち上げという誰もやったことのない開発目標を、ソ連と競争しつつハイスピードで達成しようと、時間で限ってやるわけです。そのＮＡＳＡの手法がわれわれの手本だったんですよ。もちろん、マスタープランと称する絵は描くんですけど、同時にマスタースケジュールと称する二メートルくらいの長い仕事のネットワークチャートがあって、これを実現するには、「その前にやるべきことがある」から「いつまでに地主の了解を取り付けろ」「いつまでに農林省に了解を得る」という目標が書いてあり、どれがクリティカルパスになるかをチェックして進めていたんです。非常に細かいチャートで、今考えるとあんなに細かくする必要はなかったと思うぐらいですが、それを先方の前で拡げてプレッシャーを掛けていたんです（笑）。その後は、われわれも少し慣れてきたこともあって、そんなに細かいチャートは書かなくても大丈夫になりました。

多摩ニュータウンのさまざまな住宅

①自然地形対応型

久山　貝取・豊ヶ丘に自然地形対応型集合住宅が建設されています[15]。成瀬さんはどういった関わりをされていたのですか。

成瀬　当初、多摩ニュータウンでは全面買収して大造成しようとしていたんです。そうすると、「自分の住んでいる土地まで買収されるのか」と、既存住民らの大反対運動が起きたんです。それで既存集落は外すしかない、そうすると山しか残らないから、山だけでも大量の新住民を住まわせられるのか、ということになったんです。自然の緑が大量に保全されるし、稲城砂が露出して崖崩れが起きることもないし河川改修も必要ないし……ということで、私が参加する前ですが、誰かが「もし自然地形のままの住宅が建設できたら……」と言い出して、「自然地形案」を研究することになり、「集落を除いても開発は出来る」と結論したんです。大高正人[16]さんらの建築家グループが非常に美しい絵を描いてくれたこともあって、皆が賛同してくれ、当時「多摩ニュータウン開発は

15　貝取は第7住区、豊ヶ丘は第8住区。一九七六年に入居が開始された、第二次入居の区域にあたる。自然地形対応型集合住宅は、グリーンヒル貝取（一九八六年入居開始）とヒルサイドテラス豊ヶ丘（一九八五年入居開始）が建設された。

16　一九二三年生まれ。建築家。一九四九年、前川國男建築設計事務所に入所。一九五九年、「メタボリズム・グループ」を槇文彦らと結成し、建築思想活動を展開する。一九六二年、大高正人設計事務所を設立。人工地盤を設置し上部に住宅などを、下部に商店などを設置する坂出人工土地を具体化する。一九六七年竣工の千葉県文化会館など、公共建築を主に手掛ける。

自然地形案による」と話題になって、ゴーサインが出ます。
ところが、実際には土地造成しても相当量の宅地を生み出すことが出来ると分かったから、誰も自然地形案に見向きもしなくなってしまったんです。昔を知っている人達が「あの自然地形案は良かった」と、若造の私達に思い出話をするんです。何となく大造成シフトしてしまって、どこかで罪滅ぼしをやらないとまずいんじゃないのと思っている人もいたんです。で、まだ土地造成工事が起きていなかったのは貝取・豊ヶ丘の北エリアだけだったから、その名残を幾らかでも具現化してあげようと思ったんです。一九七四年の行財政要綱で「緑は三〇パーセント」という話が出てきて、それに便乗して何とか出来そうだったからチャレンジしました。大造成ばかりして「緑三〇パーセント」と言ってるのも恥ずかしいですからね……。その時、昔の自然地形案にあった「尾根の高さを超えない」という条件を付け、それで中腹斜面を使う形になって、いつの間にか、一帯が「貝取山」という名前を住民から与えられたんです。

武岡　じゃあ成瀬さんが自然地形案を復活させなければ、どこでもおこなわれなかったかもしれなくて、貝取山もなかったかもしれないんですね。

成瀬　私と一緒に情熱をもってやった（住宅公団の）室井隆良さんのほか、私の周りには賛同者もいましたからね。だから、こだわりをもってやれたのかもしれません。その後のベルコリーヌ南大沢など、斜面を上手に使うというのは、実際そんなに難しいことではなくなったんです。建築技術が発達し高額物件も許されるようになってきたから、今や斜面住宅に躊躇しなくなったんでしょうね。しかし、貝取山のように尾根まで残して、という形はその後に出現していないです。

武岡　初期の自然地形案は、本当に技術的な困難を考慮したうえでの絵だったんでしょうか。

成瀬　当時、それを担当していた菅孝能[17]さんに聞いたら、誰もやったことがなくて実は詳しく分からなかったらしいです。大高設計事務所に属していた藤本昌也[18]さんや菅孝能さんは、打ち合わせ時に公団の人の言っていることが分からなくなると分かったふりをして凌ぎ、次回打ち合わせ時には話を合わせられるように猛勉強したと言っていましたね。当時は技術的に解けているよりも、とりあえず既存集落を除いて開発区域を決めるのが、最優先事項だったんですね。ここで「既存集落を除外しても多摩ニュータウン開発は出来る」と言わないと、何も仕事が始められないので。集落を除外しても出来る証拠を整える、それが本当じゃなくても良いくらいに思って指示していた可能性もありそうです。

武岡　本当にやろうとしてみたら「現在の技術水準では駄目でした」ということもあり得たわけですよね。

成瀬　実際、当時の住宅建設部門が「多摩ニュータウン開発向け実験住宅」として百草団地に職員住宅を建てたんですが、未経験の斜面住宅だからか約二・三倍もの建設コストになったことから「多摩ニュータウンには使えない」と結論され、建物建築工事と比べて遥かに安かったから「土地造成工事の方に金をかけたい」ということになって、どんどん大造成にシフトしていったという経過です。

　自然地形案が復活する時には、田園都市線の内井昭蔵[19]さん設計の桜台コートビレジが完成し、また宮前平での東急プロジェクトで坂倉建築研究所[20]が提案し実現できた先例を聞き、私達は「何とかなる」と自信を深めたのです。特に坂倉建築研究所とは、当時タウンハウス永山の検討を一緒にやっていて、詳しく聞いたら建設コストアップは約一・三倍に止まると分かったんです。当時、エレベーターが付く高層住宅は、中層住宅の約三割アップだったので、そうすると高層住宅と同じ値段じゃないか、それならチャレンジする価値がある、と安心したんです。公団のエンジニアが単に自分でリスクを取りたくないから、過剰な安全対策を取って無駄にお金をかけていると読んで、再チャレンジに踏み切ったんです。

17　一九四二年生まれ。都市プランナー、建築家。一九八三年、㈱山手総合計画研究所を設立。多摩ニュータウン、港北ニュータウンなどのマスタープランづくりと開発計画に従事。公立図書館の設計や都市デザインなどをおこなう。

18　一九三七年生まれ。建築家。現代計画研究所名誉会長。ニュータウンの都市計画や団地設計など、集住空間づくりをおこなう。コーポラティブ、団地再生なども手掛ける。

19　一九三三年生まれ。建築家。一九七一年、桜台コートビレジで日本建築学会賞、一九八九年、世田谷美術館で日本芸術院賞を受賞。著書に『健康な建築』（彰国社、一九八五年）などがある。

20　建築家・坂倉準三が一九四〇年に創設した坂倉準三建築研究所が、坂倉が死去したのち、一九六九年に株式会社化。多摩ニュータウンでは、タウンハウス永山をはじめ、永山駅前のベルブ永山、TTBビル、保健所、多摩センター南のプロムナード多摩中央などを手掛けている。

多摩ニュータウンのさまざまな住宅

②落合・鶴牧タウンハウス

久山　多摩センターに近い、落合・鶴牧にもタウンハウスがありますね。これらは、タウンハウス諏訪の事業の継続ということですか。

成瀬　そうですね。タウンハウス諏訪のあと、少し住戸規模を大きくして、タウンハウス永山をやるんですけど、さらに多摩センターの南落合・鶴牧での住宅建設時には、すでにタウンハウスならば上手くいくという確信を有していて。当時、「戸建住宅並みのタウンハウスを建設してくれ」と要請していたんです。諏訪のタウンハウスは約八三～八八平方メートル／戸。永山は約九〇～一〇一平方メートル／戸。鶴牧は約一〇六～一二二平方メートル／戸もあるんですよ。それと併せて、全体の都市デザインをやった上野泰さんはランドスケープアーキテクトだったから、低層住宅の屋根の上はオープンスペースだという論調で、素晴らしい住環境を作り上げたんです。

武岡　落合・鶴牧のタウンハウスへの成瀬さんの関わり方は、どのような感じでしたか。

成瀬　私は公団の都市開発部門のまとめ役の方です。三人チームで私は多摩センターと後背住宅地の面倒を見ていたんです。東京都立大学出身の渡辺康夫君が多摩センターを見ており、室井隆良さんが後背住宅地を見ており、私達をアシストしてくれる有能なコンサルタントグループを抱えていて、少しサジェスチョンすると、上手く返してくれるんですね。彼らのアイディアを上手く実行できるように少し努力すれば、どんどん出来るという感じだったです。が、いまひとつの提案が出てきた際には、多摩市と結託し「この程度の提案には決してイエスと言わないでね」と頼んで、全面やり直しさせたこともあります（笑）。多摩市には「他市に先んじてやっても、十年先になっても将来も悔やむようなことは決してしません」と宣言して、多摩市から諸々の協力も取り付けたのです。私の上には係長・課長代理・課長がいたんだけど、私はアイディア満載の浅谷陽治部長とほとんど仕事をしていた感じです。私にはいろんなチャレンジをしてもいいということでやらせてくれ、バックアップやフォローもしてくれたんです。私より青臭いんじゃないかと思う感じの人だったですね（笑）。

多摩ニュータウンのさまざまな住宅

③ベルコリーヌ南大沢

武岡　ベルコリーヌ南大沢（一九八九年竣工）のお話をおうかがいしたいのですが。マスターアーキテクトを置くことによって多様性を実現したのが、日本では先進的な取り組みだったということですよね。

成瀬　あの時にマスターアーキテクトという言葉が、日本では初めて出てきて、その後にマスターアーキテクト制でやったのが全国で数プロジェクトぐらいかな。そんなにたくさんあるわけではないです。それと、実際にマスターアーキテクトの役割を果たした内井昭蔵さんの人柄も大きく影響していたと思います。彼が我が強い建築家じゃなかったから上手く機能したとも言えるんです。当時、公団の住宅建設部門に佐藤方俊君がいて、彼がフランスから帰ってきて、広大な本地区では「広大な範囲を一人の建築家に任せるよりも複数の建築家に競争させて諸々のアイディアを出させたい」と考えたんですね。でも建築家というのは我が強いタイプが多くて、バラバラの住環境になる恐れもあるから、単に建築デザインコードを書面にするだけじゃなく、皆で相談しながら進めることにしたいと考えたんです。幕張ベイタウンは、少し異なりますがこれを発展させて、建築デザインコードや建築デザインガイドラインを取り入れ、各街区毎に都市計画家と建築家を組み合わせ、デザイン調整しながら進めたプロジェクトです。

久山　ベルコリーヌ南大沢をマスターアーキテクト制でやることも成瀬さんのご提案ですか。

成瀬　当時、私は多摩ニュータウンから離れて関与していないですし、南大沢は東京都開発エリアです。鶴牧・落合を見た東京都が「公団の力を借りたい」と頼んで、公団の住宅建設部門も力が入ったプロジェクトです。当時、住宅建設部門に私と同年代くらいの佐藤方俊君がいて、私は八王子みなみ野シティを担当しているので関係ないはずですけど、何かと相談に来たり諸々の情報もくれていたんです。元気すぎる彼が、東京都開発エリアを引っ掻き回してる感はあるんですけど。南大沢の魅力を創出できれば良いと腹をくくってくれていた感じです。当時、京王相模原線も南大沢までは延伸されておらず、いまひとつ魅力なき状況にあり、東京都立大学もようやく進出が決まるか決まらないかくらいの時期で、佐藤方俊君から「自由にやることが出来た」と聞いています。私自身は途中経過も聞いていますが、何の権限も関与もなかっ

ベルコリーヌ南大沢

唐木田ガーデンロード

たです。公団の住宅建設部門が非常に意欲をもって成し遂げたと私は高く評価しています。

久山　あとで、ベルコリーヌは欠陥があることが判明したそうですね。

成瀬　結局は、大方は建て替えたに近いらしいんですよ。建設当時がバブル期で、技術力・マネージメント力不足で良いコンクリートも打たれてなかったらしいんです。都市計画・建築界からは優れたデザイン物件とされて、日本都市計画学会の計画設計賞をもらっていたんですが、そんな優良物件が欠陥だと言われると不動産市場の低下を招くから「内緒にしてくれ」というのが、当時の管理組合の要請らしく、URもそれに呼応して内緒で対応していたんですね。

武岡　どのくらいの段階でその話になったんですか。

成瀬　十数年以上経った頃に、全部じゃないけど、相当程度を建て替えたに近いらしいです。

武岡　その頃、成瀬さんはもうURから独立されているんですよね。

成瀬　そうそう。ベルコリーヌ南大沢は、多摩ニュータウンの住環境評価を高めるのに、非常に大きなきっかけになりましたね。広範囲でボリューム感もあるし……。私が担当していた公団開発エリアじゃないけど、多摩ニュータウンの評判を高めるには大いに役立った物件です。あとサンリオピューロランドも同様で、多摩ニュータウンを全国そして世界に紹介してくれ、いまや「サンリオがある街」と言うだけで通じるんです。

久山　唐木田ガーデンロード[21]も評価が高いですよね、石畳で歩行者優先ということで。

成瀬　確かに高いけど、少数の人目にしか付いておらず、ベルコリーヌとは違っていますね。そこに見に来れば確かに高い評価になる、というくらいかなと思っています。いまさら住宅が売れるわけじゃないし、住宅市場もベルコリーヌだと中古物件が出て市場性があるんだけど、あそこは市場にほとんど出ないので。世の中、一般の市場に出ないとあまり回転しないですから、市場に出ないとあまり話題にはならないですね。

21　一九九〇年に開発された戸建住宅街・唐木田に歩行者優先のコミュニティ道路が整備される。幅員六メートルの区画道路に幅員三メートルの歩行者専用道路が併走している。歩行者に優しく車と共存する街づくりを実践した。一九九九年、都市景観大賞「景観形成事例部門・地区レベル」を受賞。

多摩ニュータウンの現在

武岡　美濃部都政とか多摩市の四問題で、止められて大変だったというお話でしたけど、今から考えると、止められて良かった、ということはあるのでしょうか。止められてなかったら住宅だけがひたすら出来て、みたいな状況が続いていたという可能性はあったのですか。

成瀬　住宅需要に関わる件は少し遅れて改善された気もします。今でも、住宅再生が議論されるのは初期入居エリアで、他は問題視されずに済んでいます。落合・鶴牧でも百年も経てば起きるかもしれないですけど、今は特別に住環境問題が起きているわけではないです。

久山　つまり、いわゆる「オールドタウン問題」と言われているのは第一次入居の諏訪・永山のことだ、と。

成瀬　そう。少子高齢化は他地区でもいつか起きる可能性があるんだけど、新しい入居エリアでは今でも子どもがいっぱいで学校が足りないぐらいです。一方、特急も停まって非常に便利でコンパクトな永山駅圏に住み続けたい人達向けの広めの住み替え物件がタウンハウスのエリアぐらいしかなく、不足しているという話があります。最近建て替えたところは一定の評価がありますが。子どもが学校を変わらずに広い住宅に移りたいという人も結構いるんですよ。それに対して、あまり応えられてこなかった。ですから、永山の一角にそういうのが出来ると、かなり満足すると思っています。

三浦　「オールドタウン化」批判についてどうお考えか、詳しくお聞きしたいのですが。

成瀬　早くに亡くなってしまったけど、大妻女子大学の人文地理学者の福原正弘先生が、『ニュータウンは今　40年目の夢と現実』（東京新聞出版局、一九九八年）の中で、初めて「オールドタウン」とショッキングな表現を使ってから、一挙に多摩ニュータウンの負のイメージが広まってしまったんです。福原先生の「オールドタウン化」は、基本的には高齢化について言っていて、街の何かが古くなっているという言い方はしていなかったと思います。ほとんど「人口構成の高齢者の比率が高くなる」という意味で使っていたと思います。

久山　日本全体の景気後退もあり、二〇〇〇年に多摩そごうが撤退し、あとに出来た三越多摩センター店も二〇一七年に撤退、また、二〇〇一年には南大沢の第三セクター（多摩ニュータウン開発センター）が破綻するなどの出来事もありました。

成瀬　百貨店の撤退とかは、オールドタウンとは別の視点で語られているんじゃないかな、と思います。まず、すでに一九七〇年代にブティック等の専門店に人気が出始めた頃から、百貨店業界が最先端でなくなってきたということがあり、昨今、それが顕著になってきただけです。

第三セクターの破綻というのは他で見られる役所仕事に関わる別問題です。多摩ニュータウンでは、新都市センター開発（株）というセンター会社とは別に、東京都が南大沢用にセンター会社を作ったんですよ。東京都にも幾つもの第三セクターがあって、その中で多摩モノレール会社は何とか生き延びてるけど、大半は整理されたんじゃないかな、と思います。

また、ショッピングセンター系の大家会社は儲かると言われていた割に、これは役所はマネージメントがまずい、ということもありますが、そうでもないとなったんです。経営が軌道に乗るというのは、本当に一パーセント内外の小さな工夫の賜物ですからね。それを上手くマネージメントできるのは、役人上がりにはあまり期待できないですからね。

武岡　多摩ニュータウンがまだ出来ていなかった時代には、その時の東京や日本社会の問題を解決する約束の地みたいな感じで、多摩ニュータウンが捉えられていた時もあったわけですよね。

成瀬　世の中には「これが良いんじゃないか」と思ったことを実現し検証してみたら、必ずしもそうでもなかったということがありますね（笑）。都市計画の世界では、土地利用を純化すれば素晴らしい街になると思われていたんです。例えば、住宅専用エリアには自動販売機すらないし、最近ではパソコンで仕事やるんだから、自宅オフィスとして看板を出すと違法と言われます。もう少し、インテグレートした方が楽しいじゃないかという気もします。多摩センターの屋根裏部屋にオフィスがあって、夜中にラーメンを食べに降りてくるような街の方が楽しいじゃないか、などと思うわけです。

武岡　（理論は）昔のモデルで考えているんですよね、「（産業用地は）ばい煙がひどい」みたいな。これも、やってみないと分からなかったということなんですかね。

成瀬　学校なんかは、理想の学校規模（一八〜二四クラス／校）を追求する人達に押されてしまったんですけど、大失敗だったと思っています。児童発生率が高い状態に合わせて建設したけど、今、出生率が八分の一になって何校も統廃合が生じています。一時的にプレハブで凌いだ千里ニュータウンでは、ほとんど起きなかった現象です。一学年一学級しか構成できず、運動会をやろうと思っても上手くないとなって、ようやく統廃合です。今、多摩ニュータウンは学校が統廃合されていて、土地が空いて何かに使えるというチャンスは出るんですが、卒業生にしてみればショッキングですよね。最近は学校が統廃合されるというのは全国で出現しているから慣れてきたかもしれないですけど……。近隣住区コミュニティの概念も当初考えていた内容と変わりつつあり、今まで律儀に考えてきた方がおかしかったのかもしれないです。

武岡　今はある特定の用途に閉じていかないで開いていこうというのがトレンドですけど、どうなっていくかということもあるわけですよね。

成瀬　最近は、高齢化に伴って「身近な商店街がなくなることが困る」という議論も出てきているんです。近隣商店街というのは大小いろいろあるんですけど、諏訪・永山南近隣センターはいちばん大きいんです。一時は空き店舗だらけで、今は空き店舗は少ないんだけど、店舗構成はがらっと変わって、何となく、介護系の事務所とか高齢者系のものが多く

諏訪近隣商店街

て、昔の商店街のように八百屋・肉屋がいっぱいあるという感じでなくなっています。

武岡　永山の単身高齢者の人は野菜とかをどこで買っているんですか。

成瀬　今や、近隣センターの八百屋などはとっくになくなり、個店（あしたやはNPO運営）で野菜を買っているのは少数です。大多数の人達は、永山駅前のグリナード永山[22]かスーパークリシマ、あるいは南近隣センターのグルメシティです。各住区ごとの商業エリアである近隣センターだけでなく、その上位にあるところにも行けているわけですよ。だから、仮に南近隣センターのスーパーマーケットがなくなっても、永山駅前まで来れば何でもそろっているから、大多数の人々は致命的に困るということにはならないです。そこが便利だと思ってた一定の人達だけが困る感じでして、むしろ、近隣商店街商店主の方が経営しにくくなって困っているという感じです。

武岡　駅前は歩ける距離ですからね。

成瀬　そうそう。永山駅までは遠くても一・五キロメートルでバスも本数がありシルバーパスも持っていますが、アクティブシニアは健康のためにしきりに歩くんですよ。今、高齢者は車を使うのを止めてるし、普通だったらバスで行くところも健康のために歩こうとするんです。それに最近はインターネットでも買い物でき、配送サービスも受けられるじゃないですか。京王も、買い物難民向けに移動販売サービスを始めています。昔は何となく闇の業者というイメージがあったんですけど、最近はオシャレで、あれで解決する部分も結構あるんじゃないかと思っています。

久山　現在、諏訪・永山の商店街のあたりはある意味でレトロな雰囲気があって、あそこに喫茶店があればちょうどいいのでは、と思いましたが。

成瀬　経営できる人があれば大歓迎ですけど、先にも、多摩大出身の若い子がやってたんだけど、経営が成立しなくてやめてしまったんです。若い人が食べていける経営レベルにならないのが難しいところです。

武岡　落合の近隣センターに入っていた喫茶店ももう閉めてしまうという話を聞きました。

成瀬　近隣センターでは、お客が来ないと成り立たないタイプの店をやると難しいと思っています。もっと物づくりに近づけた方がいい。喫茶店でサンドイッチを作って店頭販売したり駅前の他店に納品するという仕組みにしていかないとまずいと思います。どこかの地方再生で面白いと思ったのは、一軒の店がふたつの業種をやるのを推進するという話です。

久山　ちなみに、諏訪・永山の商店街でいちばん最初に商売していた方は元農民の方で、そういった方の生活再建が目的だったんでしょうか。

成瀬　全員じゃないんだけど、最初の頃は、そういう人達は優遇して入れましたけれど、商売上手じゃなくて、新住民からの評判は良くなかったです（笑）。それに、今や生活再建の人達って、他にも土地を持っていてアパート経営などをしていて、大方はお金持ちになっているんです。本当は大金持ちなんだけど、今は健康のために店番をしている、みたいな人もいますが、だんだん亡くなり始めている状況です。

URの賃貸店舗のほか分譲店舗もあるんですが、そうした元地主の方が目先がきいて上手な運営もしているんです。URの賃貸店舗は、いつまでも「前の業種で家賃もそのまま」と言っているから、空き店舗になりやすいです。NPOなどには半額などと安くするものだから、かえって本業の人達が怒って止めてしまうんです。そこを、元地主の分譲店舗では、非常に上手くマネージメントしていて、ほとんど空き店舗はないんです。直通階段を増設して一階と二階を分離させて、二階に学習塾を入れたりしています。

美観地区にはしなかった

三浦　一九八二年のシンポジウムで「新たに美観を創造していこうとする多摩センター地区にも、『美観地区』を指定していきたいと考えている」とおっしゃっていますね。[23]

22　京王線・小田急線永山駅前のショッピングセンター。小田急線が永山駅まで、京王線が多摩センター駅まで開通した一九七四年、グリナード永山も開業した。スーパーマーケットや書店、クリニック、服屋、レストランなどが入る。新都市センター開発株式会社が建設、運営している。

成瀬　これね、半分はったりをかける感じでして、実際には「美観地区」というのは指定しなかったんですよ。まあ意図的に努力しなかったと言っても良いです。東京の丸の内にはかかっているんですが、具体の建築規制がなく広告規制だけあるんです。それなのに皇居を見おろす超高層ビルを建てて良いのかなどと、昔、美観論争が生じました。全国で何カ所か指定されているんですが、何か半分うさんくさいところがあるんです。今は新たに「景観地区」が出来て、景観をコントロールする手法が整ってきています。当時「多摩センターに美観地区を指定する」と言えば、皆が少しは気にすると見て、それで本来目的の何割かは達成できると読んでいたんですね。当時の電電公社（今のNTT）は、頭の方が赤く光っていた電話ボックスを止めて、当方デザインの茶色っぽい特殊電話ボックスを作ってくれました。多摩センターで「美観地区」はなぜ指定されなかったのかと言うと、当時、多摩市は都市計画・建築関係条例を作ったことがなかったんです。他に特別業務地区建築条例とか、駐車場条例（当時は、東京都条例の適用外だった）とか、どうしても急ぐべき条例が先にあったんです。で、他の都市計画・建築条例を優先させるべく何も「美観地区」で多摩市にプレッシャーをかけなくても良いという気になったんです。横浜市とか京都市とかから当方の提案を参考にしたいと問い合わせがあり、それが今日の「景観地区」に繋がっています。

ただ、多摩センターの歩行者専用道などで前面道路の幅員の二分の一を各建物が自主清掃をして美化に努めるという内容で、「多摩センター美化推進協議会」を設置しています。イトーヨーカドーが入っている丘の上プラザの屋上に屋上広告塔がないのも、それがあるからです。

さらに、その発展形として、「多摩センター景観審査会」が出来て、個別建築物を建築コントロールすることになります。私の上司だった浅谷陽治さんは、何事も細かく規制するよりも、素晴らしいアイディアが出てくるかもしれないから、それを受け入れる柔軟性を確保するという姿勢があったんです。

武岡　振り返って、当時、ガイドラインの整備があったら良かったとは思っていらっしゃらなくて、あのやり方でよかったということですか。

成瀬　そうです。ただ、郵便局や朝日生命ビルを含む公益エリアには、日本で初めての業務系建築協定をかけたんです。当時、今の都市計画法には地区計画制度が未だなかったから、その建築協定は二十年期限だったですけど、多摩市が間際まで忘れていて、遂に失効してしまったんです。

文化の匂い

三浦　多摩ニュータウンでは、これまで、イベントが多数開催されていますね。

成瀬　「多摩ニュータウン十五周年」のイベントをやったんですが、その少し前に、多摩ニュータウンに対する不満がいっぱい出てくる時期があったんですよ。典型的なのが、諏訪・永山住民の尾根幹線道路[24]の反対運動や東電鉄塔建て替え反対運動です。当時、反公害運動など造反有理な社会状況があり先鋭的な人達も支援に入ってきて、東京都庁に押しかけゴミ箱蹴っ飛ばしたりする女性などが現れたり(笑)。集会で役人達を缶詰にし、背広の袖をちぎっちゃったりとか……そういう時期です。

久山　尾根幹線の反対運動は一九七三年に起きたそうですね。現場にはいらっしゃったんですか。

成瀬　私は、多摩ニュータウンに住んでいたから「裏で通じてるのではないか」と疑われる傾向もあったかも……(笑)。とにかく対応しなくてもいいという立場です。何か都合の悪いことが起きるのではないかと、他の同僚が犠牲になってくれたんです。当時、公団はゲート管理を始め、新聞記者だけでなく清掃業者にも注意しようと、机の上にも書類を置き放しにするなとか、緊張でしたね(笑)。

久山　反対運動が激しかったのは何年ぐらいまでですか。

成瀬　一九七三年から何かあったかもしれませんが、一九七四～五年の一、二年がピークだったと思います。それで一生

23　前掲「第5回都市計画シンポジウム　景観整備とまちづくり　新都市のタウンセンターにおける景観整備手法について　『多摩センター地区』を事例として」(一九八二年六月二十五・二十六日)

24　調布市多摩川原橋左岸橋詰から稲城市のほぼ中央、多摩市の南側を東西に走り、町田街道に至る都市計画道路。一九六九年に都市計画決定された。住宅が道路に隣接する諏訪・永山地区の住民により、環境を破壊する懸念から、一九七三年頃、建設反対運動が起こる。住民による請願・陳情などの活動と再三の交渉の結果、大半で側道のみが建設されて本線計画の部分は広い中央分離帯のようになっていた。現在も多くの区画で暫定二車線であり、東京都は二〇一五年、全線四車線化の整備方針を策定し、二〇二〇年現在、四車線化に向けて事業が進んでいる。

懸命手を打って、尾根幹線道路は南側道のみ使用し、住宅地が面する北側道は閉鎖し、いまなお閉鎖されたままですね。

当方の反省は、多摩ニュータウン住民に、入居時パンフレット以外は何の開発情報も与えていないと知ったことです。特に諏訪・永山住民は初期入居時に「多摩砂漠」とか言われた頃から、多摩市広報以外の何の新たな開発情報も聞いていなかったんです。だから、多摩ニュータウンの全体将来像がまったく分からない、何かあればお知らせが来るけど。全体将来像を住民は誰も知らない状態だったんです。それで、広報不足じゃないかと気付き、今後は多摩ニュータウンの魅力を発信し続けないといけないと思って、広報紙を出すことにしたんです。まずは一生懸命に「尾根幹線道路の南側道の整備がなぜ必要なのか」を説明し、加えて、多摩ニュータウン交通計画の全体像を解説し、今後の多摩ニュータウン開発はどういうところを目指している、という内容のシリーズを発刊したんです。

ついには、神戸の「ポートピア'81」(神戸ポートアイランド博覧会)と同時期なんですけど、一九八一年に最初のイベント「ファインコミュニティフェア多摩'81」をやるんですよ。その後に「ガーデンシティ多摩'83」が始まって毎年おこなわれるんです。URを挙げてやった最初の街づくりイベントになりますが、これで多摩センター建設を一挙に進めることが出来たんです。一流どころは神戸ポートピア'81に持っていかれたので二流しかいなかったんだけど(笑)、それでも八十日間にわたる大イベントを多摩センターを特設会場として、デパート業界などにも協賛してもらっておこなって、将来多摩センターが街の中心になることを知らしめたんです。多摩コミュニティ館という展示館には二〇〇人ぐらいのホールや集会室も作って、住民活動がさかんに出来るスペースも用意したんです。

多摩ニュータウンの開発者として、何とか都市的な文化活動を根付かせたいと考えたんです。それまでは各住宅団地レベルの祭りしかなく、多摩ニュータウン全体の住民交流の場はなかったんです。新住民って、「うるさいことばっかり言って権利ばかり主張する」と保守系を中心とした旧住民から思われ、お互いが住民交流を求めない状況だったようです。特に選挙では、新住民が多数になって自分達の主張が通らなくなることを危惧し、旧住民は結束していましたね。

武岡　文化的環境の充実には時間が必要ですが、文化的環境の計画についてはいかがですか。

成瀬　多摩ニュータウン全体の住民交流を促すため、今言ったような大イベントをおこなった以外に、建物としては映画館・ホテル・テーマパーク、そして公的なパルテノン多摩とか東京都埋蔵文化財センターなどを可能な限り立地させたんです。それらが上手く回るようにしたのは、私じゃないんだけど、多摩市に佐藤清一君という変わり者の職員がいまして、後にＮＨＫの四十分ぐらいのドキュメンタリー番組で「役人興行師」と呼ばれ、劇団四季なんかとも交流していたんです。彼と組んで、私はハードの部分を担当し彼はソフト部分を担当する形で、あのパルテノン多摩に取り組んだんです。彼は、どこかの劇場の有能なマネージャーを三人ほど引き抜いてきて、企画運営に競争で当らせるんです。多摩市の自主企画興行のレベルが高まり、他市では年三本ぐらいの自主企画を年間一〇〇本もやっちゃうんですよ（笑）。海外のどこかの音楽家と知り合いだという人がいると、人的ネットワークを駆使して日本で最初にパルテノン多摩に呼んでくるという手法です。自動演奏楽器がパルテノン多摩にあるんですが、彼が海外視察に行った時に、当時の臼井千秋市長に電話してオークションで買い付けてきたんです。前世紀初期の紙テープに穴が開いているフィジカルなスタイルの自動演奏楽器なんです。

今、桜美林大学が入っている建物は、万博などを取り仕切ってきた荒山柑さんという方が「厚生労働省で一〇〇億円程度で、何か新規事業を開拓したいという話がある」から、これを多摩ニュータウンに誘致して、日本で最初のサンピアである「サンピア多摩」が建設されたんですよ。サンリオピューロランドも、企業誘致アンケートをかけた際に「配送センターに子供文化室を併設しても良い」という話だったから、「それなら多摩センターではどうですか」と声掛けしたんです。これは上手くいかなかったですけど、横浜市青葉区にＴＢＳ緑山スタジオがあるから、「東京西郊に進出したい」というテレビスタジオもあったので、それらも含めて、文化の匂いを何とか作れないかと企んでいたんです。

久山　何をもって街の文化と考えるかというのは、難しい問題ですね。

成瀬　何とか場を用意すれば、自治体や住民達が上手くやってくれるかなと思っていたんです。

久山　それとは別に、住民が内発的に何かやるとか、例えば多摩ニュータウンを描いた小説だったり、内発的に生まれてくる文化があるかどうか。多摩ニュータウンで生まれ育った方が今はたくさんいらっしゃるので、出てきているのではないかと思います。

成瀬　多摩ニュータウンを舞台としたテレビドラマや小説を調べたことがあるんですが、赤川次郎は第二次入居の貝取・豊ケ丘に住んでいたらしいんです。彼の小説の中には、多摩センター駅からいつもガラ空きの小田急多摩線のある時間の電車に乗ると、特定の席に座った人が何かで死んじゃう、みたいな（笑）ミステリーがありましたね。また、有名な『金曜日の妻たちへ』や『次男次女ひとりっ子物語』など、幾つものテレビドラマの舞台になっていましたね。住民の自発的な活動では、入居後すぐに諸々の自主的な文化活動が始まっていたようですし、後にNPOグループが、人口比で日本でトップになったことがあるそうです。今はどうだか知りませんけど……。広い範囲で同好の士がテーマ型で活動する形は、多摩ニュータウンは多い方じゃないですかね。古い地域社会の固定したエリアで何かをやるというよりは、自分の好きなテーマだと交流する、という形です。

「実験」の受け入れ場所として

三浦　多摩ニュータウンについて、「実験的・先進的な〃物（ハード）づくり〃に偏重した街」「人工的な要素が目立つ」という風にもおっしゃっていますね。[25]

成瀬　われわれがエンジニアだから実験的なことをやってみたいという動機以外に、日本のどこかでやりたいものを「多摩ニュータウンでやってくれ」という要請も結構あったんです。例えば、国土交通省が「何か新規プロジェクトをやりたい」と言うと、多摩ニュータウンって都心から来て半日で見て帰れるんで、手頃なんですよ。多摩ニュータウンという街にとって是非とも必要だったというよりも、新たに実験的な事柄をどこか話題性がある場所で受け入れてほしいという要請だったんです。

例えば、長池近くに移設した四谷見附橋[26]は、土木学会が「是非とも保存したい」けど、「どこにも行き先がない」と言うので、これを受け入れたんです。明治村では「建築なら受け入れるけど、橋は土木構造物だから……」と断られたとか（笑）。日本の第一級の文化財である四谷見附橋が保存されながら生かされる場所など、そうあるわけじゃないです。あるいは、新しい農林系財団が出来て「都市内で環境保全林プロジェクトをやりたい」と言うので、豊ヶ丘南の尾根幹線道路沿いで実施しています。また、多摩センター立体駐輪場も、日本の補助制度で出来た第一号プロジェクトでして、そんな要請を私は喜んで受け入れていたんです。

三浦　「実験的・先進的な〝物（ハード）づくり〟に偏重」した要素が目立たないようにする手立てを当初はしなかったんでしょうか。

成瀬　最初は、そんなに実験的、先進的なことが多摩ニュータウンで出来ると思ってなかったです。多摩ニュータウンの全体的評価が高まってきた時点から、そんな要請が多くなった気がします。最初は「貧乏人のための住宅供給」だから、標準設計の「我慢すれば住める」程度の住宅を大量供給するのが大事な役割だと思っていたんですね。

武岡　途中から余裕が出来て、こういうことが出来てくるということですね。

成瀬　多摩ニュータウンの住宅が「タウンハウス諏訪」以降に高い評判を得た、というのは大きかったと思いますね。そのことによって、大学立地や産業立地も進展するなど、不動産事業としては好循環が起きたんですね。それをやらないと顧客が来ないというより、少し余裕が出来たからだろうと思っています。

武岡　その利益は、他に持って行く先もないわけですよね。

成瀬　多摩ニュータウン新住事業は、法制度上は独立採算となるように会計を閉じなきゃいけないんですよ。もし儲かれば住宅地の値段を下げて安くすればいいんだけど、お隣のはるひ野の住宅地と比べて、多摩ニュータウンの住宅地を格安にする必要があるのかと考えると、どう見たって多摩ニュータウンの方が便利で、高くあっても良いわけですよ。で、そんな必要ないじゃないかという声もあって、ある時期から、お金を使っちゃおう、などと思い始めたんです。

　それで、多摩モノレールとか多摩テレビなど、多摩ニュータウンの開発効果を近辺に持ち出して、新規プロジェクトの発展に有利に働くように誘導し、次のプロジェクトに上手く

25　成瀬惠宏「多摩ニュータウン開発事業の基本的考え方と開発の歴史」（二〇〇六年十二月）

26　JR四ッ谷駅の四谷見附橋（一九一三年に架設）が、交通量の増加のため架け替えが決まり、一九九三年、長池地区に移設・復元された。旧四谷見附橋の資材を一部に使い、忠実に再現するための工夫が凝らされている。

長池見附橋（四谷見附橋の移築）

投資してしまうというやり方を考えたりしたんです。

武岡　その余裕が出来たというのが、成瀬さんが多摩ニュータウンについて『都市環境デザイン会議』の中で「図」の「氾濫」と指摘されていることと関わっているんですよね。[27] メリハリがあまりないというか。

成瀬　一般に建築家とかデザイナーという人達は、自分を目立たせようとする傾向があるから、マスターアーキテクトなど全体をコントロールする人がいないと、あっちこっちで変わったことをやりたいという感じの街になってしまいます。そういう中で、私が街の「地」と言っているのはある種の統一感のことです。建築とか諸々の分野の専門家同士を調整し、街全体が魅力的になるように手立てするのが都市環境デザイナーでして、私もその一員です。

武岡　ところで、余裕が出来た時に土地価格を下げるということをしなかったということですけど、ひょっとすると、そこで価格を下げるなどして、特定の収入以下の人に優先的に分譲するということをしていたら、図の氾濫も起きず、低所得層のモデルと、参加性といったものを呼び起こすような下地になり得たのかなと妄想したんですけど。それだと未利用地も残って……。

成瀬　何か工夫して、皆がただでも使えるような土地を確保しておく手はあったかもしれないですね。諏訪・永山の土地買収に奔走された横倉舜三さんは「元地主に還元せよ」と言っていましたね。

武岡　ただそれは現実にはかなり難しかったという話ですね。まあそうですよね。いろいろやりたいこともみんなあるわけですしね。

成瀬　日本の都市計画の仕組みの中では、道路、公園、河川までは開発者が整備して、市役所などの公共施設管理者に無償譲渡するんだけど、保育所は無償貸与。学校は半額譲渡。それ以外は原価譲渡という仕組みになっているんですね。でも、そうじゃない土地も、世の中にはあってもいいのかもしれないです。今、私が手伝っている海外のプロジェクトで言うと、イスラム社会のモスクなんかはコミュニティの財産ですが、公園などと同様に扱ってもいいという判断もあり得るわけで、日本の区画整理や都市計画の制度は少し固い感じがします。八王子みなみ野シティでは、実は「緑地的施設用地」という少々変な土地利用区分を作ったんですよ。都市環境の形成に貢献する緑っぽい土地を、例えば建蔽率一〇パーセントぐらいに建築制限して、格安で売るという発想です。イチゴ狩り農園とかスポーツクラブとか乗馬クラブとか庭園付き結婚式場とか、そんなものが新都市にもあっても良い、と全土地利用の三パーセントほど確保したんですよ。最終的には誰かがすべてつぶしちゃったらしく今は残っていないんだけど。名前が有名になって、多摩ニュータウンでは相原小山地区で東京都がアレンジして少し入れてくれ、多摩ニュータウン南隣のはるひ野にも確保されており、大宮西郊にも出現しています。

武岡　一方、多摩ニュータウンでは目に見えない実験的な試みも多かったとか。

成瀬　多摩センターの地下には、実は巨大な共同溝が入ってるんです。これは人目に付かないから、一般の人が価値を評価するのは難しいけれど、土木界にはそれをやりたいという人がいて常日頃チャレンジしたい技術をアピールしたい、ということでやったわけです。

武岡　インフラって見えないものが多いですからね。地下に共同溝というでかい穴を造って、そこにいろいろな水道管、ガス管をとおして。

成瀬　多摩センターではガス管は別に分けていますが、大きい場所では地下三階分ぐらいの空間があって、そこには真空集塵装置も入れたんです。

武岡　世界で実用化されているところは、他にあるんですか。

成瀬　日本でも何カ所かでやっていて、実際は真空じゃないんだけど、風を送ってというか吸引して……というものです。当時「ゴミ収集車が街を走らなくてもいいから……」という論調で作ったんですが、多摩センターはゴミ処理場まで遠くて、集めたゴミをまたゴミ処理場まで運んでいくから、あん

27　成瀬惠宏「新都市（ニュータウン）の環境はコミュニティの活性に寄与し得るか」『都市環境デザイン会議』三六号、一九九七年

まり意味がないんです。大阪でやってるのは近くのゴミ処理場に直接行くから意味があるんですが。多摩センターでは無理してやったけど、あまり上手くいかなかったから、遂に廃止になったという失敗作です。

武岡　多摩ニュータウンは黒字経営で余裕が出たためにさまざまな取り組みで消化することになった、ということで、儲けをちょうどにするのは難しいですよね。

成瀬　バブルの時は、ものすごく儲かる計算になったと聞いたことがあります（笑）。その後、バブルがはじけてUR全体としては赤字が多かったでしょうが、多摩ニュータウンは上手く納まっていると思います。千葉県と一緒にやっている千葉ニュータウンでは苦労していると思います。

武岡　URの新住会計上の収入って、土地分譲ですよね。

成瀬　そう。バブル期には、一軒の土地を上手く生み出せば、五〇〇〇万円。二口分上手く生み出せば一億円……という計算も出来たんです。当時、地価が異常に上がっちゃったからね。私はプランナー・デザイナーですけれど、お金の計算は思いのほか上手く、八王子みなみ野シティは工夫して黒字にしましたし、独立してからは、愛知県の三好ひばりヶ丘・静岡県の浜北新都市や山形県の山形新都市・千葉県の八千代緑が丘はぐみの杜・埼玉県の大宮西郊などでも、そんな感じのマスタープラン見直しをやっています。仮に一ヘクタールほど土地利用効率が改善できると、約一五〜二〇億円も違ってくるんですよ。土地単価が一〇〇円／メートル上がるだけでも、一〇〇ヘクタールもあれば約一億円の事業改善に繋がります。少しの努力が価値を生むか生まないかの分かれ目で、商売をやってる人なら感覚が分かるんですけど、役人組織は、安易に予定調和を期待し軌道修正しないから失敗するんですね。各県の土地開発公社がつぶれたのは、その種のマネージメントが上手くないからだと思います。

久山　最近は難しくなっているわけですか。

成瀬　今いちばん難しいのは、何か判断が遅れると土地代が下がるという局面で、非常に不味いです。私がやってた時代は土地代は上がっていく局面にあったから、放っといても難問は自動的に解けちゃってることもあったんです。少し努力すれば不動産開発の仕組みを分かって、昨今のJRグループのように、あんなに儲かる仕事も出来るんですよ。

（二〇一七年六月収録）

「村の記録」のなかの都市
——テレビ・ドキュメンタリーに描かれた農村の変容——

祐成保志・舩戸修一・武田俊輔・加藤裕治

I 柳田国男の都市・農村関係論

「都市」は相対的にしか定義されない。まず空間のなかで、都市と非都市の境目をはっきりと線引きすることは困難である。つぎに時間のなかで、都市と呼ばれるのは、あるとき都市らしさを獲得した場所であり、これから都市らしさを失っていくかもしれない場所である。たとえ同一の場所であっても、何らかの条件——時間帯や季節など——のもとで都市らしさが増したり、減じたりする。

都市的な場所と都市的でない場所の間では、つねにいくばくかの相互浸透が生じている。いまこの時点でいかにも都市らしい場所を眺めるだけでは、こうした側面をとらえることはできない。そのように考えるならば、都市らしさを欠いた場所に目を向けることで、かえって都市のことがよく理解できるとはいえないだろうか。

都市の対極にある場所として長らく論じられてきたのは「農村」である。柳田国男は一九二九年、その名も『都市と農村』という書物を世に問うた。標題から受ける印象とは異なり、同書は都市と農村とを並列的に論じるわけではない。力点はあくまでも農村に置かれ、とりわけ農村が直面する困難とその打開策が論じられる。この本が書かれた昭和の初めには、日本はまだ農業国で、人口の約七割が農村に暮らしていた。社会問題として耳目を集めるのは都市よりも農村の問題であったから、それは意外なことではない。

興味深いのは、視点の設定のしかたである。柳田は同書を一人の「都市人」の眼で書いたと述べる。ただしそれは、生粋の都市生活者ではない。故郷の農村を離れて東京に移住した自らの履歴にふれつつ、「都市に永く住みながら都市人にもなり切れ」（柳田［1929］2017: 4）ない曖昧な立場に準拠する。さらに、これを特別な境遇ではなく、「都市人の最も普通の型」と呼び、「私の常識は恐らくは多数を代表する」とさえ述べている。

柳田は、都市と農村の中間に視座を構え、両者の関係の歴史を語り始めるのだが、彼が強調するのは、日本における都市と農村の距離の近さである。それはたんに地理的な意味での都市の構造のことをいっているのではない。「都市には外形上の障壁がなかったごとく、人の心も久しく下に行通って、町作りはすなわち昔から、農村の事業の一つであった」（柳田［1929］2017: 30）。いわく、日本の都市は「もと農民の従兄弟によって、作られた」（柳田［1929］2017: 4）のだと。

いうならば、都市は農村という「本家」に対する「分家」のようなものとして描かれる。こうした都市・農村関係論は、都市が権力や経済の中枢をにぎり、農村を支配しているという見方に対する真っ向からの異論である。労働力や資本は、都市による農村からの「収奪」ではなく、農村による「投資」として都市へと送り込まれたことになるからだ。

柳田の大胆ともいえる考察を導くのは、農村における貧困をいかに克服すべきかという、すぐれて実践的な問いである。彼のみるところ、都市による農村支配を強調し、都市との対立を先鋭化し、交渉に持ち込んでいくばくかの補償を勝ち取ったところで、農村の疲弊を根本的に打開することはできない。真に求められるのは農民自身の自助的、互助的な問題解決能力の向上——具体的には中規模農家の育成や「産業組合」の活用——である。そして、あらゆる取り組みの前提となるのが「自尊心の啓発」（柳田［1929］2017: 249）である。『都市と農村』という書物は、いわばそのための教材として書かれたのである。

なぜ「自尊心」が問題なのか。柳田は、農村には自らの境遇を悲観し、都市に対して憐れみを乞う態度が蔓延していると指摘する。「大いに憐まれんと欲することが、古くからの農村の癖であったか。ただしはまた世が改まって後、何かの事情の下にこの不吉なる流行が始まったのであるか」（柳田［1929］2017: 41-42）。「村には古くからの悲観習癖とも名づくべきものがあって、これによって便宜を得た経験がまだ幾分か残っている」（柳田［1929］2017: 255）。自尊心の欠如についての警鐘は章を追うごとに激しさを増す。

一方で柳田は、都市が農村に向ける矛盾した視線に注意を促す。「一つは村の生活の安らかさ、清さ楽しさに向かっての讃歎であり、他の一つはすなわちその辛苦と窮乏また寂寞無聊に対する思いやりである」（柳田［1929］2017: 96）。それらはいずれも、都市からの憐憫をあてにする農村の風潮と共振しやすい。つまり柳田は、農村を理想郷とみるロマン主義、農村の疲弊を外から救済しようとする温情主義、そして農村自身の力を過小評価する悲観主義と対峙しようとする。

これらのイデオロギーは相互に結び付き、相当に根深く浸透している。なぜならそれは、都市と農村の間に厳然として存在する「ことば」を生み出す力の落差によって支えられてきたからだ。「都市の眼で見た農村の記録のみが、年久しい文学として我々の間には伝わっている」（柳田［1929］2017: 95）。これを柳田は「文化の中央集権」（柳田［1929］2017: 68）、または「都市文芸の専制」（柳田［1929］2017: 70）と呼ぶ。農村の人々さえもが、「都市の著述のあらゆる気儘によって、その趣味を支配」されている（柳田［1929］2017: 71）。こうして、いかにして農村の自律を取り戻すか、という問いは、誰がどのように農村を記録してきたか、そして、いかにして農村自身が記録を生みだすのか、という問いへと接続されるのである。[1]

Ⅱ　『村の記録』という資料

柳田が下した「都市文芸の専制」という診断、そして「誰がどのように農村を記録してきたか」という問いに照らしたとき、テレビ番組は格好の素材である。なぜなら、テレビは本質的に都市のメディアだからである。たんに電波を発信するだけなら、放送局は都市に立地する必要はない。しかし放送局は、日々新たな音と映像で時間を充たし、視聴者を満足させなければならない。そこで、いつも新しいできごとが起きていそうな場所、放送に値するコンテンツを手に入れやすい場所、コンテンツをつくる人を確保しやすい場所を求めて、放送局は都市に集中する。

それでは、都市のメディアとしてのテレビは、どのように農村を記録してきたのだろうか。この問いに答えるために本稿が着目するのは、ＮＨＫアーカイブス（埼玉県川口市）に眠る、『村の記録』と題されたドキュメンタリー映像である。

記憶媒体が大容量化し、安価になったのはつい最近のことである。長い間、テレビの映像はきわめて残りにくく、一部の残された映像についても、部外者のアクセスは困難だった。しかしこの十年ほどで映像アーカイブの整備が進み、古い映像が公開されるようになり、研究環境が一変した。映像アーカイブ研究の先駆的な成果である『放送メディア研究』（ＮＨＫ放送文化研究所）第八号の特集「始動するアーカイブ研究――テレビ・ドキュメンタリーは何を描いてきたか」（二〇一一年）は、従来とは全く異なるテレビ史研究の方法を示した。

その総論として書かれた丹羽（2011）には、一九五〇年代から二〇〇〇年代までのＮＨＫのドキュ

1　九十年前の柳田の洞察は、あくまで農村が多くの人口をかかえ、農業が基幹産業であった時代の産物であり、現代の都市を考える上で何の役に立つのか、という冷ややかな見方もあるかもしれない。しかし、都市と同様に、農村もまた、相対的にしか定義できない場所であると考えるならば、なお使い道はある。例えば「都市と農村」を「東京と地方」と読み替えてみれば、彼の議論は、にわかに現代性を帯びてくる。あるいは、都市とされる場所で農業の隠喩――「コモンズ」「まちを耕す」「まち育て」等々――が用いられる場面を想起してもよい。

メンタリー番組が一覧できる図が掲載されている。この図のなかに、一九五七年の『のびゆく農村』に始まり、一九六三〜八五年の『明るい農村』を経て、一九八八年の『にっぽん列島朝いちばん』終了とともに途絶える一つの流れがみえる。三十年以上にわたって農村を見つめ続けたこれらの番組は、『日本の素顔』『現代の映像』『ＮＨＫ特集』といった看板番組からすれば傍流に位置づけられるとしても、本稿にとっては資料の宝庫である。

ただし、この系譜のなかで、現在、ＮＨＫアーカイブスで系統的に閲覧できるのは、『村の記録』のみである。やや込み入った話になるが、ここで『村の記録』という番組の由来について説明しておこう。[2]番組名が登場するのは一九六〇年のことで、「ＮＨＫ農業関係番組の中で、唯一のフィルム・ドキュメンタリー」（ＮＨＫ編 1961: 199）とされた。一九六四年には早朝の帯番組『明るい農村』の一コーナーとなる（放送頻度は週一回）。『村の記録』は「わが国最初のテレビ農業番組『のびゆく農村』のあとをついだもの」（ＮＨＫ編 1966: 110）と位置づけられ、『明るい農村』のなかでも中核を占めるコーナーであった。

『村の記録』の制作体制が整った一九六〇年代半ば、ＮＨＫには農業・農村を扱う番組――「農事番組」と総称される――を制作する部局として「農事部」が設けられていた。そして全国各地の地方局には農事番組の制作を担当する「ＲＦＤ（Radio Farm Director）」が配置されていた。さらに、地域の事情に精通する「ＲＦＤ通信員（農事放送通信員／農林水産通信員）」が農事番組の制作に関与していた。

通信員はＮＨＫから委嘱を受け、地方公務員や農協職員といった職務のかたわら、農業・農村に関する情報を集め、放送原稿として編集、提供した。一時は全国に六〇〇人ほどの通信員が活動していたという。[3] NHKが抱える数多くの放送分野のなかで、こうした組織を擁していたのは、農事番組をおいて他にない。

NHKの農事番組は、GHQの占領政策と密接な関わりをもっていた。一九四五年十一月に「第一次農地改革要綱」が発表され、十二月にはGHQが「農地解放指令」を発している。そして、翌年十月に成立した「自作農創設特別措置法」にもとづいて農地改革が実行された。一九五〇年までに一九三万町歩の小作地が政府によって買い上げられ、四七五万戸の農家に売り渡された。戦前には農地の半分近くを占めた小作地は、一割程度にまで減少した。一九五〇年代初頭までに農業協同組合法、農業改良助長法、土地改良法、農地法などの重要法案が次々と成立し、戦後の農業政策（いわゆる「農政」）の基本的な仕組みができあがる。

農地改革によって急ごしらえで創出された自作農を、戦後復興のための農業生産の主体として育成することが急務とされた。このとき放送は、農村の民主化と農業の近代化を推し進めるための有望な

2　『明るい農村』と、その枠内で放送されたドキュメンタリー番組『村の記録』については、伊藤（2011）が基礎的な検討をおこなっている。伊藤は農事番組の起源をラジオ放送から説き起こした上で、『村の記録』の時期ごとの主題と対象地域の変遷を概観する。さらに、民放のドキュメンタリーも含めて、秋田県大潟村のメディア表象を分析した。舩戸ら（2012）は、NHKアーカイブスで視聴可能な番組の網羅的な閲覧にもとづいて、一九七〇年代から八〇年代前半の『村の記録』の主題をより詳細に分析した。また、加藤ら（2014）は、番組制作者の聞き取り調査から、一九七〇年代における制作体制と問題意識の変化を明らかにしている。

3　通信員は各放送局のRFDに対し、各地の農業・農家の状況や技術改良・生活改善の取り組み等について、六〇〇～一〇〇〇字程度の原稿を月に一～二本程度執筆して情報を提供することが求められた。こうして得られた情報が、ラジオ・テレビの農事番組の素材となった（武田ほか 2014: 99）。

啓蒙手段と考えられた。農業技術、農政の動向、農村の話題を伝えるラジオの帯番組『早起き鳥』が始まった一九四八年は、農業改良助長法が制定された年でもある。同法にもとづく農業改良普及事業・生活改良普及事業の担い手として、国家試験を経て都道府県により採用されたのが「農業改良普及員」（男性）・「生活改良普及員」（女性）である。そして、かれら普及員こそが、RFD通信員の最大の供給源であった。

普及員と通信員の兼務が一般的であったという事実は、NHKと行政機構の緊密な協働を示している。農事番組と農政の相互補完的ともいえる関係は、『村の記録』にマージナル（境界的）な性格を与える。ドキュメンタリー番組の立場を貫こうとすれば農政批判に踏み込まざるを得ない。逆に、農事番組にとどまる限り、ドキュメンタリー番組としての自律性を問われる。『村の記録』がテレビ・ドキュメンタリー史のなかでほとんど扱われてこなかった理由は、おそらくここにある。『村の記録』は、あえていえばドキュメンタリーとしての「純度」が低い、もしくはそう見なされやすい。しかし、「誰がどのように農村を記録してきたか」という本稿の問題関心にとっては、この上なく有益な資料となるのである。

さて、われわれが同番組の分析に着手できたのは、NHKアーカイブスが実施する「学術利用トライアル」の一環として、同アーカイブスで保管されている『村の記録』を閲覧する機会を得たからである。その際、あらかじめ閲覧する番組を選択するための枠組みは設定せず、可能な限りすべてみることにした。われわれが実際に閲覧できたのは、一九七一年から八四年までに放送された一九二本、八十時間ほどの映像資料である。それは、『村の記録』という番組全体からみれば部分的なものである。[4] それでも、テレビ・ドキュメンタリー番組が農村をどう描いたかを明らかにするには、十分な厚みがあるといえるだろう。

Ⅲ 『村の記録』に描かれた農村像

農村にとって一九七〇年代がいかなる時期であったかを理解するために、戦後の農業と農政について簡単に振り返っておこう。

敗戦直後、食糧難はとりわけ都市部で深刻であった。植民地を失い、復員兵や引揚げ者が帰還し、流通機構が寸断されるなか、都市の住民は食料の調達に苦労した。配給切符、闇米、買い出し列車……。この時期ほど、都市が農村を羨んだことはなかっただろう。ところが、食糧難は、数年のうちに解消されてゆく。その要因は、農業生産の急拡大である。

農業の発展の原動力は、「土地生産性」——面積当たりの収穫量——の向上であった（永田 1977）。土地生産性の向上をもたらしたのは、直接には保護苗代、田植の早期化、多肥・密植、機械耕耘、耐肥性品種の開発、施肥・水管理技術の向上、農薬による防除などの農業技術の進展である。ただし、

4　アーカイブスには約五〇〇〇本の『村の記録』が保管されていた。このうち「ネガフィルム」および「シネテープ」形式の媒体は閲覧できなかったため、「VHSテープ」形式の『村の記録』一九二本のみが対象となった。なぜそれらがVHS形式で残されたのか。資料映像などの再利用の便宜を考えて形式が変換されたとも考えられるが、詳細は不明である。

新技術が次々と導入され、短期間のうちに定着したのは、それらを受け入れ、使いこなす農民がいればこそであった（今村 1977a）。

つまり、制度的・技術的条件を生産力に結びつけるのは、耕作者としての農民の意欲と力量である。すでに述べたように、普及事業と農事番組に農民を先導し、底上げする役割が期待されたのはそのためである。とはいえ、それぞれの農村は違った条件のもとに置かれており、一つの村のなかにおいても同様である。自立経営、構造改善、選択的拡大の方針を掲げた農業基本法（一九六一年）には、こうした現実を追認する意味があった。政策の重点は、土地生産性から、「労働生産性」――同じ収穫をどれだけ少ない人員で得るか――へと移行した。

一九七〇年前後は、戦後農政にとって重大な転換期とされる。農業経済学者の今村奈良臣は以下の三点を挙げている（今村 1977b）。第一に、トラクター、田植機、コンバインによる機械化システムが確立したこと。第二に、農地法の改正（一九七〇年）により、機械化や大規模設備に向けた多額の投資に耐えうる少数の大規模農家への農地集積が認められたこと。第三に、米の生産調整（いわゆる減反）が始まったこと。減反により、一九五〇年代の大増産を支えた農民の生産意欲は減退し、農業就業人口の減少と兼業化が進んだ。さらに、高度経済成長と都市への人口集中を背景に、大都市近郊部を中心として地価が高騰し、農地は宅地や工場用地として高値で取引されるようになった。

一九七〇年代の『村の記録』は、こうした劇的な変化のただなかにある農村を、ドキュメンタリー番組という形式において記録に収めた。その主要なテーマを、番組の主題に即したかたちで挙げるならば、「出稼ぎ」「減反」「農業の機械化・化学化」「開発」「都市化」「食糧輸入と日本農業」「農業・

農村活性化」と整理できる（舩戸ほか 2012）。以下では、都市・農村関係に着目し、農村（もしくは農民）を主語として再構成してみよう。

1―都市による収奪／都市への抵抗

『村の記録』を集中的に閲覧したとき、すぐに気づかされたのは、農民が被害者として描かれていたことである。加害者として、都市に本拠を置く産業や官僚機構の存在が暗示される。『ある事故調査』（1975.3.17）は、山陽新幹線建設工事による死亡者・負傷者に、中国・九州地方の出稼ぎ農民が多数含まれていることを報告し、後遺症に悩まされ農地を売却した広島県の農民を訪ねる。『また出稼ぎの冬が…』（新潟県東頸城郡松代町、1975.11.17）は、現金収入の半分以上を出稼ぎに頼る村にカメラを向け、出稼ぎ以外の手段を見いだせない農民と、新たな道を模索する農民を対比する。『減反通告』（石川県鳳至郡柳田村、1978.1.23）は、減反にともない転作が奨励されるものの、棚田や湿田が多いこの地域は畑作に適さず、出稼ぎを選ばざるを得ない地域が少なくないと指摘する。

現在の出稼ぎを一回限りのできごとではなく、くり返される歴史としてとらえる視点も特徴的である。『農民8.15』（石川県・岩手県、1971.8.16）は、戦没遺族者たちによる、戦時下および戦後の生活苦についての語りである。出稼ぎという名の新しい動員によって農村が犠牲になる構図の継続を強調する。『睦合村出かせぎ年表』（秋田県平鹿郡十文字町、1974.3.4）は、戦前の年季奉公、戦時期の出征、戦後の集団就職の体験記を資料に、戦争や人身売買との連続性の上で農村が犠牲になってきた歴史を描き出す。『老人聞き書き帳』（秋田県雄勝郡羽後町貝沢地区、1975.2.3）では、老人たちによって、戦前の小作労働から戦後の出稼ぎに至るまでの農村生活の苦労が語られる。戦前の出征・満州移民を戦後の若者流出による過疎問題と重ねて描写する『〃大谷地村〃再訪』（宮城県桃生郡河北町大谷地地区、1976.10.18）も、これらと同型のモチーフである。

カメラは、農村の苦悩を通して高度経済成長の暗部を照らし出すだけでなく、抵抗する農民も描いた。『苦悩する八郎潟』（秋田県南秋田郡大潟村、1971.5.31）の主題は、「モデル農村」大潟村への入植の直後に約四分の一もの減反率が課せられた農民たちによる抗議集会である。『青刈りの田』（新潟県南魚沼郡大和町、1975.8.25）には、減反達成のための「青刈り」に反発し、「怒」や「怨」などと書かれた旗を掲げ、燃やしたタイヤで黒煙を立てながら抗議する農協青年部員たちが登場する。『ある開田』（青森県十和田市、1977.7.11）は、減反が強いられるなか、ひそかに開田までして「ヤミ米」を生産する農家に焦点を当てる。『ニュータウンと牛飼い』（東京都八王子市堀之内寺沢地区、1977.12.26）は、多摩ニュータウン計画による立ち退きを拒否し、地方議会に請願を続ける酪農家を追う。

2―都市への依存／都市との連携

兼業農家は、農業の労力を節約するため機械化を志向する。作業は休日に集中するため、農業機械の共同利用よりも私有が志向される。購入費用を支払うため、農業以外の労働に費やす時間が増える。するとますます機械が必要になる。この循環のもとで自家用の農業機械が普及しはじめ、メーカー間の競争が激化していた。『農機具セールス合戦』（広島県賀茂郡黒瀬町、1975.2.10）は、トラクター、田植え機、コンバインの「三種の神器」を農民に売り込む農機具メーカーのセールスマンに密着する。もはや農民は自動車や家電製品を買う消費者に近づきつつあった。『農機具売り込み作戦』（長野県伊那市、1979.2.5）には、農機具メーカーが、それまで普及員や農協の独壇場であった営農指導にまで踏み込みながら、自社の製品を農家に販売しようとするさまを活写している。

機械化は、作業を代替するだけにとどまらず、土地や植物という自然と人間の間に成立する農業という営みの総体を変容させる。『土売ります』（茨城県北茨城市、1977.5.2）は、育苗用の床土が工場で大量生産されており、田植機の普及にともない需要が急激に増大している現状を伝える。『春びな誕生』（1977.4.4）は、高い自給率の陰に隠れた養鶏の極限までの合理化に光をあてる。ナレーションはいう。「この鶏舎では自動給餌機が毎日一トン半の濃厚飼料を鶏に与えるだけで確実に一万個の卵が流れ出てくる。もうここでは鶏は餌を効率よく卵に変える機械でしかない」。さらに、原種鶏の大部分が米国からの輸入に頼っており、特定の業者への依存が深まっている現実を明るみに出す。

都市と農村の連携をつうじて新しい農業を模索する動きも取り上げられる。『7人の畜産青年』（千葉県匝瑳郡光町、1976.2.23）は、抗生物質や着色剤を含んだ配合飼料を使わない方針を貫く農事組合法人を取り上げる。供給先の都市部の生活協同組合に対して、生産に必要な費用を公表し、割高となる価格も納得してもらう。消費者の支持を得て供給量が伸び、参加する農家が広がりつつある。『ある産直』（東京都杉並区西荻窪、1978.9.18）は、無農薬の野菜のみを扱う八百屋をつくり、信頼できる農家を求めて全国を駆け回る「ホビット村」の青年たちに焦点を当てる。あるメンバーは「無農薬の野菜を売るということは土を肥やして農業をしている人を支援することになる。多少なりとも矛盾を薄められるような気がする」と語る。

3―都市に売り渡す／都市をつくる

農村の資源が、都市によって見いだされる。それが対価の支払われないまま、もしくは極端な安価で買い取られていく場合には、収奪となる。しかし、それなりの対価が支払われるならば、それらの資源は農村にとって（ときには予期せぬ）資産となる。『ふるさと買います』（京都府福知山市ほか、1972.4.17）には、過疎、離農が進む地域を回って道具類を買い付け、販売する古物商が登場する。「民具」とよばれる古道具は、仕入れたとたんに売り切れ、注文が途絶えることはない。ある町では、空き家となった民家を買いたいという申し出が殺到している。町長も「過疎化していく町に、都会の人が入っていただくというのも町の方策として取り入れる」と前のめりである。「いわば家ぐるみふるさとを買おうという依頼」とナレーションは語り、藁葺きの民家を買い取り、移住を夢みる大阪の一家を紹介する。

都市近郊の農村では、土地そのものが高い交換価値を帯び始める。『農地転用』（埼玉県川越市、1976.4.26）によれば、川越市では都市計画法[5]施行以降、全耕地の八パーセントにあたる四〇〇ヘクタールが農地転用された。申請の手助けをする代理業者が市内に一〇数軒ひしめき合っている。『農地変転』（千葉県市川市など、1978.5.15）は、半数近くの水田が休耕状態にある市川市に注目する。ある農家は、下水道の未整備により水質汚染が深刻化するなかで稲作に見切りをつけ、赤土で田を埋めて畑にしたうえで、宅地への転換を狙う。『都市農地荒廃』（神奈川県横浜市、1979.3.12）は、農地に建設現場の残土や食品工場の汚泥が運び込まれ、所有者の承諾もしくは黙認のもと投棄されている実態を告発する。やがてそれらの土地は形ばかりの畑として使われたあと、宅地に転用される。「一つの財産だよね、農地っていうのは。資産という見方をしてる」と農家は語る。

『緑農協不動産部』（愛知県名古屋市緑区、1979.5.23）では、組合員の資産管理を支援するべく不動産部門を強化し、アパート建設や土地仲介に奔走する大都市圏の農協が描かれる。区画整理事業や農住団地[6]の制度がこれを後押しした。『宅地開発と農民』（神奈川県川崎市、1982.2.3）は、小田急線新百合ヶ丘駅前一帯の農地を所有する一六人が出資してつくった新百合丘農住都市開発株式会社に焦点を当てる。役員の語るところによれば、同社は「バラバラに小さな面積を売って宅地化するより、まとまって計画的にまちづくりをするほうが有利だということで作った、宅地開発のための会社」である。土地所有者としての（元）農民たちは、コンサルタントの手を借りながら、複合的な機能をもつ新市街地の開発に乗り出した。その事業規模は一二〇億円にも上る。

Ⅳ　『減反詩集』はどのように作られたか

一九七〇年代の『村の記録』が描き出したのは、農村が、高度経済成長を支える食糧と労働力の供

5　市街化区域に指定されると、原則的に農地の存続はできなくなった。

6　農地に良質の賃貸住宅を建てると利子や税の優遇が受けられる制度。農家の資産保全と都市労働者の住宅不足の解消を両立させることを目指した。

給源、そして農業機械や農業資材をはじめとする商品の市場、さらには潜在的な開発の可能性を宿した投資・投機の対象という性質を強く帯びはじめ、そうした性質にもとづいて農村および農民が選別されつつあった状況である。そのなかで、農民・農家という主体がどのような問題に直面し、いかに対処するかも一様ではなかった。

それゆえ、『村の記録』には労働者、運動家、消費者、起業家、資産所有者、投資家といった多様な農民像が描かれていた。ここで重要なのは、それらがただ並列されたわけではないということだ。このことは、一定の規範的な農民像が想定されていたことの裏返しである。では、『村の記録』のまなざしの対象に向けるまなざし――期待、共感、同情、懐疑、批判など――には一貫性がみられる。このことの準拠点はどこにあったか。それは、戦後改革が創出した小規模自作農と、彼らが作り上げる生産・生活の共同体としての農村に置かれている。

番組の制作者が考えだした、もしくは制作者の間で申し送られてきた枠組みに当てはめて素材を集め、加工するだけならば、『村の記録』は量産される「都市文芸」の一ジャンルにとどまるだろう。しかし、数多くの番組を視聴していると、それだけに収まらない、制作者と対象者の関係性が見え隠れすることがあった。

ここでは、秋田県稲川町を舞台とする『減反詩集』(1973.11.19)を詳しく検討してみたい[7]。『減反詩集』は、『村の記録』のなかでもとくによく知られた作品の一つであり、何度か再放送されたり、一部が利用されたりしている[8]。番組のナレーションはいう。「詩の作者、長里昭一さん、三一歳。水田一ヘクタールあまり、乳牛五頭。出稼ぎに行かないことが、彼にとっては農民として生きることの証である。そのことを自らに問うために詩を書く」。朗読されるのは、次のような詩である（「のぼるよ泣け」）。[9]

のぼる　のぼる　いいがら大きな声で泣げ　もっともっと大きな声で……
「な　バッパのいうごと良ぐ聞げ　な」　と　家を出た　のぼるの父と母
米あまった　減反せえといわれても　のぼるの父は稲つくった
稲植えで　河川の護岸工事さ出で　秋に十俵の収量をあげでも
のぼるの父は東京さ出稼ぎに行った

バッパのいうごとなどわがりはしなぇ　カゼひいだ　ショウベン出だい
のぼる　バッパこまったこまったどいっても　かまいしないがら　泣げ
いいがら遠慮せずに泣げ　泣いて　泣いて　雪の野をひきさけ

7　秋田県は一九七〇年代の『村の記録』に最も多く登場する地域である。私たちが閲覧した範囲では、一七本が秋田県を舞台としていた。都道府県のなかで最も多く、北海道の一五本、青森・新潟の一〇本がこれに続く。同県に注目が集まった理由としては、まず気候などの条件から農業生産力が低く、工業も未発達で、出稼ぎ労働者の供給源であったこと、さらに、大潟村開村直後の減反に典型的に現われているように、水田単作地帯ゆえに農政の影響を受けやすかったことが挙げられる。

8　一例を挙げると、『ＮＨＫアーカイブス』（2000.12.10）で、一九七〇年代の出稼ぎをテーマとするドキュメンタリーの代表作として全編が放送された。

9　この詩「のぼるよ泣け」は、後述の原田（1973: 110）から引用した。

哀しい時は泣ぐにかぎる　さびしい時は泣ぐにかぎる
父と母はのぼるの涙の中にいる　春はのぼるの涙の中にある
だがら泣げ　のぼる泣げ
泣げば涙の中にのぼるの父と母を奪った奴もいる
だがら泣げ　大声で泣げ

長里昭一氏（一九四二年生まれ）は、あえて出稼ぎを拒否し、農村にとどまることを選んだ青年として描かれる。番組の中盤で長里氏は語る。東京に出稼ぎに行った村の若者が亡くなったこと。大企業の孫請け業者に雇われて危険な現場に入った矢先に事故に遭ったこと。遺族にはわずかばかりの見舞金が渡されただけであったこと。「出稼ぎに行く農民を、本当の人間として、あるいは労働者としてみてないような気がしてならないわけですよね。そういう点では、今回の事故、あるいはその、今までの経過をみても腹立たしいわけですな。我々としては。」

数人の男性が自分の出稼ぎ先について語るシーンのあと、出稼ぎに向かう一同の記念写真に切り替わる。神主の祝詞が重なり、それを背景に集落の様子、ススキの向こうの空に続けて、民家で一人すごす腰の曲がった老婆の姿をカメラは追う。[10]やがて映像は軍服に身を包んだ若者の写真へと切り替わる。この青年が軍艦赤城に乗船して真珠湾攻撃に参加し、のちに戦死したであろうことが、山本五十六名義の感状で暗示される。村のなかに立つ碑文が映し出され、日清戦争、日露戦争、日中戦争でも多くの兵士が戦死したことが明らかになる。

長里氏は現在も稲川町（現・湯沢市）で農業に従事し、有機農業の研究会を主宰する。自らウェブサイトを開設しており、二〇一三年一月十九日の記事には、この番組ができるまでの経緯がかなり詳しく記されている。[11]われわれがおこなった長里氏への聞き取り調査（二〇一五年八月十八日）にもとづく情報を補足しつつ、記事を要約すると次の通りである。

・長里氏は、大牟羅良『ものいわぬ農民』（一九五八年、岩波新書）などに触発されて農民詩に親しんでいた。

・農業改良普及員（RFD通信員も兼務）の加賀谷多吉氏（一九二七年生まれ、二〇一六年没[12]）の紹介で、「秋田県農村文化懇談会」に参加するようになった。

・懇談会の中心は公務員や教師であったが、多くは詩人でもあった。

・長里氏は、あるとき懇談会で「減反詩集」の必要を論じた（米の生産調整が始まった一九七〇年頃と思わ

10　長里氏によると、番組で朗読されたもう一つの詩「ババ一人の冬」は、出稼ぎと兼業で昼間は一人になるというこの女性の語りをもとに作られたという（二〇一九年十二月十八日付書簡）。

11　「NHKテレビ放送開始60周年記念関連」（『新河鹿沢通信』二〇一三年一月十九日、http://blog.goo.ne.jp/kajikazawa_1942/m/201301［二〇一五年九月十五日閲覧］）。このブログ記事は、長里氏が、テレビ放送開始六十周年記念番組で『減反詩集』の一部を紹介したいというNHKからの申し出を受けたことを機に書かれたという。

12　加賀谷氏の県庁退職記念書籍に収録された座談会のなかで、長里氏は一九六七年、湯沢市のメーデーで加賀谷氏と初めて会ったと語っている（加賀谷 1987: 217）。

れる)。

・サークルのなかで、長里氏の「減反詩集」への期待が高まった。
・旧知の農業改良普及員・鈴木元彦氏(一九三七年生まれ、二〇〇四年没)から、鈴木氏が担当するNHK秋田放送局制作のラジオ番組『朝のロータリー』で紹介するため、詩を送るように依頼された。
・鈴木氏の依頼に応えて、「のぼるよ泣け」と「ババひとりの冬」を書いた。
・二つの詩を紹介する鈴木氏のラジオ番組は、一九七二年八月に放送された。
・一九七三年九月、番組をもとにした鈴木氏の著書『むらの詩――詩を通して透視する秋田農村の課題』が秋田文化出版社から刊行された。
・NHK農林水産部(東京)の上田洋一氏から、長里氏の詩を『村の記録』で紹介したいとの依頼があり、長里氏が取材に協力した。
・一九七三年十一月十九日、『村の記録「減反詩集」』が全国放送された。

ここには多くの論点が含まれているが、さしあたり、ディレクターの上田洋一氏と二人の農業改良普及員(加賀谷多吉氏、鈴木元彦氏)の役割に注目したい。

上田氏は一九四一年富山県に生まれ、一九六四年NHK入局。金沢放送局で四年間勤務したのち、一九六八年から、七二年に東京の農林水産部第三班(『村の記録』担当部署)に移るまで、秋田放送局に勤務した[13]。上田氏が担当した番組のうち、秋田県を舞台とする『村の記録』は『睦合村出稼ぎ年表』と『減反詩集』のみである。しかもそれらは、すでに彼が東京に転勤したあとに作られている。ただし、いずれも秋田放送局の数年間に形成された現地の協力者との関係性を不可欠の前提としている。このネットワークは、農事番組はもとより、ＮＨＫという組織、さらには放送という枠組みさえもこえるひろがりをもっていた。

このネットワークにおいて重要な役割を担ったのが、加賀谷氏と鈴木氏である。農業改良普及員は、各地の普及所を拠点に、農家や農家グループに対する生産技術を中心とする指導にあたった県職員である。前述の通り、普及事業と農事番組には密接な関わりがあった。ただし、両者が具体的にどのように結びつくかについては、地域および時期による違いが大きい。一九七〇年代の秋田県において特筆すべきは、普及事業と番組制作に、地域の文化運動が密接に関わっていたことである。豊富な執筆経験をもち、語りの才能をそなえた鈴木元彦氏の存在に加えて、ＲＦＤ通信員でもある加賀谷多吉氏が、長里氏と上田氏の媒介となっていたことも見逃すことはできない。

農業改良普及事業、文化運動、ローカル放送の関係について、さらに資料の範囲を広げて検討してみよう。長里氏の回想で言及された鈴木氏の著書『むらの詩』（著者名は鈴木氏のペンネーム原田鮎彦）の冒頭には、次のような謝辞がある。

「原稿があってしゃべるのではなくて、しゃべったあとに原稿ができるというタイプのぼくに、その機会を与えてくれたＮＨＫ秋田放送局の担当プロデューサーであった上田洋一さんと放送ス

13　二〇一五年三月三十日聞き取りによる。

タッフの方々。（この本は、昭和46年4月以降、毎月1回最終日曜NHK秋田放送ラジオローカル「朝のロータリー」で、ぼくが放送したものが元になっています。）」（原田 1973）

鈴木氏を秋田放送局のローカル・ラジオ番組に起用したのは、ほかならぬ上田氏であったという。この引用箇所の後には、生活記録サークル「山脈《やまなみ》の会」（後述）の仲間への謝辞が続く。もっとも、これらの記述だけでは『減反詩集』と普及事業との関係が分からない。その手がかりとなるのが、次のくだりである。

「『農業秋田』という、ぼくたち秋田県の農業と生活改良普及員でつくっている「秋田県改良普及職員協会」で発行している雑誌があります。この雑誌に、「たに でんきち」さんというぼくらの仲間が書いた《「若い芽」をヨコにつなげないか》という提案の中に、この長里さんの横顔を見てみましょう。」（原田 1973: 110）

「たに でんきち」とは、加賀谷氏のペンネームである。この引用から浮かび上がるのは、加賀谷氏によって〝農業（さらには農村）改良〟の担い手として期待された長里氏が、鈴木氏によって〝詩人〟として見出されるという連鎖である。放送史からみれば、その連鎖の頂点には、放送枠という希少資源を配分する裁量をもつ番組制作者が位置している。しかし普及事業史の側からみれば、上田氏もまた、加賀谷氏や鈴木氏によって見出され、農事番組担当ディレクター（RFD）として育てられたのではないか。

鈴木氏が、「長里さんはいま、この村に根づいた生活の中で、詩を書きため、『減反詩集』という名で詩集を出す計画をすすめているということです」（原田 1973: 112）と語ったとき、すでにドキュメンタリー番組『減反詩集』の骨格はみえつつあった。その意味で、この番組は長い時間をかけた共同作業の産物とみることができる。

『減反詩集』を成立させた、担い手の発掘・育成のネットワークは、一回かぎりの偶然ではなく、複数のサークルの相互作用を通じて形成された場の効果である。一九六七年十月には、秋田県内の文化運動の相互交流をはかる「県北農村文化懇談会」が結成された（北河 2014: 189）。長里氏の回想にあるように、同時期、秋田県南部では独自に「農村文化懇談会」が活動しており、加賀谷氏はそのメンバーであった。鈴木氏は県北・県南双方の懇談会に参加していたという（加賀谷 1987: 170）。

Ⅲでも言及した『睦合村出稼ぎ年表』は、ある村の年季奉公（戦前）、出征（戦時期）、集団就職（戦後）を一貫して「出稼ぎ」の歴史として年表化した郷土史家・佐藤正氏の作業にもとづいている。同じく『老人聞き書き帳』は、出稼ぎ者に向けた通信誌を発行しながら、問題の淵源を探るべく老人への聞き書きを続ける高橋良蔵氏の活動がなければ生まれなかった。佐藤氏と高橋氏は、ともに県南の農村文化懇談会の中心メンバーであった。

V　運動としての記録

秋田県の文化運動は、全国的なサークル運動のネットワークにも連なっていた。とりわけ注目を集めたのは「山脈の会」である。山脈の会は、秋田県で高校教員をつとめていた白鳥邦夫氏（一九二八年生まれ、二〇〇二年没）の呼びかけにより、「日本の底辺の生活と思想を掘りおこして、それを記録」（白鳥 1961: 229）することを目指して戦後まもなく活動を開始したサークルで、一九四七年四月から会誌『山脈』を発行していた。

白鳥の著書『無名の日本人』（白鳥 1961）は、一九五九年八月に長野県戸隠高原で開かれた山脈の会の全国集会を報告し、鶴見和子によって、「思想の私有制」でも、「匿名思想」でもない、「思想の共有制」の実験として絶賛された（鶴見 1963: 241）。白鳥氏は、同書のなかで鈴木元彦氏に破格といえるほど多くのページを割いている。秋田県峯浜村の農家に育った鈴木氏が『山脈』に初めて登場するのは一九五七年、北海道大学農学部の学生だった頃のことであった。その後も毎号寄稿を続け、山脈の会の中心的なメンバーとなる。

山脈の会にとって鈴木氏がきわめて重要なメンバーだったのは、海軍経理学校、旧制松本高校を経て東大倫理学科に学んだという白鳥氏の経歴に示されるように、山脈の会が、基本的に教員、学生、会社員の集まりであり、「底辺の生活と思想」の記録という目標との隔たりが意識されていたからに他ならない。白鳥の鈴木に対する言及からは、『山脈』への寄稿、会員からの応答と協力を得て、鈴木氏が書き手として成長する過程が垣間みえる。そして鈴木氏は、北大卒業後の一九五九年四月、農業改良普及員として秋田に帰る。普及員としての日々は、彼にとって農村および農民との再会であると同時に、未知との接触であった。

「鈴木にも、農村と農民は全く「わかっていなかった」のである。農村――そこには「戦争は好（え）がった」農民が無数におり、「三十年間も稲作りをしながら、イモチ病の症状がわからないで、毎年のように普及員の所へ走ってくる老農夫がいた。この時、彼の三十年間の〝経験〟とは、そもどんな意味があるのか」。ここには経験主義以前の農民がいる。（中略）鈴木元彦は完全に困惑し、絶望して、愛し味方するより、侮蔑し対決することを学んだ。（中略）しかし、鈴木元彦は農民のなかにとどまる。」（白鳥 1961: 162　傍点引用者）

『無名の日本人』で、鈴木氏とならぶ農村の記録者として紹介されているのが、野添憲治氏（一九三五年生まれ、二〇一八年没）である。山村の貧しい農家に生まれ、中卒後、北海道や東北各地へ森林伐採の出稼ぎに歩いた野添氏の経歴は、鈴木氏とは大きく異なる。しかし、野添氏もまた、県内各地で発行されていたサークル雑誌に文章を送りつづけた。山脈の会の「約束」には、「三人以上の会員がいるところは、〈山脈の会〉を作ります」という項目がある。じっさい白鳥、鈴木、野添の三人は、秋田県北部の能代市を拠点に「のしろ山脈の会」として活動した[14]。かれらは、前述の県北農村文化懇談会の中心メンバーでもあった。

ノンフィクション作家として多数の著作をのこした野添氏の名を広めたのは、いわゆる「農民兵士論争」である。岩波新書の一冊として一九六一年に刊行された岩手県農村文化懇談会編『戦没農民兵士の手紙』について、野添氏は「知識人の優越感」という短文を『思想の科学』（一九六一年九月号）に寄せた。彼は、同書と同書への反応に対する違和感を表明する。それは、挑発的といってもいい内容である。

「農民兵士の帰還者のほとんどが、現在でも戦争を賛美し、戦地で行なったかずかずの残虐行為を自慢しております。そして、戦争経験のない若い人たちをつかまえては、兵隊に行かなければ男は一人前にならないといっています。この手紙の主たちが、生還しているとこうならないといえるでしょうか。」（野添 1961: 71）

『思想の科学』（一九六一年十一月号）の小特集「『戦没農民兵士の手紙』をめぐって」には、鈴木氏が「農民兵士の戦争責任」を寄稿し、野添氏を援護した。[15] 野添氏と鈴木氏は、都市の知識人の無知を告発する。それは、マスメディアで生産・消費される農村の表象に対する批判であると同時に、農村にとどまりつつ農村を記録する運動の宣言であった。

Ⅵ 記録をめぐる交渉

『村の記録』の初期において、「村」はもっぱら〃記録される客体〃であり、NHKは〃記録する主体〃であった。しかし、秋田県を舞台とするいくつかの番組が示唆するのは、そうした明確な区分は、いつでもどこでも成り立つわけではない、という事実である。農村の当事者が高いリテラシーを有し、豊富な記録を蓄積しつつある地域では、マスメディアとの関係はより複雑なものとなる。

例えば、マスメディアの制作者は地域の文化運動の担い手にもなり得る。上田氏は、県北と県南の農村文化懇談会に参加していた。さらに彼は、同人雑誌『北の農民』の創刊に携わった[16]。第一号（一九七一年三月）から第七号（一九七三年七月）で休刊するまで、ペンネーム・無署名も含めてすべての号

14 「のしろ山脈の会」の特筆すべき活動として、『思想の科学』特集記事――「日本の町」（一九六三年五月号）、「日本の村」（一九六五年六月号）、「日本の集落」（別冊第二号、一九七〇年十一月）――の企画・執筆を挙げることができる。上記の三名に梅田時春氏を加えた四名による〃共同執筆〃という形態をとった「日本の村」には、かれらが確認した「基本的な姿勢」が記されている。「大学の社会学の教授や学生たちが農村調査と称して村に入り、アンケートをとったり面接をしたあとで、数字をはめて村の姿をうきぼりにするが、こうした接近方法はさけて土着的なものにしたい」「都会の人が好奇心をはたらかせる秘境としての村ではなく、数百年、あるいは数千年も人間が生きてきた東北の村をえがきたい」「村を客観的に書くだけでなく、自分もその村の住民だという意識をつねにもちながら書いていく」（梅田・白鳥・鈴木・野添 1965: 109）。かれらの共同研究が、農民兵士論争に見られるようなマスメディア＝知識人批判にとどまらず、「農村社会学批判」でもあったこと、そして、たんに外から批判するだけでなく、自ら調査をおこない、データを集め、討議を経て論考をまとめ、雑誌に掲載するという、公共的な学問としての手続きが踏まれたことは注目に値する。

15 この論争の詳細と評価については赤澤（2000）参照。

16 編集主体は秋田農業・農民運動研究会、発行元は北の農民社。上田氏とともに編集の実務にあたったのは牛越国昭氏である。第四号刊行後、上田氏は東京への転勤のため秋田を離れた。

に寄稿した上田氏は、その中心的な役割を担った。

　第一号の冒頭に置かれた「巻頭 繰り返しでない歴史のために」では、上田氏（白洲浩平名義）が農民、労働者、市民、学生の、すなわち農村と都市の連帯を呼びかけた。[17]同号の「減反 現地からの報告」には、長里氏と野添氏が報告を寄せた。上田氏（編集部名義）は、毎号の「減反日録」で国、自治体、農協、運動団体の動向を追った。さらに、第二号からの連載「秋田の労農運動の源流」では、上田氏と野添氏が、戦前に小作争議を闘った古老たちへの聞き書きを重ねた。[18]第三号には、鈴木元彦氏による、県南と県北の農村文化懇談会が一九七一年六月に開催した「第一回秋田農民大学」についての報告が掲載されている（鈴木 1971）。この他にも鈴木氏は、座談会での発言や寄稿を通じて、同誌に深く関わった。なお、『減反詩集』は、『北の農民』第七号刊行の四カ月後に放映された。

　テレビはたしかに都市のメディアである。しかし、現場で向かい合う制作者と対象者の間には、複合的な接触が生じる。農事番組のように、通信員という中間的な制度を含んだ領域では、なおさらである。そしてこの領域がどのように構成されるかは一様ではない。農村の側からみれば、「記録される」（あるいは「素通りされる」）という受動性にとどまらず、「記録させる」（あるいは「記録させない」）という能動性をいかに発動するかが試される機会がある。それだけでなく、「ともに記録する」という相互性が成り立つかにみえる場面もある。

　これらの交渉の過程で、ドキュメンタリー番組は、〝記録の記録〟とでも呼べるような重層性を帯び始める。はたしてそれが、より巧妙な「都市文芸の専制」に回収されてゆく運命にあるのか、それとも専制を覆す可能性を含むのか、どのような条件のもとで、この可能性は現実のものとなるのか。

それは、本稿がたどり着いた新たな問いとして開いておくことにしたい。

17 以下のように発刊の狙いを述べる。「出稼ぎによる家庭の破壊、公害（企業害）による人間の生命と自然の破壊…、昭和元禄と称されるうわべだけの繁栄の中で、我々は今人間性そのものまで喪失しようとしている。しかし、だからこそ農民として、あるいは労働者として、市民として、学生として人間性の回復をめざしてコツコツと闘う人はいる。雪に閉ざされた山村で、ばい煙と騒音のうずまく都会の片隅で…。／この小雑誌は、そうした人々を探り当て、ともに苦しみながら進んでいきたいと願って発刊する。」（白洲 1971: 5）。

18 この連載は、のちに『小作農民の証言』という書物にまとめられた（野添・上田編 1975）

［謝辞］

長時間にわたるインタビューに応じていただき、本稿の草稿に対して貴重なコメントをくださった上田洋一様、長里昭一様に厚く感謝申し上げます。

参考文献

赤澤史郎、二〇〇〇、「『農民兵士論争』再論」『立命館法学』二七一／二七二：六二一―六四七

NHK編、一九六一、『NHK年鑑』日本放送出版協会

――――、一九六六、『NHK年鑑』日本放送出版協会

舩戸修一・武田俊輔・祐成保志・矢野晋吾・市田知子・山泰幸、二〇一二、「テレビの中の農業・農村」『村落社会研究ジャーナル』一九（一）

原田鮎彦［鈴木元彦］、一九七三、『むらの詩』秋田文化出版社

今村奈良臣、一九七七a、「戦後改革と土地改良の発足」全国土地改良事業団体連合会編『土地改良百年史』平凡社

――――、一九七七b、「戦後自作農体制の崩壊と土地改良」同右

伊藤夏湖、二〇一一、「NHK「明るい農村」の軌跡」『放送メディア研究』八：八五―一二〇

加藤裕治・舩戸修一・武田俊輔・祐成保志、二〇一四、「NHK『明るい農村（村の記録）』制作過程と「農業・農村」へのまなざしの変容」『マス・コミュニケーション研究』八五：一六五―一八三

丹羽美之、二〇一一、「テレビ・アーカイブ研究の始動にあたって」『放送メディア研究』八：七―三一

加賀谷多吉、一九八七、『野の道ひとすじに』（自費出版）

北河賢三、二〇一四、『戦後史のなかの生活記録運動』岩波書店

野添憲治、一九六一、「知識人の優越感」『思想の科学』三三：七一

野添憲治・上田洋一編、一九七五、『小作農民の証言――秋田の小作争議小史』秋田書房

永田恵十郎、一九七七、「戦後農業技術の進歩と土地改良」全国土地改良事業団体連合会編『土地改良百年史』平凡社

白洲浩平、一九七一、「巻頭 繰り返してない歴史のために」『北の農民』一：一―三

白鳥邦夫、一九六一、『無名の日本人』未来社

鈴木元彦、一九七一、「むらの中から農民運動を起そう」『北の農民』三：五二―五九

武田俊輔・舩戸修一・祐成保志・加藤裕治、二〇一四、「戦後ラジオ・テレビ放送における『農村』表象の構築プロセス」『年報社会学論集』二七：九七―一〇八

鶴見和子、一九六三、『生活記録運動のなかで』未来社

梅田時春・白鳥邦夫・鈴木元彦・野添憲治、一九六五、「共同執筆・日本の村」『思想の科学』三九：八―一一〇

柳田国男、一九二九、『都市と農村』朝日新聞社（岩波文庫、二〇一七年）

執筆者プロフィール

編著者

三浦倫平 Rinpei Miura

一九七九年、神奈川生まれ。専門は地域社会学／都市社会学。現在、横浜国立大学大学院都市イノベーション研究院／都市科学部・准教授。著書に『共生の都市社会学——下北沢再開発問題のなかで考える』（新曜社、二〇一六年）、*Characteristics and importance of Japanese disaster sociology: Perspectives from regional and community studies in Japan*（地域社会学会四十周年記念事業、二〇一六年）

武岡暢 Toru Takeoka

一九八四年、東京生まれ。社会学。立命館大学産業社会学部准教授。著書に『生き延びる都市——新宿歌舞伎町の社会学』（新曜社）、『歌舞伎町はなぜ〈ぼったくり〉がなくならないのか』（イーストプレス）、"Sex Work"（*The Routledge Companion to Gender and Japanese Culture*, 分担執筆）。

執筆者

加藤政洋 Masahiro Kato

一九七二年、信州諏訪生まれ。人文地理学、沖縄研究。立命館大学文学部教員。著書に『大阪——都市の記憶を掘り起こす』（ちくま新書）、『酒場の京都学』（ミネルヴァ書房）など。

松田法子 Noriko Matsuda

一九七八年生まれ。建築史・都市史・領域史。京都府立大学大学院生命環境科学研究科准教授。単著に『絵はがきの別府』（左右社、二〇一二年）、共編著に『危機と都市—Along the water』（左右社、二〇一七年）、『熱海温泉誌』（熱海市、二〇一七年）、共著に『シリーズ遊廓社会』（吉川弘文館、二〇一四年）など。

金善美 Sunmee Kim

一九八三年生まれ。一橋大学大学院社会学研究科博士後期課程修了、博士（社会学）。専門は都市社会学・地域社会学。現在、成蹊大学文学部現代社会学科専任講師。主な著作に『隅田川・向島のエスノグラフィー――「下町らしさ」のパラドックスを生きる』（晃洋書房、二〇一八年、第12回地域社会学会奨励賞個人著作部門受賞）など。

祐成保志 Yasushi Sukenari

一九七四年、大阪府生まれ。東京大学大学院人文社会系研究科准教授。専門は社会学。関心領域は物質文化、社会調査史、住宅政策。著書に『〈住宅〉の歴史社会学』（新曜社、二〇〇八年）、『未来の住まい』（共著、柏書房、二〇一九年）など。訳書に『ハウジングと福祉国家』（新曜社、二〇一四年）など。日常生活の成り立ちを、対象と方法の相互作用に注意を向けながら解明することを目指している。

船戸修一 Shuichi Funato

一九七〇年、和歌山生まれ。静岡文化芸術大学文化政策学部文化政策学科教授。専門は社会学。関心領域は農山村の集落。著書に『環境と社会』（編著、人文書院、二〇一二年）、『農の6次産業化と地域振興』（共著、二〇一五年、春風社）、『食と農のコミュニティ論』（共著、創元社、二〇一三年）など。「集落を越えた家族関係」から限界集落の存続可能性を考えている。

武田俊輔 Shunsuke Takeda

一九七四年、奈良県生まれ。滋賀県立大学人間文化学部准教授。専門は社会学。関心領域は文化社会学、都市社会学、メディア論。著書に『コモンズとしての都市祭礼』（新曜社、二〇一九年）、『長浜曳山祭の過去と現在』（共編著、おうみ学術出版会、二〇一七年）、『歴史と向きあう社会学』（共著、ミネルヴァ書房、二〇一五年）など。祭礼や民俗芸能を手がかりに地方都市や農山漁村の研究を行っている。

加藤裕治 Yuji Kato

一九六九年、愛知県生まれ。静岡文化芸術大学文化政策学部文化政策学科教授。専門は文化社会学、メディア論。著書に『情報がつなぐ世界史』（共著、ミネルヴァ書房、二〇一八年）、『映像文化の社会学』（共著、有斐閣、二〇一六年）など。メディア文化と日常生活の〝あいだ〟に生じる、様々な現象の相貌を捉えたいと考えている。

本書に収録した写真は、出典や撮影者を特に記していない場合、著者が撮影したものです。

企画編集　久山めぐみ

変容する都市のゆくえ　複眼の都市論
2020年3月31日初版第一刷発行

編著者：三浦倫平・武岡暢

発行所：株式会社文遊社

東京都文京区本郷 4-9-1-402　〒113-0033

TEL: 03-3815-7740　FAX: 03-3815-8716

郵便振替：00170-6-173020

造本：加藤賢策（LABORATORIES）

印刷・製本：中央精版印刷

制作：山田高行

乱丁本、落丁本は、お取り替えいたします。
定価は、カバーに表示してあります。

Printed in Japan.　ISBN 978-4-89257-130-5 C0095